A STUDY ON THE BIOGRAPHY OF NAGARJUNA

龍樹菩薩傳研究

□ 邦傲頂　法恩　法馳　法志　著

編序

　　兩千五百年前，悉達多誕生於印度，多年修行於菩提樹下證悟成佛，將解脫的方法傳授於世間。佛陀圓寂後，弟子們整理教法，一代一代將佛法傳承。由於語言、文化、宗教背景以及修行境界的差異，佛法的傳遞不可能保證原汁原味，呈現出各種差異乃至教派間的紛爭。到了龍樹菩薩的時代，印度已經盛行聲聞乘，其各個部派，乃至婆羅門教、印度教等教義都廣泛流傳，大乘的思想和修持幾乎無人問津。而龍樹菩薩在深入各種教義後，並不滿足。為追尋真理，他受大龍菩薩啟發，到龍宮（一說為今斯里蘭卡的海島）學習大乘經典，契悟深法，並廣為開演，撰寫大量論著，流傳至今。之後，他還奮力修持，熟練密咒等法門，度化無量眾生。至今，漢傳及藏傳佛教仍受龍樹菩薩深刻影響。

　　如今的佛教教派林立，有志修行之人往往無所適從，此時龍樹菩薩的啟發更加重要。我們需要具備其追尋真理的勇氣，及破除種種束縛的智慧，找到佛法的本意，實現真正的解脫與證悟。

　　更加可貴的是，龍樹菩薩並不局限於佛教。他只是為了追尋真理，利益眾生，因此他遍學內外道知識，掌握各種技能。由他推動，佛教開始重視科技、邏輯、藝術等，並建立五明學處，將其運用於佛法的修持和利益眾生。可以說，龍樹菩薩很好的融合了當時的物質文明與精神文明，把佛教乃至印度文明推至極點。直至今天，印度人還將龍樹菩薩稱為印度化學之父。其醫藥著作仍保存在梵文、漢文及藏文典籍中，並在藏醫藥學中廣泛應用。當今的哲學界，也把他的思想看作是辯證法運用的極致。

　　而現今的佛教已經成為現代文明的邊緣，僅被當作傳統文化的化石。而佛教徒為了修行，往往將自己放逐於主流社會之外，似乎拒絕物質文明才能提高自己的精神境界。西方哲學給了自然科學與社會科學巨大的推動與指導，為何證悟者的智慧——佛法，反而在現代文明中默默無聞？

佛法本可以給文明以啟發，無論是精神還是物質。龍樹菩薩已經做了很好的榜樣。回顧他的一生，可以啟發我們勇氣和智慧，吸收各種教派乃至物質文明的精華，讓修行變得更加容易，能夠把佛法的智慧彰顯，給現代文明以啟發。

　　本書的研究工作由北京龍泉寺組織，龍樹研究院策劃，並在智者佛教文化研究中心的支持下出版。

　　本書由筆者擔任主編，執行副主編是法思，副主編是法馳、法志。附錄校勘內容的主校是法坤。法初、法額、法餘、法筆、法裱、法壯、法燦、王偉參與了本書的編寫。法教、法嘉和妙乘完成了本書文字的簡轉繁工作。

　　感謝北京龍泉寺賢健法師、禪興法師和賢然法師的大力支持，感謝上海信眾陳亮兵、陳福琴伉儷的虔心護持，讓研究工作得以圓滿完成。

　　感謝當陽玉泉寺道偉法師的全力推動，感謝香港信眾黃振強、曾紅荔伉儷的資助支持，讓本書得以順利出版。

邦傲頂

2022 年 7 月

前言

「法不孤起，仗境方生；道不虛行，遇緣則應。」

經過佛陀演法，迦葉、阿難留世集經，佛教在古印度歷經長時間的輝煌之後，漸漸陷入困頓的境況。據《摩訶摩耶經》記載：「（佛滅度）六百歲已，九十六種諸外道等邪見競興，破滅佛法。」綜合各種史料可知，彼時佛教外部如勝論派、數論派、正理派等學說盛行，婆羅門教也在不斷改良中保持其活力。佛教內部，部派佛教各持己說、互不相容，而大乘佛教或避其鋒芒、隱而不彰，或如「方廣」之流望言生義、破有沉空。幸一代聖教，法運未竭，眾生業感、菩薩悲應，「（佛滅度）七百歲已」，一位大乘菩薩終於橫空出世，彈偏斥小、正本清源，他就是佛教的中興之祖，素有「第二佛陀」美譽的龍樹菩薩。

龍樹菩薩在中印佛教史上享有崇高的地位，他的思想博大精深，不僅被印度佛教尊為中觀理論的奠基人，更被漢傳各宗派尊為「八宗共祖」。藏傳佛教早在前弘期，龍樹菩薩的中觀見即被認定為顯教正見，同時他也是密法傳承的重要祖師之一。

在世界佛教史，乃至在世界哲學思想史中都佔有重要位置的龍樹菩薩，他所闡發的「緣起性空、中道實相」的中觀思想源自《般若經》，同時融會《阿含經》、《法華經》、《涅槃經》等經典，他積極地著書立說，被奉為「千部論主」。他的思想散發出獨特的大乘氣質與魅力，吸引着古往今來無數教內外思想家研究和解讀。據統計在中印僅《中論》的註疏就有七十餘種，直至一千多年後的今日，東西方哲學界對其思想的研究仍然方興未艾。

然而，與對其思想的深入發掘形成鮮明對比的是，龍樹菩薩的生平對於現代學術界仍不甚明瞭。龍樹菩薩的一生跌宕起伏又撲朔迷離，諸多奇特的行誼留給後世太多的遐想。此中主要原因乃在於古代印度多崇尚口口相傳而不注重歷史的記錄。而漢藏兩地的文史資料，雖也有共通之處，但

其中的差異也令人迷惑。如各版本傳記多有記述龍樹菩薩壽命達數百年；其求學和弘法活動地域之廣，幾乎遍佈古印度全境；歸屬於其名下的著作涉獵範圍極廣，囊括了中觀哲學、密教文獻、詩頌、治國理念乃至化學、醫藥等內容。

上述這些都令學界困惑不已，學者們普遍認為這早已超出了一個歷史人物所應有的合理範圍。為了還原出所謂的客觀事實，眾多學者開始懷疑歷史上曾有多個同名的龍樹菩薩，分別在不同時期、不同地點從事不同的行化活動，並留下這些種類繁多的著述。而信仰者大多相信，是因為龍樹菩薩的長壽和對真理不斷的追求，導致他的人生和思想如此豐富。無論是一個還是多個龍樹菩薩，他的傳記都是研究大乘佛教的重要文獻。

本書的研究方向聚焦龍樹菩薩的生平，參考資料為漢藏兩地的大部分傳記文獻。對於龍樹菩薩的傳記，本書除了吸收學界普遍採用的文獻學和考據學的研究方法，更始終以因緣觀、無常觀、修行觀的視角來解讀龍樹菩薩的廣大行誼，挖掘其所透顯出的大乘佛教思想內涵。

無論是《龍樹菩薩傳》裏的「立師教戒，更造衣服」，還是《布頓佛教史》中描寫他為避饑荒，賺錢購糧等行為，都鮮明地勾勒出一位學識淵博、閱歷豐富、極富活力又不拘一格的大乘菩薩形象。他對大乘的嚮往和對聲聞乘的不滿足，也體現出他親身踐行《般若經》中所描繪的大乘菩薩道理念──自度度他、自覺覺他，與一切眾生一起追求共同的圓滿覺悟。

佛教的特點在解行並重，悲智雙運。大乘佛教尤其強調切實的修己悟他──智慧心修己、慈悲心悟他。「人能弘道，非道弘人」，龍樹菩薩在當時以一己之力提振隱沒數百年的大乘教法，面對佛教內外各種思想的挑戰，他以鋒利如劍的邏輯思辨和論證大破四方，終於令大乘般若中道實相的正見重光於世。龍樹菩薩的思辨論證完美而犀利，但這並非目的所在，他只

是為了彰顯諸法實相。他所運用的遮詮、否定的論證方式在於徹底掀翻深藏於眾生內心的自性思執，只有破除一切主觀臆造，遠離二元對立的偏執，達至「心行言語斷」之境界，才能還世界以本來面目。

　　菩薩不會僅僅滿足於個人智慧的證得，智慧只有落實於利他的行動才是完整的菩提之路。龍樹菩薩想要振興大乘究竟法義，首先面對的正是佛教內部弘傳數百年的部派佛教理論體系和以此為指導的修道實踐，其中發展興盛的說一切有部的教理思想可歸納為「生滅無常、人空法有、假必依實」，其直接後果就是把現實世界割裂為世間與出世間的對立，這一思想必然導致「厭生死苦、欣涅槃樂」，其現實表現則是「遁世避俗」的消極行為。

　　龍樹菩薩所破斥的只是凡夫眾生由名言虛構的世界，指出它並不真實，他提出「空」是基於「緣起」的實相，認為「以有空義故，一切法得成；若無空義者，一切則不成」。可見，他所否定的是建立在虛妄思執基礎之上、脫離於緣起的、事物恒常不變的自性，即名言自性。所以「畢竟空」並非只是一味的消極否定，「空」的目的在於破邪顯正，具體展開就是真俗一如、凡聖不二的「二諦義」。龍樹菩薩就是要通過徹底否定虛妄自性來彰顯他要積極肯定的緣起現象背後的另一面，那就是事物的離言實相。

　　針對部派佛教割裂世出世間的嚴重二元對立，龍樹菩薩依據《般若經》及《維摩詰經》等大乘經典，對「世間即涅槃」這一入世觀點進行積極論證，揭示出「涅槃與世間，無有少分別；世間與涅槃，亦無少分別。涅槃之實際，及與世間際，如是二際者，無毫釐差別」，給大乘菩薩道的實踐指明道路，提供理論支持。在龍樹菩薩看來，涅槃與世間不二，二者在本質上是沒有絲毫區別的。這即是宣揚大乘佛教「不厭

生死、不欣涅槃」的精神。這是建立在「畢竟空」基礎上的二諦圓融理論，龍樹菩薩妙悟其中玄旨，並以此為理論背景展開他波瀾壯闊的一生。

龍樹菩薩積極參與社會實踐，他遠離聲聞佛教安閒自足的清逸生活，走出山林和寺院，滿腔熱忱地投入世間，展現出一位閱歷豐富、極富活力的菩薩形象。他充分吸收當時印度的科學文化成果，並積極地應用於弘法利生的實踐，加深了佛教與社會生活各方面的聯繫。據傳記記載，龍樹菩薩本人才華超群又廣行悲願，不僅精通醫術、雕塑、化學、繪畫、製香、文字、工藝等學科，更積極參與社會實踐，並造論來勸誡國王該如何平等克己、親民愛民、治國安邦。龍樹菩薩一生始終不渝地踐行六度萬行，由智慧而不住生死，由慈悲而不住涅槃，將因業力而輪迴的被動生死，轉化為由願力而積極度生的無住涅槃。這正是大乘佛教菩提心的基本內容，也是菩薩道的實踐指引。

佛教發源於印度，大乘輝煌於中國。自佛法東流，漢傳佛教積極地進行本土化適應，龍樹菩薩的中觀思想和菩薩行誼深深地融透進漢傳大乘佛教的發展進程中，終於在盛唐達至頂峰。彼時的佛教高僧輩出、八宗建立，上達廟堂、下濟孤貧，使得大乘積極入世的思想得以反哺社會，助力當時社會政治經濟空前和樂、繁榮。但經過唐末「會昌法難」的浩劫，大量僧尼被迫還俗，經卷幾乎消滅殆盡。至宋朝雖有高僧名仕欲振作中興，已難挽狂瀾於既倒。明清佛教迅速衰落緣於人才流失和教理隱沒，理不彰則行拂亂，眾多道場僧尼專務經懺、荒廢學修，使令一代聖教蒙塵。近代教內外有識之士借西學之風欲重振佛教義學，無奈國力衰微、內憂外患，雖見星星之火，未成燎原之勢。現當代中國佛教雖經不懈努力嘗試恢復元氣，也難改負重前行、舉步維艱之局面。

佛教，特別是漢傳佛教，在這個從未有過的世界、五彩斑斕的時代，

走到了避無可避的巨大十字路口面前。漢傳佛教該以什麼樣的形式和思想回應時代的拷問？大乘佛教該如何生存、發展？如何在保持佛教傳統核心思想的前提下，不被這快速發展的時代所淘汰？個體佛教徒也面臨諸多困惑，大乘菩薩道如何修行？法門如何抉擇？自利與利他、慈悲與智慧如何平衡？參禪念佛和六度四攝的關係如何理解？淨土與娑婆又該怎樣面對和選擇？

　　本書希望通過對漢藏兩地各種版本龍樹菩薩生平的綜合比對與解讀，從菩薩精彩的一生中獲得啟迪、積蓄能量，期待對佛教整體及修行者個人在學修和弘法等方面提供參考和借鑑。同時也希望本書成為一個系統研究的起點，借生平研究契入龍樹菩薩淵博深邃的思想內核，並通過不斷地梳理其論著、正本清源，努力還原大乘佛教應有的真實面貌。

導 讀

　　本書分正文與附錄兩大部分。正文研究的主題是龍樹菩薩的生平與啟發，其中第一章介紹本文的研究意義，因緣觀、無常觀和修行觀等研究方法以及選取的研究文獻。

　　第二章至第七章將龍樹菩薩的生平分為六個部分，分別介紹龍樹菩薩的出生、出家、學弘大乘佛法、修行密法、利生事蹟和圓寂。

　　第八章和第九章側重龍樹菩薩對後世的影響，其中第八章分析他對漢傳佛教和藏傳佛教的影響，第九章對龍樹菩薩的部分活動地點進行現代地理考證。

　　第十章對各傳記中龍樹菩薩的生平記載進行了梳理，總結出四個流派的龍樹菩薩生平，並分析出現不同記載的原因。另外，從義理、實修、哲學、科學、醫學和咒語六個角度，思考龍樹菩薩所帶來的啟發。

　　具體包括中觀思想與般若經典、菩薩道、如來藏思想的關係，及中觀思想對業果、懺悔、苦等佛法基礎概念的解析，義理研究與實修、其他學科的關係，實修過程中對戒律、自他、心物等的如理看待，哲學、科學、醫學對於學弘佛法的借鑑意義，最後提出利用咒語輔助修行的展望。

　　附錄部分為對《龍樹菩薩傳》、《付法藏因緣傳》、《大唐西域記》三本涉及龍樹菩薩傳記部分的校勘，以麗再本為底本，以大正本、麗再本、磧砂本、毗盧本、永北本、敦煌本為校勘本，詳見「校勘說明」。

目錄

第一章

| 背景介紹 |

第一節 研究意義

龍樹菩薩（Nāgārjuna）是佛教史上的一位重要祖師，他被譽為「第二佛陀」。

龍樹菩薩出生在印度佛教聲聞部派迅速發展的時期，他不但為糾正部派對佛法理解的偏差起到了巨大的作用，還取得大乘經典廣弘於世，其對大乘經典的詮釋也得到後期中觀派與瑜伽行派的一致尊崇。他還進入南天鐵塔，取得密法加以弘揚，成為密法傳承的重要祖師。毫無疑問，龍樹菩薩是大乘行者的優秀楷模。

在漢傳佛教，龍樹菩薩也被奉為大乘八宗的共祖。他對《般若經》的詮釋，對《華嚴經》的弘揚，對《中論》的撰述，對密法的傳承，對淨土的開演，啟發了無數的漢地眾生。他慈悲利他的精神也給漢地眾生以鼓舞。

在藏傳佛教，記載署名龍樹菩薩的著作多達一百餘部。他所詮釋的般若中觀思想也為藏傳佛教各宗派所傳習，被尊為「二勝六莊嚴」之一。他對密法的修行與五明的踐行，也為世人展示了一位大乘行者在自利利他中的善巧方便和無量智慧。

《妙法蓮華經》明確了佛陀出世的本懷，不是令眾生沉溺五欲，也不是令聲聞固守涅槃幻城，而是為了讓眾生分享佛陀的知見，領悟佛陀的見地，進入佛果的境界。[1] 如何正確的理解佛法，減少對經文的錯解，則是擺在學佛者面前的一道難題。通過研究龍樹菩薩的生平、著作、思想便可嘗試為這一問題尋找答案。

因此，本文以龍樹菩薩生平為研究對象，通過對數本傳記的對比、研究、分析，總結龍樹菩薩的一生。從他的成長經歷和修學歷程，體會他對解脫成佛的嚮往，以及利益眾生的悲願，也為進一步深入龍樹菩薩的著作和思想奠定基礎。願通過本文，展現一位大乘行者的優秀行誼，以作為後輩學人的楷模。

---

1 《妙法蓮華經》卷 1：「舍利弗！云何名諸佛世尊唯以一大事因緣故出現於世？諸佛世尊，欲令眾生開佛知見，使得清淨故，出現於世；欲示眾生佛之知見故，出現於世；欲令眾生悟佛知見故，出現於世；欲令眾生入佛知見道故，出現於世。舍利弗！是為諸佛以一大事因緣故出現於世。」（《大正藏》9 冊第 7 頁上欄）

第二節 研究方法

在眾多的佛學研究方法中，本文主要採用因緣觀、無常觀和修行觀三個主要研究方法。

一、因緣觀

「諸法因緣生」，這是佛法不同於外道法的主要區別。「因緣觀」這一研究方法的核心即是從多角度觀察對象。之所以如此，是因為佛陀證悟了世間一切現象皆是因緣所生。既是因緣所生，便不由某一單獨因素所主宰。因此，對事物的考察倘若只是陷在一個角度，則不免偏頗。

個體眾生呈現的面貌，既與其宿世的習氣特點分不開，同時也和他今生所遭遇的環境有關。對龍樹菩薩生平的考察也應把握因緣觀的原則，從多角度分析龍樹菩薩在這一生當中的選擇和經歷，方能對他有更加準確的理解，也能對當代修行者有更多的啟發。

基於因緣觀的思想，在具體考察龍樹菩薩的生平時，可以採用如下多種角度。從義學角度，可以分析所學佛法內涵對龍樹菩薩人生抉擇的影響，如大乘經典傳遞出的深邃智慧和廣大慈悲，是龍樹菩薩從學習聲聞轉向學習大乘的關鍵因素。從語言學的角度，通過對比同一詞彙在不同語言下的翻譯，可以引發更多角度的思考，如「龍樹」一名的內涵，在對比梵文、藏文和漢文的基礎上，便能夠有更多的理解。從社會學的角度來看，政治法律、宗教氛圍、文化習俗等方面對一個人的一生也有很大影響，對龍樹菩薩生平的研究也宜考慮這些因素。本文還結合了歷史地理學和宗教地理學的研究方法，搜集整理與龍樹菩薩有關的遺址信息，為理解龍樹菩薩提供更多視角。

從對龍樹菩薩的生平考察就可以看到，龍樹菩薩之所以能夠發心出家

並最終廣弘大乘，同他內在不斷進取、慈悲利他的大乘善根有很大關係，這種特點使得龍樹菩薩能夠一直努力，不得少為足，同時不忘利益眾生，堅持不懈的開展利他事業，這種對慈悲和智慧的不斷深入，是他堅持菩薩行的關鍵。

而他在出家前的「騁情極欲」，則又與他當時結交惡友的不善外緣有關。又龍樹菩薩剛出家時，印度佛教尚處於「小行大隱」期。這樣的環境下，龍樹菩薩不止步於當時的所學，想要自立新教的想法，也體現出其大乘善根未得到滿足的困境。

事實上，窮盡事物的因緣，只有佛的一切種智才能做到，但凡夫眾生也可通過多角度的思考、多方面資料的搜集，減少看待問題的偏頗與狹隘。因此，因緣觀是本次研究採用的主要方法之一。

二、無常觀

對一位已經故去的歷史人物的考察與研究，文獻是必不可少、極為重要的。然而，「諸行無常」，文獻能夠在多大程度上幫助讀者還原歷史，則是一個值得思考的問題。

首先，文獻在流傳過程中難免會出現變化，或是人為因素，或是非人為因素。在無常觀的思想下，可以對文獻文本進行多方面工作，包括：不同流通版本的校勘、對比、翻譯、標點、現代語言的詮釋與總結等等。如此一方面立足文獻本身，理有所依，在一定程度上減少研究者主觀因素的影響；另一方面，通過不同語言、版本、譯本的對比，可以減少由於翻譯、流傳等因素造成的文獻失真。

基於此，本文在研究過程中，對部分版本的龍樹菩薩傳記進行了校勘，同時進行了對比研究。在這個過程中，對待同一問題而存在不同的說法時，保留和提供各種說法，以力求為讀者呈現更多的信息，了解更多的內容。

其次，儘管通過大量文獻的對比可以在一定程度上減少相關偏差，但

是依然不能保證文獻所承載的內容與實際發生的事實完全符合。因為歷史記錄者在對所經歷或聽聞的事件進行記錄時，受到多方面的制約。首先，觀察角度的局限容易造成以偏概全，得到並不完整的結論。其次，觀察本身的不準確性，如錯認某人為另一人，並將錯誤結果記錄下來。另外，受制於社會環境等諸方面因素，觀察者難免帶有主觀傾向，以其特定的主觀傾向對事件進行解讀並記錄，也會造成一定的失真。

相比中國，古印度對歷史記載的重視程度並不高。玄奘大師的《大唐西域記》成為研究古印度歷史、地理的重要參考資料，也是這一點的有力證明。因此，準確還原龍樹菩薩的歷史存在較大的難度，也是學術界對龍樹菩薩生平存在爭議的重要原因。

基於這樣的思考，在研究龍樹菩薩生平的相關文獻時，應具有「無常觀」的態度。一方面通過文獻對比研究，減少文本流傳中的無常帶來的偏差，另一方面應理解歷史記錄本身所帶來的對歷史描述的無常變化，並多加思考和總結，從而減少偏頗，增進理解。更重要的是，這些關於龍樹菩薩的記載，給予現在的我們怎樣的啟發。

三、修行觀

本文的研究並非停留在對往事的記錄與回溯，而是希望通過對歷史資料的考察，提煉更高的精神價值與內涵。這便是本文的第三個研究方法──修行觀。

研究龍樹菩薩的傳記，並非是為了對諸多歷史記載做出某種確定性的判斷，而是為了透過對他生平的探索，理解、效學龍樹菩薩的精神。他的經歷本身就是一本菩薩道的教科書，而不同傳統的傳記體現了對菩薩行不同視角的觀察。在人生的不同節點上，龍樹菩薩為何會做出相應的選擇，這對我們的修學帶來怎樣的啟發？這將是本次研究的重點關注。

立足於因緣觀和無常觀的研究方法基礎之上，結合當代修行人面臨的

修行困境與抉擇，以這樣的問題意識，揣摩龍樹菩薩在生命經歷中的種種思考與作為，以期為當代修行者提供參考和鼓勵。

第三節 文獻選擇

一、龍樹菩薩傳記

有關龍樹菩薩的生平，有數篇傳記留存至今，這些傳記提供了相對可靠和直接的機會了解龍樹菩薩的一生。目前可將這些傳記分為兩大類，一是漢傳佛教流傳文獻，一是藏傳佛教流傳文獻。下文即對部分常見傳記進行介紹。

（1）《龍樹菩薩傳》

此傳為鳩摩羅什大師所翻譯，作者不詳，共一卷。鳩摩羅什大師（343－413）是中國佛教史上極為著名的譯經師，「凡所出經論三百餘卷」，[2] 而且翻譯經典修辭得當，譯文流暢，文采非凡。大師翻譯的《佛說阿彌陀經》、《妙法蓮華經》、《維摩詰經》、《金剛經》等經典在漢地流通極廣。據記載，其門人弟子三千，著名者數十人，如「解空第一」的僧肇，提出「一闡提人皆得成佛」的道生等。

該傳記在後世的許多經錄中都有收錄。在眾多龍樹菩薩相關傳記中，該傳記的譯入時間最早，在漢地的流通極為廣泛。漢地古德在對龍樹菩薩做相關描述時對該文也多有參考。此傳記錄了龍樹菩薩的出生、在家、出家、求取大乘經典、利益眾生、圓寂等經歷，內容完整且細緻，是一部極為重要的龍樹菩薩傳記。

2《高僧傳》卷 2，《大正藏》50 冊，第 332 頁下欄。

（2）《付法藏因緣傳》

此傳為吉迦夜和曇曜共同翻譯，作者不詳，共六卷。吉迦夜是西域沙門，曾將《雜寶藏經》、《佛說大方廣菩薩十地經》等經論翻譯為漢文。曇曜是元魏時期漢地沙門，《續高僧傳》記載他「少出家，攝行堅貞，風鑑閑約」，[3] 曾在北台石窟召集多位有德高僧翻譯經典，包括《付法藏因緣傳》和一些淨土經典。

該傳並非僅為龍樹菩薩一人的傳記，而是記錄了佛陀、迦葉尊者至師子比丘共二十五段傳記的傳承歷史。其中，關於龍樹菩薩生平的部分與鳩摩羅什大師所譯《龍樹菩薩傳》的內容較為接近，可能二傳記為同本異譯，或者是該傳為印度祖師參考已流傳的傳記材料編纂而成。儘管如此，該傳字數更多，與《龍樹菩薩傳》翻譯用詞不同，對部分細節的描述方式也有不同，可以作為更準確理解《龍樹菩薩傳》的重要參考。

（3）《大唐西域記》

此記為玄奘大師（600－664）所述，辯機法師撰文而成，共十二卷。該記為玄奘大師取經路途見聞的記錄，內容豐富翔實，包含西域諸地的歷史、地理、風土人情以及佛教遺址、佛門人物、佛家寺院等等。《大唐西域記》不僅是一部重要的佛教著作，也是研究古印度歷史、地理和文化的重要參考。本著作頗為國際學術界所重視，現已被譯成多種文字。

在《大唐西域記》的第八卷和第十卷，有龍樹菩薩相關的記載，包括龍樹菩薩與提婆菩薩的互動，以及龍樹菩薩長壽的故事。這部分內容在鳩摩羅什大師翻譯的《龍樹菩薩傳》中並無記載，二者可以相互補充。

（4）《傳法正宗記》

本記為北宋沙門契嵩編修，共九卷。契嵩禪師（1007－1072），於洞山聰禪師處得法，後前往杭州靈隱寺閉關著書。當時的皇帝宋仁宗閱讀

---

3 《續高僧傳》卷 1，《大正藏》50 冊，第 427 頁下欄。

了契嵩的著作後，「嘉歎其誠，敕以其書入大藏，賜『明教大師』」。[4] 宋仁宗對契嵩非常欣賞，讚歎他的虔誠，將其著作收入大藏經，並賜予了「明教大師」的封號，應是對其修為和學識的極高肯定。

《傳法正宗記》共三十四篇傳記，包括從「始祖釋迦如來」、「初祖摩訶迦葉尊者」到「二十八祖菩提達摩尊者」再到「三十三祖慧能尊者」的傳承歷史，包括二十八位印度祖師和五位漢地祖師。其中，第十四祖即是龍樹菩薩。《傳法正宗記》記載的龍樹菩薩事蹟，與《龍樹菩薩傳》、《大唐西域記》均有部分交叉，而在師承方面的記載更加詳細，值得參考。

（5）《布頓佛教史》

該書是由元代藏傳佛教大師布頓所著的一部佛教史著作。布頓（1290－1364），自幼學習佛法，擅長諸多顯密法門，有很多佛教著作流通後世。《布頓佛教史》又稱《善逝佛教史》，內容包括古印度和西藏地區的佛教發展歷史。本著作的譯者之一郭和卿評價此書為「攝略史料，扼要寫出；尤其本書能正確地解釋顯密佛學的綱要，其理論透闢，用筆精湛，明辨各宗，有理有據」。[5]

《布頓佛教史》中對於龍樹菩薩的記載與前述幾部傳記有較大不同。其本身內容完整、詳細，包含龍樹菩薩出生、出家、學修、弘法、圓寂等諸多方面。

（6）《八十四大成就者傳》

該傳由藏傳佛教明吉・金貝巴班智達口授傳承，蔣揚欽哲旺波等編纂而成。明吉・金貝巴班智達生平不詳。蔣揚欽哲旺波（1820－1892）對寧瑪派、噶舉派、薩迦派等傳承有很好的弘揚。

《八十四大成就者傳》中講述了八十四篇傳記，包括龍樹、提婆等成就者。他們展現出的慈悲與智慧，能夠給人以啟發和鼓舞。本書不僅在第

4《佛祖統紀》卷45，《大正藏》49冊，第413頁中欄。
5 郭和卿譯：《布頓佛教史》，載《世界佛學名著譯從》，台北：華宇出版社，1988年，譯後記。

十六篇傳記中重點講述了龍樹菩薩成就的經歷，還在另外四篇傳記中提到了龍樹菩薩，內容翔實。

（7）《密宗大成就者奇傳》

該傳由藏傳佛教覺囊派法師多羅那他寫作，索達吉堪布翻譯為漢文。多羅那他（1575－1634），是覺囊派的一位重要祖師。他曾至蒙古弘揚佛法，在中觀他空見的闡釋上也頗有建樹。[6]

《密宗大成就者奇傳》記載了密宗的九個傳承共六十三位大修行者的故事。其中，第二位即為龍樹菩薩。《密宗大成就者奇傳》中主要記載了龍樹菩薩學修密法、龍宮取經、前往北俱盧洲、圓寂等故事。

（8）《七系付法傳》

該傳也是由多羅那他所作。《七系付法傳》中記載了密宗的七種傳承：大手印、拙火、羯摩手印、光明教授、生起次第、辭句、別傳口訣。在五種傳承中均有提到龍樹菩薩。《七系付法傳》中關於龍樹菩薩的記載，與《八十四大成就者傳》、《密宗大成就者奇傳》均有重疊。

（9）《印度佛教史》

該著作是多羅那他所著的一部史學著作。《印度佛教史》中關於龍樹菩薩的記載與其他傳記有所不同，是以時代為背景展開敘述的。在本書的第十三章「聖龍樹護持佛法的時代」，除了記載龍樹菩薩聽聞、講說、興建佛殿、供給僧眾生活、利益非人、擊退外道的辯難等情節之外，還有關於龍樹菩薩所生活的時代背景的介紹，值得參考。

（10）《菩提道次第師師相承傳》

該傳由藏傳佛教大師雲增·耶喜絳稱寫作，郭和卿譯為漢文。郭和卿

---

6 索達吉堪布譯：《密宗大成就者奇傳》序言，載《聖行集萃》，第167頁。

評價雲增·耶喜絳稱為「精通五明，德備三學」。[7]《菩提道次第師師相承傳》（以下簡稱《師師相承傳》）講述了印度和西藏的多個派別師承的歷史，包括廣行派、深觀派、偉大行派、道次第派、教典派、教授派等師承。

《師師相承傳》中有多處記載龍樹菩薩，可謂內容充分。書中除了講述龍樹菩薩的出生、出家、學修、弘法、圓寂之外，還有較大的篇幅講述了佛陀對龍樹菩薩的授記以及龍樹菩薩出生的因緣。

二、經論疏記

在經典當中也有很多龍樹菩薩相關的內容，如《摩訶摩耶經》、《楞伽經》中佛陀為龍樹菩薩授記未來大興佛法等。另外，後代諸家對龍樹菩薩的記載也值得參考。龍樹菩薩被尊為漢地八宗的共祖，漢地八宗祖師在其各自論著中對龍樹菩薩的記載和評價也很值得研究，如三論宗吉藏大師《中觀論疏》中提到「龍樹」九十五處，淨土宗曇鸞大師受到龍樹菩薩現身加持，天台宗慧文禪師學習《大智度論》和《中論》領悟一心三觀之理。因此，經典和諸宗祖師的論著也是本次研究的重要參考內容。

三、近現代學術著作

龍樹菩薩的生平與思想歷來都是學術界很感興趣的話題。其《中論》更是在歐美引起了很廣泛的學術討論。在龍樹菩薩的生平研究方面，M. Walleser 於 1979 年發表了論文 *The Life of Nāgārjuna from Tibetan and Chinese Sources*，作者選取了部分藏漢文獻對龍樹菩薩的生平進行了研究，所選文獻包括《八十四大成就者傳》、《印度佛教史》、《七系付法傳》、《付法藏因緣傳》、《佛祖統紀》、《佛祖歷代通載》等。由於 Walleser 在其研究當中所選文獻尚不全面，缺少對經典的引用，相關傳記也未全部引用，故對龍樹菩薩生平細節的總結還有補充的空間。

---

7 雲增·耶喜絳稱著，郭和卿譯：《菩提道次第師師相承傳》，上海：上海古籍出版社，2006 年，譯者自序，第 4 頁。

楊惠南於 1988 年出版了書籍《龍樹與中觀哲學》，在本書中作者對龍樹菩薩的著作進行了較為全面的整理，包括漢藏兩系佛教大藏經中所記載的龍樹菩薩著作，同時也對龍樹菩薩生平有簡要介紹。

Stuart H. Young 於 2015 年發表了 *Nāgārjuna Divine and the Alchemy of Hagiography* 一文，基於《龍樹五明論》、《十住毗婆沙論》等論典介紹了龍樹菩薩通過踐行五明利益社會的成就。

日本僧人佐佐井秀嶺於 2015 年出版了《龍樹と龍猛と菩提達磨の源流》一書，該書作者通過實地考察和分析，斷定印度曼薩爾（Mansar）遺址即是南天鐵塔所在地。該研究可進一步佐證龍樹菩薩與密教傳承的重要關係。

葉少勇於 2019 年在佛教百科全書 *Brill's Encyclopedia of Buddhism Volume II: Lives* 中寫作了「Nāgārjuna」詞條，從年代、生平、著作、肖像等方面對龍樹菩薩進行了細緻的研究。該文引用了很多的經論和傳記的記載，並總結了諸多學者此前的研究和觀點。

在這些記載和研究的基礎之上，本文將對龍樹菩薩的生平做進一步研究，努力呈現龍樹菩薩的不同方面，充分利用已搜集到的文獻資源，為其他研究者的深入研究提供平台、奠定基礎。

第二章

| 龍樹菩薩的出生及授記 |

第一節 龍樹菩薩的名字

龍樹，梵文名稱為 Nāgārjuna，由 Nāga 和 arjuna 兩個部分組成，其中 Nāga 有「蛇」、「大象」之意，鳩摩羅什大師譯為「龍」。arjuna 具有多個意思：（1）明亮、清淨、潔白；（2）樹的一種；（3）印度史詩《摩訶婆羅多》中一位非常勇猛的戰士；（4）arjuna 來源於梵文詞根√arj，為獲得、成就之意。鳩摩羅什大師譯為「樹」。

Nāgārjuna 的藏文翻譯為 ཀླུ་སྒྲུབ（Klu sgrub），其中 ཀླུ（Klu）意為「龍」，སྒྲུབ（Klu sgrub）意為「成」，合稱為「龍成」。其中的 སྒྲུབ（Klu sgrub）可能取√arj 的成就之意。

對於龍樹菩薩名字的由來，除了文本本身的意思之外，還有其引伸的含義：

其母樹下生之，因字「阿周陀那」。「阿周陀那」，樹名也。以龍成其道，故以龍配字，號曰「龍樹」也。[8]

根據《龍樹菩薩傳》的記載，龍樹菩薩是因為出生於樹下所以稱為「阿周陀那」（arjuna），又因為他因大龍菩薩而深入大乘經藏的因緣達到「深入無生，二忍具足」而成道，故稱為「龍」（Nāga），合稱「龍樹」。

然而，後代的譯經師並非全部贊同這種說法，例如：

《大唐西域記》：「時南印度那伽閼剌樹那菩薩（唐言龍猛，舊譯曰龍樹，非也）。」[9]

《龍樹菩薩勸誡王頌》：「阿離野那伽曷樹那菩提薩埵，蘇頡里蜜離佉了。（阿離野是聖，那伽是龍、是象，曷樹那義翻為猛，菩提薩埵謂是覺情，蘇頡里即是親密，離佉者書也。先云龍樹者，訛也。）」[10]

《順中論》：「諸國語言，中天音正。彼言那伽夷離淳那，此云龍勝，名味皆足，上世德人。言龍樹者，片合一廂，未是全當。」[11]

玄奘大師在《大唐西域記》和義淨大師在《龍樹菩薩勸誡王頌》的翻譯中均認為應該翻譯為「龍猛」，即 arjuna 取其「勇猛」之意；而般若流

---

8 《龍樹菩薩傳》，《大正藏》50 冊，第 185 頁中欄。
9 《大唐西域記》卷 8，《大正藏》51 冊，第 912 頁下欄。
10 《龍樹菩薩勸誡王頌》，《大正藏》32 冊，第 754 頁中欄。
11 《順中論》卷 1，《大正藏》30 冊，第 39 頁下欄。

支大師在翻譯《順中論》時則認為應譯為「龍勝」,並且認為翻譯為「龍樹」只是部分正確,並不恰當。

與義淨大師同時代的法藏大師則對這一翻譯的標準做了一個總結:

「龍樹菩薩造」者,梵語名作「那伽阿順那」。「那伽」,此云「龍」。「阿順那」者,羅什翻為「樹」,慈恩三藏翻為「猛」,並非敵對正翻。所以知者,近問大原三藏云:西國俗盡說,前代有猛壯之人名阿順那,翻為猛者但指彼人,非正譯其名。又西國有一色樹,亦名阿順那。此菩薩在樹下生,因名阿順那,是故翻為樹者,亦指彼樹,非正翻名。阿順那雖俱無正翻,就義指事,樹得人失。[12]

法藏大師通過詢問來自西域的大原三藏得知,從文字本身的內涵來講,將 arjuna 翻譯為「樹」或者「猛」都不是正翻,因為「樹」代指菩薩出生之地,「猛」代指勇猛之人,二者都不能直接代表龍樹菩薩,但從它所代表的含義來講翻譯為「龍樹」更恰當。

此外,《布頓佛教史》和《師師相承傳》中文版也均翻譯為「龍樹菩薩」,聯繫藏文 ཀླུ་སྒྲུབ (Klu sgrub) 的意思,《布頓佛教史》記載龍樹菩薩名字中的「樹」取其「成立義」,因為他能夠「護持正法的國政、調伏一切罪過冤敵等類」。[13]《師師相承傳》中記載龍樹菩薩用從龍宮請來的龍泥塑造了千萬佛塔,同樣取其樹立和成就的意思。[14] 故而中文版的書籍在翻譯的時候很可能是隨順漢地原有的翻譯習慣將「龍成」改為「龍樹」。

綜上所述,各家譯師對於龍樹菩薩名字的翻譯雖然各有分歧,但考慮到古代印度姓名的取法本就有多種方式,例如:因為父母禱於畢波羅樹神而出生,故而取名為「畢波羅」(大迦葉尊者);因為長得非常莊嚴而取名為「蓮花色」的比丘尼;因為出生時父兄贈予二十億金錢,取名為「二十億耳」的比丘;因為母親名為舍利,取名為「舍利子」。因此鳩摩羅什大師結合出生地點,以及成道的因緣將其翻譯為「龍樹」還是相當貼切的。

《摩訶婆羅多》的成書年代大約在公元前四世紀到公元四世紀之間,歷經八百多年,篇幅從最初的幾千頌發展到最後的十萬頌。傳承形式早期

12《十二門論宗致義記》卷 1,《大正藏》42 冊,第 219 頁中欄。

13《布頓佛教史》(上),第 189 頁:「梵文所謂『那伽阿殊那』中的『那伽』意為『龍』,龍含義生於法界,不住常斷二邊,擁有經教大寶藏,具足毀邪顯正之見,故名為『龍』;『阿殊那』意為成政,其含義為能護持正法的國政。調伏一切罪過怨敵等類,因此名為『成政』。簡攝其義即為『龍樹』(樹字成立義)。」

14《菩提道次第師師相承傳》,第 150 頁:「於是阿闍黎聖龍樹將從龍宮請來的龍泥,造塑了千萬佛塔。由於是諸龍王相助而成,從此以後,都稱他叫『龍樹』(樹立和成就的意思)。」

是口口相傳，在四世紀左右最終定稿成書，根據相關記載這部史詩在當時已成為宗教經典。[15] 玄奘大師於公元 629 年發足西行，此時，《摩訶婆羅多》經過了二、三百年的時間，影響力大大增加，早已深入普通社會。與此同時，龍樹菩薩對於外道以及佛教內部一些不合理觀點的破斥，及其對大乘佛法的貢獻也逐漸廣為人知。尤其是後期瑜伽行派與中觀派興起之後，都尊龍樹菩薩為傳承祖師，共同成為印度大乘佛法的兩大支柱。這個時候，龍樹菩薩姓名中的 arjuna 因為與《摩訶婆羅多》史詩中的英雄同名，故而當時印度人可能會拿史詩中的英雄來比附龍樹菩薩的勇猛，因此玄奘大師根據他遊歷印度時候的見聞斷定前代譯師翻譯錯誤，實際上這一觀點反映的有可能是當時印度佛教界的共同認知。而鳩摩羅什大師生活的時代正是四世紀下半葉，故而他的譯法可能代表着早期社會大眾對龍樹菩薩的認知。

第二節　龍樹菩薩生活的年代及地點

關於龍樹菩薩生活的時期，有很多不同的記載，從佛滅後二百年一直到佛滅後八百年間。本文暫以《世界佛教通史》所記載的公元前 470 年至公元前 370 年作為佛陀滅度年代的參考，[16] 下表中所列出的年代以此來推算。

龍樹菩薩的生活時期	資料來源及作者
佛滅後二百年 （公元前 270 年－公元前 170 年）	西明師唯識疏引三藏解云：佛滅度後二百年，有大龍樹比丘，宣說正法，滅邪見幢，為諸眾生開菩提路，種大善根。[17]

15 Maurice Winternitz: *A History of Indian Literature*，Vol 1，University of Calcutta，1927。

16 魏道儒主編：《世界佛教通史》（第一卷），北京：中國社會科學出版社，2015 年，第 82 頁：「在此意義上，佛滅的年代推算可以限定在阿育王登基前一百年到二百年間，即公元前 470 年到公元前 370 年間。」

17 洪林：《三論宗歷史之研究》，載張曼濤主編：《現代佛教學術叢刊》，第 47 冊，台北：大乘文化出版社，1978 年，第 20 頁。

佛滅後三百年 （公元前 170 年－公元前 70 年）	大原三藏曰：佛滅度後三百年，龍樹菩薩出南天國。[18]
佛滅後四百年 （公元前 70 年－公元 30 年）	《入中論善顯密意疏》 （月稱論師，約 600 － 670） 《布頓佛教史》 （布頓，1290 － 1364） 《師師相承傳》 （雲增・耶喜絳稱，約 1736 － 1795） 《蓮花生大士應化史略》 （諾那呼圖克圖，1865 － 1936）
佛滅後五百年 （公元 30 年－公元 130 年）	《中觀論疏》 （隋吉藏，549 － 623） 《百論疏》 （隋吉藏，549 － 623） 《大乘玄論》 （隋吉藏，549 － 623） 《三論遊意義》 （隋碩法師，581 － 618） 《法華傳記》 （唐僧詳，618 － 906）

---

18 《三論宗歷史之研究》，第 20 頁。

佛滅後七百年 （公元 230 年－公元 330 年）	《摩訶摩耶經》 （蕭齊曇景譯，479 － 502） 《辨正論》 （唐法琳，572 － 640） 《仁王經疏》 （唐圓測，613 － 696） 《法苑珠林》 （唐道世，未知－ 683） 《釋門正統》 （宋宗鑑，960 － 1279） 《佛祖統紀》 （宋志磐，1269 年著）
佛滅後八百年 （公元 330 年－公元 430 年）	《十二門論宗致義記》 （唐法藏，643 － 712）

表 2.1 龍樹菩薩生活時間列舉

佔主流的觀點有兩種：一種認為龍樹菩薩生活於佛陀滅度後五百年左右，以鳩摩羅什大師及其弟子為主；另一種觀點認為龍樹菩薩生活於佛陀滅度後七百年，以《摩訶摩耶經》的記載為主。

吉藏大師在所著的《中觀論疏》和《百論疏》中引用了僧睿大師在《成實論序》的叙述：

問：龍樹於像法中何時出耶？答：睿師《成實論序》述羅什語云：馬鳴是三百五十年出，龍樹是五百三十年出。《摩耶經》云七百年出。匡山惠遠法師云接九百年之運，則九百年出。具如《玄義》中釋。[19]

叡師《成實論序》是什師去世後作之，述什師語云：佛滅後三百五十

---

[19]《中觀論疏》卷 1，《大正藏》42 冊，第 18 頁中欄。

年馬鳴出世，五百三十年龍樹出世。又云：馬鳴興正法之末，龍樹起像法之初。[20]

由此可見，龍樹菩薩於佛陀滅度後五百三十年出世是轉述於鳩摩羅什大師的說法。另外，吉藏大師在《大乘玄論》中還提到龍樹菩薩所處的時代背景：

龍樹菩薩，出五百年，破諸異部，造大乘百部論。於閻浮提轉第二法輪。[21]

根據吉藏大師的敘述，龍樹菩薩所處的時代正值種種異說盛行，尤其是部派佛教論師不能信受大乘的般若空義，導致佛教內部爭論不斷。這一現象在龍樹菩薩所著的《大智度論》中也有相應的描述：

是聲聞人著聲聞法，佛法過五百歲後，各各分別有五百部。從是已來，以求諸法決定相故，自執其法，不知佛為解脫故說法，而堅著語言故，聞說般若「諸法畢竟空」，如刀傷心！皆言：「決定之法，今云何言無？」於般若波羅蜜無得無著相中作得、作著相故，毀呰破壞，言非佛教。[22]

若不得般若波羅蜜法，入阿毗曇門則墮有中，若入空門則墮無中，若入蜫勒門則墮有無中。[23]

在這裏，龍樹菩薩敘述了佛陀滅度之後五百年左右的佛教現狀，各個部派「自執其法」且「堅著語言」，不能接受「諸法畢竟空」的般若空慧之說，並且也描述了不得般若波羅蜜的三種誤區。由此可見，龍樹菩薩生活的年代應該在佛陀滅度五百年之後，故而能夠針對當時的弊端進行有力的回應。

另外一種主要的觀點是來自於《摩訶摩耶經》對龍樹菩薩的授記：

七百歲已，有一比丘名曰龍樹，善說法要，滅邪見幢，然正法炬。[24]

經典中側重說明，在佛陀滅度後七百年間，龍樹菩薩會大弘正法，滅邪顯正，並沒有明確提到龍樹菩薩出生的時期，而龍樹菩薩的壽命又很長，根據《大唐西域記》記載龍樹菩薩「壽年數百」，[25] 因此兩種觀點並非不能會通融合。

---

20 《百論疏》卷 1，《大正藏》42 冊，第 233 頁上欄：叡，通「睿」字。
21 《大乘玄論》卷 5，《大正藏》45 冊，第 65 頁中欄。
22 《大智度論》卷 63，《大正藏》25 冊，第 503 頁下欄。
23 《大智度論》卷 18，《大正藏》25 冊，第 194 頁上欄。
24 《摩訶摩耶經》卷 2，《大正藏》12 冊，第 1013 頁下欄。
25 《大唐西域記》卷 10，《大正藏》51 冊，第 929 頁中欄。

　　長壽的現象在古印度地區並非罕見，如《大慈恩寺三藏法師傳》記載，玄奘大師在「磔迦國」的時候遇到一位自稱是龍猛弟子的「七百歲婆羅門」，他的兩位侍者都已經在百歲以上，玄奘大師在他那裏停留了一個月以學習《百論》和《廣百論》：

　　明日到磔迦國東境，至一大城。城西道北有大菴羅林，林中有一七百歲婆羅門，及至觀之，可三十許，質狀魁梧，神理淹審，明《中》、《百》諸論，善《吠陀》等書。有二侍者，各百餘歲。法師與相見，延納甚歡……仍就停一月，學經《百論》《廣百論》。其人是龍猛弟子，親得師承，說甚明淨。[26]

　　另外，法藏大師曾經考證過，在印度確有修長壽法的傳統，同時也提到玄奘大師在印度碰到一位「龍樹宗」的傳人，需要先修延壽法然後才可能窮究佛法。而大師因為擔心修不成延壽法就會辜負自己的取經夙願，所以沒有深究龍樹宗，轉而學習法相宗。

　　又案《西域記》，唐三藏初遇龍樹宗師，欲從學法。師令服藥求得長生，方能窮究。三藏自思本欲求經，恐仙術不成辜我夙願，遂不學此宗，乃學法相之宗。若藏和上《義分齊》云：「法藏於文明年中，幸遇中天竺國三藏法師地婆訶羅，唐言日照，於西太原寺翻譯經論，躬親問之。」故有憑矣。[27]

　　由此可見，雖然對於龍樹菩薩的生活年代有着不同的表述，乃至有經典的授記，但鑑於龍樹菩薩壽命很長這一情況（詳見第七章），不同的記載可能指的就是同一位龍樹菩薩。

　　此外，還有一種可能是歷史上存在多位龍樹菩薩，如《八十四大成就者傳》中記載，在密教傳承裏面往往將名字相同的成就者認為是同一位聖人的化身，並且認為歷史上存在多位龍樹菩薩，其中就包含創立中觀派的龍樹菩薩和九世紀精通密教的龍樹菩薩：

　　在西藏密教傳統中，名字相同的印度聖人和大成就者被認為是同一尊的化身，形式可能為橫越世紀的單尊化身，也可能是西藏活佛一系列地分

26《大唐大慈恩寺三藏法師傳》卷2，《大正藏》50冊，第232頁上欄。
27《大方廣佛華嚴經隨疏演義鈔》卷7，《大正藏》36冊，第52頁下欄。

了幾個化身，這樣的傳統，可能來自印度。

西藏所記載的龍樹傳奇，有兩位主要的龍樹和其他同名的人。第二世紀印度南方有位聖龍樹，被人稱為第二佛，是位大哲學家，創立中觀派，他發現一部分般若經典，並寫下不少般若論著。第九世紀也有大成就者阿闍黎叫做龍樹，精通密集金剛本續，是薩惹哈的弟子。[28]

第三節　關於龍樹菩薩的授記

關於龍樹菩薩授記的記載，主要有三種形式，授記龍樹菩薩是古佛再來，授記龍樹菩薩將來成佛和授記龍樹菩薩將大弘佛法。

一、授記龍樹菩薩是古佛再來

唐慧覺的《華嚴經海印道場懺儀》中記載龍樹菩薩本來是妙雲相佛，示現為初地菩薩。

夫龍樹菩薩者，本是妙雲相佛，示迹初地位中，是南印土梵之種也。[29]

唐聖法的《釋摩訶衍論記》引述《金剛正智經》和《大莊嚴三昧經》兩部經，記載龍樹菩薩在過去分別是妙雲相佛和遍覆初生如來。

言光明者，馬鳴往古如來名字。言妙雲者，龍樹往古如來名字。如是二字名修多羅中各各異說，謂《金剛正智經》中作如是說：「馬鳴菩薩大光明佛，龍樹菩薩妙雲相佛。」《大莊嚴三昧經》中作如是說：「馬鳴菩薩遍照通達無邊如來，龍樹菩薩遍覆初生如來。」[30]

宋非濁《三寶感應要略錄》同樣引述《金剛正智經》和《大莊嚴三昧經》的記載，說龍樹菩薩過去分別為妙雲相佛和妙雲自在王如來。

《三寶感應要略錄》：「《金剛正智經》中，馬鳴過去成佛，號大光明

---

28 無畏使尊者授，楊憶祖譯：《金剛歌・八十四大成就者傳》，慧光佛教文化出版，第 161 頁。

29 《華嚴經海印道場懺儀》卷 42，《卍續藏》74 冊，第 355 頁下欄。

30 《釋摩訶衍論記》，《卍續藏》45 冊，第 781 頁中欄。

佛，龍樹名妙雲相佛。」《大莊嚴三昧經》中，馬鳴過去成佛，號日月星明佛。龍樹名妙雲自在王如來云云。[31]

二、授記龍樹菩薩未來成佛

明朝僧成的《中論文句釋》引述《大雲經》授記龍樹菩薩未來成佛，號無智生光如來。月稱論師的《入中論善顯密意疏》中引用《大雲經》授記龍樹菩薩在極淨光世界成佛，號智生光。

另《大雲經》中授記龍樹未來成佛云：「於極淨光世界成佛，號無智生光如來。」[32]

《大雲經》云：「我滅度後，滿四百年，此童子轉身為苾芻，其名曰龍，廣宏我教法。後於極淨光世界成佛，號智生光。」[33]

三、授記龍樹菩薩大弘佛法

出處	譯者	記載內容
《摩訶摩耶經》	蕭齊曇景	七百歲已，有一比丘名曰龍樹，善說法要，滅邪見幢，燃正法炬。[34]
《入楞伽經》	元魏菩提留支	大慧汝諦聽，有人持我法。於南大國中，有大德比丘；名龍樹菩薩，能破有無見。為人說我法，大乘無上法；證得歡喜地，往生安樂國。[35]

---

31 《三寶感應要略錄》卷 3，《大正藏》51 冊，第 856 頁上欄。
32 《中論文句釋》，《大藏經補編》9 冊，第 844 頁上欄。
33 《入中論善顯密意疏》卷 4，《大藏經補編》9 冊，第 642 頁上欄。
34 《摩訶摩耶經》卷 2，《大正藏》12 冊，第 1013 頁下欄。
35 《入楞伽經》卷 9，《大正藏》16 冊，第 569 頁上欄。

《大乘入楞伽經》	唐實叉難陀	大慧汝應知，善逝涅槃後，未來世當有，持於我法者。 南天竺國中，大名德比丘；厥號為龍樹，能破有無宗。 世間中顯我，無上大乘法；得初歡喜地，往生安樂國。[36]
《因緣心釋論開決記》		又《大雲經》說：我滅度後有龍樹苾芻，能摧惡見護我正法，與善行王同時出現。有斯教量而受記，故此師製造以為可信。[37]

表 2.2 授記龍樹菩薩大弘佛法的經典

　　對於龍樹菩薩弘揚佛法的記載，不同的經典雖然有不同的細節，但都描述了龍樹菩薩能夠「滅邪見幢」、「破有無見」、「燃正法炬」。

　　另外，有的學者對於《楞伽經》中龍樹菩薩的名稱翻譯（Nāgāhvaya）有異議，認為應該稱為「龍叫」或「龍名」，從而與造《中論》的龍樹菩薩（Nāgārjuna）並非同一人。在這裏「āhvaya」意為「姓名」「名字」，所以 Nāgāhvaya 可以理解為「名為龍」的一位菩薩，如此看來也並非不能是龍樹菩薩的另外一個稱呼。另外，如果從義理闡發和對大乘佛法貢獻的角度來看，在那個時代，能夠「燃正法炬，滅邪見幢」，並在種種異說之中建立大乘佛法的正知見，開創影響整個佛教走向的中觀學，這樣的一位龍姓的大菩薩，無疑只能是龍樹菩薩。故而即便相隔有百年之久，兩位譯經大師菩提留支和實叉難陀都共同將 Nāgāhvaya 翻譯為「龍樹」還是比較合適的。

---

36 《大乘入楞伽經》卷 6，《大正藏》16 冊，第 672 頁下欄。
37 《因緣心釋論開決記》，《大正藏》85 冊，第 1178 頁下欄。

第四節 小結

　　關於龍樹菩薩的姓名，不同的譯師有不同的翻譯，一方面是基於語言本身的含義來翻譯，另一方面是在語言的基礎上結合龍樹菩薩出生的地點、學修的經歷來翻譯。對於 Nāga，文字本身的含義比較具體，有「巨大」、「蛇」、「象」之意，結合龍樹菩薩與「龍」的特殊因緣，故而不同的譯師一致將其譯為「龍」。Arjuna 一詞包含多個意思：「樹」、「明亮，清淨」、「勇猛的戰士」、「獲得，成就」；鳩摩羅什大師因為龍樹菩薩在樹下出生，故而翻譯為「樹」；玄奘大師和義淨大師譯為「猛」，般若流支大師譯為「勝」，很可能是取了「勇猛的戰士」之意，因為龍樹菩薩一生摧破外道邪見，無往而不勝，非常像《摩訶婆羅多》中那位勇猛的戰士。而這不同的翻譯本身也在一定程度上代表了印度不同時期的人們對龍樹菩薩的共同認知：早期側重於龍樹菩薩的出生因緣，後期則轉向龍樹菩薩摧破外道樹立大乘佛法正見的勇猛。藏傳譯師將其翻譯為「成」，既取其詞根本身的內涵，又與龍樹菩薩「因龍成其道」的經歷相符合。

　　對於龍樹菩薩的生活年代存在多種不同的記載，並且相互之間橫跨幾個世紀。出現這種情況有兩種可能：一種是龍樹菩薩因為修習長壽法，故而壽命長達數百年；另一種可能則是歷史上存在多位同名的「龍樹菩薩」。這一點將在本研究第十章進行更詳細的分析。

第三章

| 龍樹菩薩的出家 |

第一節 出家因緣

漢傳佛教傳記與藏傳佛教傳記對龍樹菩薩出家因緣的記載區別較大，下文分別對其進行介紹。

一、漢傳佛教傳記記載

《龍樹菩薩傳》與《付法藏因緣傳》中，關於龍樹菩薩出家因緣的記載基本一致，且均十分詳細，本節以《龍樹菩薩傳》為主要研究依據。

有關龍樹菩薩出家前的情況，傳記中記載，他在幼兒時期就記憶力驚人，能夠背誦並理解婆羅門教的經典四吠陀，且數量高達十六萬個偈頌。而在他的青年時代，更是廣學多聞，聲名遠揚。總體來說，龍樹菩薩在俗家時就是一位聰明過人的天才，如《龍樹菩薩傳》記載：

在乳餔之中，聞諸梵志誦四圍陀典各四萬偈，偈有三十二字，皆諷其文而領其義，弱冠馳名獨步諸國，天文、地理、圖緯、秘讖及諸道術無不悉綜。[38]

而另一部傳記《付法藏因緣傳》的記載與《龍樹菩薩傳》基本相同。根據上述記載可知，龍樹菩薩智力遠超旁人，這種天生的稟賦對其生命歷程有很重要的影響，相關內容將在後文中詳述。

傳記中記載，龍樹菩薩在青年時代有三個要好的朋友，他們在當時都很傑出，在一次討論中，他們提到：

天下理義可以開神明悟幽旨者，吾等盡之矣，復欲何以自娛？騁情極欲，最是一生之樂。[39]

龍樹菩薩與三位好朋友當時認為自己對天下的道理已經全部掌握，於是便希望進一步尋找樂趣。他們討論後認為，放縱自己的淫慾心，就是這世界上最快樂的事。然而要達成此事，非隱身術不能辦到，於是四人便相約去向術家求取隱身法。由此不難看出，《龍樹菩薩傳》的作者並沒有避

---

38 《龍樹菩薩傳》，《大正藏》50 冊，第 184 頁上欄。
39 《龍樹菩薩傳》，《大正藏》50 冊，第 184 頁上欄。

諱龍樹菩薩年輕時候的心態與作為。

術師為了讓這四位絕頂聰明的年輕人能夠屈尊於他，故意只給其藥而不告訴其配方，他心裏盤算：「且與其藥，使用而不知，藥盡必來永當師我。」[40] 然而不料龍樹菩薩在磨藥時僅憑聞其氣味，便知曉了藥方及配比。如傳記中記載：

龍樹磨此藥時聞其氣，即皆識之，分數多少錙銖無失。還告藥師，向所得藥有七十種，分數多少，皆如其方。藥師問曰：「汝何由知之？」答曰：「藥自有氣，何以不知？」師即歎伏：「若斯人者，聞之猶難，而況相遇，我之賤術何足惜耶？」即具授之。[41]

這件事令術師大為折服，在驚歎龍樹菩薩的才華之餘，也慶幸自己能夠遇到這樣的奇才，於是便將其配方和盤托出。從這裏可以看到，龍樹菩薩在家時已有過人的天分。按佛教義理的解釋，天賦乃是長時間串習的結果，如果希望像龍樹菩薩一樣天賦異稟，當下即可開始努力種因。天賦的高低只是「如是因如是果」的呈現，並非是某種外在的賜予或幸運的降臨，因此不必因之高慢或自卑。

在掌握了隱身術之後，「四人得術縱意自在，常入王宮，宮中美人皆被侵凌，百餘日後，宮中人有懷妊者，懅以白王庶免罪咎」，[42] 國王得知後大為不悅，於是便召集群臣，共商對策，有一老臣分析，此事如非鬼神所為，就是隱身術等法所致。於是國王採納他的建議，用細沙鋪地使隱形人足跡頓現，同時用大刀在空中揮斬。龍樹菩薩急中生智，躲在了國王身後才得以倖免於難，而其三名好友均被當場斬殺。龍樹菩薩當下幡然醒悟，「欲為苦本眾禍之根，敗德危身皆由此起」，[43] 於是發願，如果此次能夠逃脫險境，日後一定出家。

由此，可以對龍樹菩薩出家前的心路歷程做一番簡單分析：最初，他與身邊三位好友都是當時非常傑出的人才，在世間法中遊刃有餘，驕傲膨脹之心由此滋長，而淫慾作為人類的最常見煩惱，在這時更驅使這四人嘗試進行更無顧忌的放縱，最終鋌而走險。然而，無常總是猝不及防。面臨

---

[40]《龍樹菩薩傳》，《大正藏》50 冊，第 184 頁中欄。
[41]《龍樹菩薩傳》，《大正藏》50 冊，第 184 頁中欄。
[42]《龍樹菩薩傳》，《大正藏》50 冊，第 184 頁中欄。
[43]《龍樹菩薩傳》，《大正藏》50 冊，第 184 頁中欄。

事態敗露，三位好友在眼前當場死去，而自己也處在命垂一線的絕望關頭，龍樹菩薩終於領悟到，正是貪慾的唆使，才使他們淪落到如此田地。貪慾令人的身心不得自在，驅人造惡，並感得苦果，龍樹菩薩便是親身經歷了這一過程。他對此做出了深刻的反思，進而決心出家修道。

面對逆境，絕大多數人只看到其帶來痛苦的一面，而龍樹菩薩就此意識到「惑」乃問題的根源，由此出家修行，這便反映出逆境的積極意義。在面對逆境的時候，人們有機會反思自身觀念中的問題，深入挖掘失敗、痛苦產生的原因，通過及時總結，發現並改正錯誤，便不會在相同的方向上繼續錯下去。雖然帶來痛苦，但也為自我提升創造了良機，這是逆境的重要意義。

從龍樹菩薩的經歷還可以得知，修行的意義並非是為了消極避世，克制貪慾也並非為了自我折磨，而是希望通過解決無明、煩惱來獲得純粹的安樂。

二、藏傳佛教傳記記載

藏傳佛教傳記的記載與上述記載不同。如《布頓佛教史》中寫到，龍樹菩薩出生後，相師預言他只能活七天，並給出了延壽的方法，即請百名婆羅門作法，可延壽七月；請百名比丘，可延壽七年。為了讓龍樹菩薩多活些日子，父母按相師的建議對比丘僧做了供養，而後，又因不忍親眼目睹孩子的死亡，於是派隨從陪侍龍樹菩薩外出遊歷。在走到那爛陀寺的時候，龍樹菩薩與該寺的婆羅門薩羅哈大師相遇，大師在了解龍樹菩薩的情況後勸其出家，於是龍樹菩薩當即出家，並獲得了摧伏死主的曼荼羅灌頂，使死亡的預言落空。[44]

《密宗大成就者奇傳》、《師師相承傳》、《七系付法傳》記載的龍樹菩薩出家因緣與《布頓佛教史》大體相同，都是龍樹菩薩被預言短命，在那爛陀寺遇到恩師授予延壽法，由此出家。不過，這三部傳記在一些情節的

44《布頓佛教史》（上），第185頁。

記載上與《布頓佛教史》有差異。

如《布頓佛教史》中，為龍樹菩薩作出短命預言的人是相師，《師師相承傳》和《七系付法傳》與《布頓佛教史》相同。而在《密宗大成就者奇傳》中，有三類人作出了預言，分別是比丘、婆羅門和俗人。

《布頓佛教史》中，相師預言龍樹菩薩只有七日壽命，其為龍樹菩薩提供的延壽的方法有兩種，一種是供養百名婆羅門，能延壽七月；另一種是供養百名比丘，能延壽七年。《師師相承傳》與《布頓佛教史》相同。而《七系付法傳》中，相師並沒有明確預言龍樹菩薩壽命將於何時結束，只是告訴其父母：供養百名俗人，延壽七日；供養百名婆羅門，延壽七月；供養百名比丘，延壽七年。《密宗大成就者奇傳》中，比丘、婆羅門、俗眾只是分別預言龍樹菩薩將於出生七年、七月、七日後死亡，並未提供延壽的方法。

《布頓佛教史》中，龍樹菩薩的父母因不忍目睹孩子的死亡，所以派遣僕人伴隨龍樹菩薩外出遊歷。《師師相承傳》、《七系付法傳》與《布頓佛教史》記載相同。而在《密宗大成就者奇傳》中，由於其家人擔心龍樹菩薩因短壽而死在家中，因而將龍樹菩薩和其僕人逐出家門，使得他四處流浪。[45]

《八十四大成就者傳》的記載與其他記載均不同。其中提到，龍樹菩薩出家前曾欺凌其所在地卡厚惹的居民，導致當地的婆羅門眾想集體搬離該處，考慮到沒有婆羅門眾，人民會沒有祭司，龍樹菩薩最終決定自己離開，並把自己所有的財產分給了婆羅門，並在此後前往那爛陀寺出家。

婆羅門龍樹是東部康奇國卡厚惹地方的人。在狂野的青年期，他魚肉卡厚惹地方的兩萬五千戶居民，到處搶劫。其暴行是如此野蠻，所以婆羅門大家開會，決定搬離該處，讓惡人自食惡果；龍樹聽到這消息後，就派人通知婆羅門眾，與其讓人民沒有祭司，倒不如自己離開好了。他將財產全部分給婆羅門，自己就出去過着一無所有的漂泊日子。龍樹離開卡厚惹後，便前往那爛陀大學，在清涼花園寒林（菩提迦耶）受具足戒。[46]

45《聖行集萃》，第 175 頁。
46《金剛歌·八十四大成就者傳》，第 155 頁。

本段記載與鳩摩羅什大師所譯《龍樹菩薩傳》中的記載，雖內容不同，但意向相似，均說明龍樹菩薩在出家前有過不合適的行為，但經過反思，認識到自己的過失，並改過自新，隨後出家。

至此，可以將諸傳記中對龍樹菩薩的出家因緣作出如下總結：

傳記	出家因緣
《龍樹菩薩傳》 《付法藏因緣傳》	侵凌宮女險些被殺，覺悟「欲為苦本」
《布頓佛教史》 《師師相承傳》 《七系付法傳》	被預言短命，出家周遊尋求良方
《八十四大成就者傳》	欺凌居民導致當地婆羅門準備離開， 因不忍居民沒有祭司而離開家鄉

表 3.1 龍樹菩薩出家因緣

第二節　龍樹菩薩的出家地點與師父

龍樹菩薩選擇出家的地點與初出家時的依止師父也是一個值得關注的問題，各部傳記對此記載也有所不同。如《龍樹菩薩傳》記載：

即自誓曰：「我若得脫，當詣沙門受出家法。」既出入山，詣一佛塔，出家受戒。[47]

《付法藏因緣傳》的記載與《龍樹菩薩傳》內容相似，並未提到龍樹菩薩的依止師是誰，而《傳法正宗記》則明確記載了龍樹菩薩剃度師是摩

---

[47]《龍樹菩薩傳》，《大正藏》50 冊，第 184 頁中欄。

羅尊者：

及摩羅尊者來其山，相遇甚善，大士乃與龍眾禮之為師。方剃度時，其國之君與帝釋梵王，皆赴其勝會，受戒於大羅漢，即成聖道得六神通。摩羅尋以大法眼付之。[48]

《傳法正宗記》的記載也為後世多部傳記所繼承，尤其是禪宗相關典籍。關於「摩羅尊者」，《傳法正宗記》中記載如下：

迦毗摩羅者，花氏國人也，未詳其姓。初為外道，有大幻術，因詣馬鳴大士，較法不勝，遂與其徒皆求出家。既證聖道，馬鳴即以大法眼付之。已而遊化至西天竺，會其國太子有曰「雲自在」者，德於大士，乃欲請往其宮中供養。大士辭之曰：「佛制沙門不得親於王臣勢家，此不敢從命。」太子曰：「然則吾國其城之北有一大山，山有石窟，清靜絕俗，亦可禪棲。雖龍蛇異物所護，而尊者至德，其必順化。」大士曰：「諾。」從之而往。

方至其山，果有大蟒，長可一里，瞪目相視。大士即直進不顧，至山之南方坐於坦處。蟒復盤繞其身，亦不之顧。蟒須史遂去。大士視其所隨之眾，已皆逃散，無一在者，尋獨進將至其石窟。俄然有一老人，素服而出，合掌致敬。大士問曰：「汝何所居？」曰：「我昔嘗為比丘，甚好寂靜，煩於初學所問，因起瞋心，以故命終墮為蟒身，止於此窟，今已千載，適值尊者聖德，故來敬之。」[49]

這裏介紹了摩羅尊者最初學習外道，擅長幻術，後拜訪馬鳴菩薩並被折服，依馬鳴菩薩出家、證果、接法。摩羅尊者得法之後，遇到「雲自在」太子，還入山中與一蟒蛇結緣以化解其危害。

《付法藏因緣傳》還提到一位「比羅尊者」臨終前傳法予龍樹菩薩：

馬鳴菩薩臨欲捨命，告一比丘名曰比羅：「長老當知，佛法純淨能除煩惱垢，汝宜於後流布供養。」比羅答言：「善哉受教。」從是已後廣宣正法，微妙功德而自莊嚴，巧說言辭智慧淵遠，外道邪論無不摧伏，於南天竺興大饒益，造《無我論》足一百偈。此論至處莫不摧靡，譬如金剛所

---

48 《傳法正宗記》卷3，《大正藏》51冊，第727頁上欄。
49 《傳法正宗記》卷3，《大正藏》51冊，第726頁中欄。

擬斯壞。臨當滅時，便以法藏付一大士，名曰龍樹，然後捨命。[50]

記載中，比羅尊者和摩羅尊者同為馬鳴菩薩的接法人和龍樹菩薩的傳法人，二者很可能即是同一人。

傳記	師父	身分
《龍樹菩薩傳》	不詳	不詳
《付法藏因緣傳》	比羅尊者	傳法人
《傳法正宗記》	摩羅尊者	傳法人、剃度師

表 3.2 漢傳佛教傳記中龍樹菩薩的師父

另外，從上述資料來看，漢傳傳記對於龍樹菩薩出家的地點，以及所屬部派均記載不詳，都只提到「山中」。不過從傳記記載龍樹菩薩後來不滿所學，入雪山求學大乘經典的行為來看，他最初應該是在聲聞乘僧團學修。

在藏傳佛教傳記當中，對於龍樹菩薩的出家地點，《布頓佛教史》、《八十四大成就者傳》、《密宗大成就者奇傳》、《師師相承傳》、《七系付法傳》一致記載是在那爛陀寺，而對於龍樹菩薩師父的記載，則有一些分歧。

《布頓佛教史》中，龍樹菩薩一開始是師從婆羅門薩羅哈大師學習佛法。《布頓佛教史》和《密宗大成就者奇傳》中，龍樹菩薩是以羅睺羅為得戒和尚而受戒。《師師相承傳》中，龍樹菩薩師從婆羅門種姓大師薩惹哈處學佛和受戒。《七系付法傳》中，龍樹菩薩師從羅睺羅剃度和受戒。《八十四大成就者傳》和《印度佛教史》沒有明確記載龍樹菩薩的師承。

50《付法藏因緣傳》卷 5，《大正藏》50 冊，第 317 頁上欄。

傳記 ＼ 類別	接引學佛	剃度出家	受具足戒
《布頓佛教史》	薩羅哈	不詳	羅睺羅
《密宗大成就者奇傳》	羅睺羅	不詳	羅睺羅
《七系付法傳》	羅睺羅	羅睺羅	羅睺羅
《師師相承傳》	薩惹哈	不詳	薩惹哈
《八十四大成就者傳》	不詳	不詳	不詳
《印度佛教史》	不詳	不詳	不詳

表 3.3 藏傳佛教傳記中龍樹菩薩的師父

其中，薩羅哈和薩惹哈很可能是同一人，因翻譯的原因而有不同。據《七系付法傳》記載，羅睺羅出生於婆羅門家庭，年幼時便能熟讀吠陀典籍，後經金剛瑜伽母的點化而證入三摩地。他後來在佛教僧團出家，成為那爛陀寺的親教師，為佛教事業的發展作了很大貢獻。

第三節　初出家時所學內容

有關龍樹菩薩初出家時所學的內容，漢傳佛教傳記與藏傳佛教傳記的記載也有差異。漢傳佛教傳記中，龍樹菩薩初出家時學習的內容以聲聞乘為主，也包括了一些大乘教理。而藏傳佛教傳記中他初出家所學內容是以密法為主，相關內容會在第五章詳述，本段內容主要是依據漢傳佛教傳記。

《龍樹菩薩傳》記載，龍樹菩薩出家之後很快顯露出過人的天分，在

三個月的時間內就遍學聲聞三藏。在學完了所能學到的佛教知識後，他進入雪山繼續求學大乘經論。在這一段學習之後，他因了知大乘法義感到法喜充滿，但是見解上並沒有通達。從雪山求學歸來後，他繼續求學佛教經典，可是一無所獲。在求學的過程中，龍樹菩薩與一些聲聞行者和外道論師進行了辯論，並降服了對方。

九十日中誦三藏盡，更求異經都無得處。遂入雪山，山中有塔，塔中有一老比丘，以摩訶衍經典與之。誦受愛樂，雖知實義未得通利。周遊諸國更求餘經，於閻浮提中遍求不得。外道論師，沙門義宗，咸皆摧伏。[51]

《付法藏因緣傳》的記載與前者相似，只不過少了「周遊諸國更求餘經，於閻浮提中遍求不得」[52] 的記載。

在經歷了多次辯論的勝利之後，龍樹菩薩的傲慢心滋長，開始自稱「一切智人」。在被弟子批評之後，他感到不滿，由此準備在佛教的基礎上創立新教，自立為教主。如《龍樹菩薩傳》記載：

外道弟子白之言：「師為一切智人，今為佛弟子。弟子之道，諮承不足，將未足耶。未足一事，非一切智也。」辭窮情屈，即起邪慢心，自念言：世界法中津塗甚多，佛經雖妙，以理推之，故有未盡。未盡之中，可推而演之以悟後學，於理不違於事無失，斯有何咎？思此事已即欲行之，立師教戒更造衣服，令附佛法而有小異。欲以除眾人情，示不受學，擇日選時，當與諸弟子受新戒著新衣。[53]

《付法藏因緣傳》的記載與前者類似，只不過有門神批評龍樹菩薩的記載：

即便自謂一切智人，心生憍慢甚大貢高，便欲往從瞿曇門入。爾時門神告龍樹曰：「今汝智慧猶如蚊虻，比於如來非言能辯，無異螢火齊輝日月，以須彌山等葶藶子。我觀仁者非一切智，云何欲從此門而入。」[54]

從上述材料可以得知，龍樹菩薩當時擁有大量佛學知識，且因辯無不勝而開始有增上慢產生。「增上慢」指「未得勝德，謂己已得，令心高舉」，[55] 也就是明明沒有殊勝的功德，卻誤以為自己證得了。需要注意的

---

51 《龍樹菩薩傳》，《大正藏》50 冊，第 184 頁中欄。
52 《付法藏因緣傳》卷 5，《大正藏》50 冊，第 317 頁下欄。
53 《龍樹菩薩傳》，《大正藏》50 冊，第 184 頁下欄。
54 《付法藏因緣傳》卷 5，《大正藏》50 冊，第 318 頁上欄。
55 《阿毗達磨大毗婆沙論》卷 50，《大正藏》27 冊，第 258 頁中欄。

是，增上慢與妄語不同，妄語是知道自己沒有這些功德，卻謊稱自己擁有殊勝的證量；增上慢者則是真以為自己擁有了殊勝功德，心裏並沒有欺騙他人的意願。在龍樹菩薩的身上，增上慢的表現就是自稱「一切智人」，也就是世界上智慧最高的人。他的這段經歷也啟發後人，不論修行進展到何種境界，都應注意防護慢心，否則很容易障礙自己前進的腳步。

從另一個角度來看，他對於真理的追求也是貫穿始終的，他不會在乎自己屬於哪個教派，也從未停止追尋究竟真理的腳步。龍樹菩薩在遇到大龍菩薩前主要學習的是聲聞乘經典，而聲聞乘的智慧境界無法讓龍樹菩薩滿足。而後，大龍菩薩向龍樹菩薩展示了海量佛經，龍樹菩薩學習了最高妙的大乘教義，由此才真正契入了解脫和覺悟。

第四節　小結——龍樹菩薩出家原因分析

龍樹菩薩的出家，是他捨棄俗世後邁入佛法大門的第一步，也是他追求無上智慧的開端。到底是什麼原因促使他放棄世俗生活，而要選擇步入佛門以求解脫覺悟之道呢？從漢、藏兩地對其出家經歷的記載中，大體可以做出如下分析。

在漢傳傳記的記載中，龍樹菩薩出家前曾一心追求快樂且毫不考慮後果，為此他和同伴潛入王宮縱慾。在被發現後，他自己險遭殺害，其同伴則當場全部被砍殺，殘酷的教訓使他感受到死亡的恐懼，也因那份境遇領悟到了「欲為苦本」的道理，因此發願出家。在藏地的大部分記載中，龍樹菩薩出家與他出生後就被預言短命有關，雖然其父母做了供僧延壽的功德，但是這僅僅能增加七年的壽命，並不能挽救他早夭的命運。正是在這一無奈的困境中，龍樹菩薩離開家中，才有機會值遇接引他出家的師父。

兩地記載的龍樹菩薩的出家，都是與「死亡」抗爭的結果，這其實與佛陀的出家因緣相似，世尊就是在四門出遊時見到了老病死苦，因而生起

了出離心。「無常」這一沉重的人生命題，直接推到了龍樹菩薩面前，使其無法迴避，而不得不加以深刻的反思。這可以說是龍樹菩薩厭離世間，走向出家之路的基本動力。

從龍樹菩薩俗家時的言行來看，他似乎只是一個具有七情六慾的凡夫。然而，遭遇人生的重大變故時，龍樹菩薩進行了深入的思考。對於人生變故，有些人可能沉溺於悲傷之中無法自拔，或是試圖通過追逐物慾來麻醉自己。如果沒有正確找尋痛苦的起因，就會陷入「愈求愈苦」的怪圈。物慾之所以產生痛苦，原因就在於它不可能得到徹底滿足，只會不斷增長。當人心被貪婪完全蒙蔽之後，就會做出各種不當行為，並最終收穫苦果。龍樹菩薩能夠意識到「欲為苦本」，就是從根本上釐清了痛苦的起因，因而選擇了離俗出家來探尋苦樂的真相。

此外，還可以推測到，龍樹菩薩有着一種追求更高人生境界和洞徹生命真相的強烈渴求。這種渴求的力量，在漢傳傳記記載他與好友們追求人生至樂的對話中，以及他求學大乘教法的過程中，均能夠瞥見一二。儘管在追求的過程中多有挫折，但他向上追求的心態正是他能夠不斷深入浩瀚的佛法世界的心理基礎。這種不斷向上的渴求雖不是究竟的解脱與覺悟境界，但卻是實現後者的推動力。

龍樹菩薩對於聲聞乘的教義不能滿足，也是促使他轉向大乘教法的原因之一。在聲聞乘的理論中，人與人是不同的個體，修行解脫是個人的事情，利益眾生並非修行的必經之路。而按照這樣的理論去指導修行，可能會使修行者忽視利他之心的培養。此外，聲聞乘的修行理論將輪迴與涅槃割裂看待，認為二者是對立關係，而佛法就是脱離輪迴，走向涅槃的橋樑。這樣一來，涅槃成了實有的存在，即使達到了涅槃，也成為另一種法執的對象，執著於涅槃境界而無法自拔。這些都是龍樹菩薩不滿所學聲聞教法，繼而追求大乘圓滿教理的原因。

龍樹菩薩在取得了與外道、聲聞的多次辯論勝利之後，開始有了自稱「一切智人」的想法。這種想法是增上慢煩惱的體現，處在順境當中的人

很容易增長慢心，這對修行人是一種很重要的警示。同時需要注意的是，文獻記載龍樹菩薩這一想法的產生，背後仍包含着對佛經妙義未盡，而欲敷演之「以悟後學」、「饒益眾生」的善良動機。因此，人的心念通常並非由某個單一元素構成，煩惱與善法多是夾雜在一起，在這種情況下，如理反思就顯得尤為必要，調伏其中的煩惱部分，增長其中的善法部分，便是修行的進步。

　　龍樹菩薩出家前後的這段經歷跌宕起伏，深處逆境時覺悟反思，處在順境當中又被增上慢煩惱所侵襲。人的心念受環境影響很大，因此，修行人面對自身所處的狀態需要多加總結與思考，不宜一味貪着順境、排斥逆境。儘管龍樹菩薩出家前造作惡業，剛出家後又曾陷入增上慢之中，但眾生自性本具一切功德，只要合適的時機出現便能夠開顯自性寶藏，這也是龍樹菩薩覺悟「欲為苦本」，後來能夠大興大乘佛法的關鍵。處在逆境帶來的重大人生變故之中，人們反而容易迸發出智慧的火花，接納苦受、冷靜思考，便是捕捉智慧之光的關鍵。

第四章

| 學弘大乘 |

龍樹菩薩是繼承佛陀大乘教法的一位重要祖師，在聲聞部派迅速發展的時期，龍樹菩薩肩負起弘揚大乘佛法的重任，開啟了大乘佛法興盛傳習的時代。

第一節　大乘經典的流傳

太虛大師將佛陀滅度之後的印度佛教分成三個階段，分別是小行大隱時期、大主小從時期和密主顯從時期，三個時期各五百年。在第一個五百年即小行大隱時期，聲聞乘教法流傳廣泛，而大乘教法並非沒有，但流傳隱沒，學弘者少。[56] 一般認為，正是龍樹菩薩開啟了佛陀滅度之後大乘佛法的興盛時代。

關於佛陀滅度之後大乘經典的結集情況，龍樹菩薩在《大智度論》中記載：

> 復次，有人言：如摩訶迦葉將諸比丘在耆闍崛山中集三藏，佛滅度後，文殊尸利、彌勒諸大菩薩亦將阿難集是摩訶衍。又阿難知籌量眾生志業大小，是故不於聲聞人中說摩訶衍，說則錯亂，無所成辦。[57]

論中記載，文殊菩薩和彌勒菩薩同阿難共同結集了大乘經典，並且阿難之所以未向聲聞行者講述大乘佛法，是擔心「說則錯亂，無所成辦」。這可能即是後世弟子呈現出所宗經典有別的原因。

佛陀滅度之後，聲聞部派發展迅速，對佛教界的話語權有比較大的主導作用。他們所傳持的經典也以《阿含經》為主，並據此發展聲聞的阿毗達摩學，撰寫毗曇類著作，廣泛弘揚聲聞法。故而，結集後的大乘經典最初應僅是在大乘行者之間流傳，並未得到很廣泛的弘揚。這便是「小行大隱」時期，即大乘經典相對隱藏，而聲聞經典廣泛傳揚的時期。從龍樹菩薩的經歷和前文的研究可知，龍樹菩薩便是出生在這個時期，但龍樹菩薩的大乘善根使得他並未滿足於學習聲聞法，隨着他的追求和進取，

---

56 釋太虛著，太虛大師全書編委會編集：《太虛大師全書》(第一冊)，北京：宗教文化出版社，2004年，第438頁。

57《大智度論》卷100，《大正藏》25冊，第756頁中欄。

大乘佛法興盛弘揚的時代隨之來臨。

第二節　求取大乘經典

一、取經的過程

　　據鳩摩羅什大師所譯《龍樹菩薩傳》記載，龍樹菩薩最初接觸大乘經典是在雪山當中，有一老比丘將部分大乘經典交給他。龍樹菩薩讀誦大乘經典非常歡喜好樂，雖然能夠知曉其中所講義理，但還不夠通達，想要再尋訪相關經典，卻一直未能找到。[58] 他第二次接觸大乘經典，則是受到了大龍菩薩的幫助，如《龍樹菩薩傳》中記載：

　　大龍菩薩見其如是，惜而愍之，即接之入海。於宮殿中開七寶藏，發七寶華函，以諸方等深奧經典無量妙法授之。龍樹受讀，九十日中，通解甚多，其心深入，體得實利。龍知其心，而問之曰：「看經遍未？」答言：「汝諸函中經多無量，不可盡也。我可讀者，已十倍閻浮提。」龍言：「如我宮中，所有經典，諸處此比復不可數。」龍樹既得諸經一相，深入無生，二忍具足。龍還送出於南天竺。[59]

　　大龍菩薩見龍樹菩薩沒有機緣學習大乘經典，因此接其進入宮殿，並為其展示了諸多大乘經典。龍樹菩薩在宮殿內讀誦九十日，獲得了非常深刻的體悟，並且「善解一相，深入無生，二忍具足」。關於「二忍」，《般若經》中曾有所解釋：

　　爾時菩薩應修二種忍：一者，一切眾生惡口罵詈，若加刀杖瓦石，瞋心不起；二者，一切法無生，無生法忍。[60]

　　菩薩應修兩種忍，第一種忍是面對眾生給予的逆境能夠安忍，不起瞋心，第二種忍則是對於諸法無生之理能夠接受、認可，這與「深入無生」的描述也相契合。傳記提到龍樹菩薩「二忍具足」，應是證得了無生法

---

58 《龍樹菩薩傳》，《大正藏》50 冊，第 184 頁中欄。
59 《龍樹菩薩傳》，《大正藏》50 冊，第 184 頁下欄。
60 《摩訶般若波羅蜜經》卷 23，《大正藏》8 冊，第 388 頁上欄。

忍。「初地乃至七地，得無生忍法」[61]，可知龍樹菩薩應是至少證得了初地菩薩的果位，這與《入楞伽經》中「證得歡喜地」的授記也相吻合。

二、對龍宮取經的辨析

「龍」在現代科學的語言體系下似乎並未有相關研究涉及，所以顯得難以理解。而在佛經當中，「龍」作為六道眾生的一員則非常常見，並不意外。

　　復次，比丘知業果報，觀龍世間，以何業故，法行龍王生戲樂城？戲樂城者為何等相？即以聞慧觀：法行龍王所住之城，七寶城郭、七寶色光、諸池水中優波羅花、眾花具足，酥陀味食，常受快樂，香鬘、瓔珞、末香、塗香莊嚴其身，神通憶念隨意皆得……如是等福德諸龍，隨順法行，以善心故依時降雨，令諸世間五穀成熟，豐樂安隱不降災電；信佛法僧，隨順法行，護佛舍利……[62]

六道包括天、人、阿修羅、畜生、餓鬼和地獄。其中，龍應屬「畜生道」，通常意義上的畜生道眾生以受苦的生活方式為主，生命形態多表現為恐懼、愚癡和暗鈍，但龍的福報和智慧通常是很大的，如上文《正法念處經》中所記載。不僅如此，龍還具有神通，能夠變化、降雨，很多龍眾還致力於護持佛法，《妙法蓮華經》中更有八歲龍女即身成佛的記載。當然，《正法念處經》中除記載「法行龍王」之外，還記載了「非法惡行龍王」，他們所住之處則經常下「熱沙雨」，環境惡劣。

「龍」對應的梵文即是「nāga」，直譯應為「大蛇」或「大象」。漢地之所以將「大蛇」翻譯成「龍」，是因為經典中對具神力「大蛇」的描述與漢族文化當中「龍」的形象比較一致，若直譯為「大蛇」，反而容易增加理解難度，這是翻譯過程中的善巧抉擇。

龍宮也是由梵語「nāgānāṃ bhavanāni」翻譯而來，原意是大蛇的住處。但在漢文化中人們很容易認為「龍宮」一定是位於海底深處。印順法

61《大智度論》卷 100，《大正藏》25 冊，第 753 頁下欄。
62《正法念處經》卷 18，《大正藏》17 冊，第 105 頁下欄。

師也曾在《龍樹龍宮取經考》一文中對「龍宮取經」一事進行了分析：

　　龍樹入龍宮取經的傳說，有的解說為：這是表示深入自心，本着自證而集出大乘經的。有的解說為：龍王，是印度民族中龍族的國王。《華嚴經》等大乘經，從此族的王庭得來。有的解說為：南天竺鐵塔或龍宮取經，正如燉煌石室的發見古代經典一樣，不過傳說得神奇而已。有的解說為：龍宮、夜叉宮與天宮，一向傳說為有大乘經；龍樹的龍宮得經，也只是這種傳說的一則。[63]

　　這裏列舉了一些對「龍宮取經」的理解。有觀點認為「龍宮」代表自心，暗指大乘佛法對自證自性清淨心的強調，比喻龍樹菩薩證入了清淨本心；也有觀點認為「龍王」是古印度以「龍」為名的某族國王，「龍宮」即是該族的宮殿；還有觀點認為「龍宮取經」只意味着在某處發現了古代經典，「龍宮」僅是一個地名。對取經地的詳細研究將在本文第九章詳述。

第三節　著述大乘論典

　　龍樹菩薩將大乘經典帶出，並廣泛弘揚。與此同時，他開始著述論典解釋大乘經文。對於龍樹菩薩一生的著作，擬在其他研究中進行詳細分析，本節僅根據諸傳記中的記載進行介紹。漢傳佛教傳記與藏傳佛教傳記的記載有一定不同，故本節分兩部分進行介紹。

一、漢傳佛教傳記

　　《龍樹菩薩傳》中記載：

　　大弘佛法，摧伏外道，廣明摩訶衍。作《優波提舍》十萬偈，又作《莊嚴佛道論》五千偈，《大慈方便論》五千偈，《中論》五百偈。令摩訶衍教大行於天竺，又造《無畏論》十萬偈，《中論》出其中。[64]

---

63 《佛教史地考論》卷6，《印順法師全集》22冊，第210頁上欄。
64 《龍樹菩薩傳》，《大正藏》50冊，第184頁下欄。

《付法藏因緣傳》的記載與之相同。其中,「優波提舍」對應的梵文為「upadeśa」,意譯為「論」,如《大乘義章》:「優婆提舍,此正名論,論諸法故。」[65] 可知,龍樹菩薩撰寫了一部十萬偈的論著。關於此論的所指,印順法師在《空之探究》文中列舉了一個認為此論即是《大智度論》的觀點:

> 《大智度論》,鳩摩羅什譯,為中本《般若經》的釋論。僧叡序說:「有十萬偈,……三分除二,得此百卷。」《論》的後記說:「論初品三十四卷,解釋(第)一品,是全論具本,二品以下,法師略之,……若盡出之,將十倍於此。」這部《般若經》的釋論,是十萬偈的廣論,現存的是略譯。有的說:這就是《龍樹菩薩傳》所說:「廣明摩訶衍,作優波提舍十萬偈。」[66]

其依據是僧肇大師在為《大智度論》所做的序中提到《大智度論》原本十萬偈,恰好與「《優波提舍》十萬偈」相符合,並且《大智度論》確實是一部釋經之論,其所詮釋的經典正是《大般若經》,也恰與龍樹菩薩取《般若經》,弘揚般若中觀學的身分相符合。故此可以推知,該「優波提舍」即是《大智度論》的可能性極大。

引文中提到的《莊嚴佛道論》,在印順法師《印度佛教思想史》一文中被推測為《十住毗婆沙論》,因為《十住毗婆沙論》即是對《華嚴經·十地品》的部分介紹,與「莊嚴佛道」相合,該推測也有一定的道理。鳩摩羅什大師所譯《十住毗婆沙論》共十七卷,從篇幅上來看,也與「《莊嚴佛道論》五千偈」相接近。文中提到的《大慈方便論》,尚未知其所指,可能是《菩提資糧論》或《釋摩訶衍論》。

關於《無畏論》的所指尚不明確,傳記中記載《中論》屬於其中的一部分,而《無畏論》的篇幅為「十萬偈」與《優婆提舍》論相同,因此也必定是一部大篇幅的論典,那麼很可能是一部集合了諸多方面的著作。

《傳法正宗記》則明確提到《大智度論》、《中論》和《十二門論》:

> 然外道皆求正其見,大士遂因之造眾論議,若《智度》者,若《中觀》

65《大乘義章》卷 1,《大正藏》44 冊,第 468 頁上欄。
66《空之探究》卷 4,《印順法師佛學著作集》38 冊,第 205 頁上欄。

者，若《十二門》者，不啻其千萬偈，悉皆方便開釋正法。[67]

這些傳記中關於龍樹菩薩的著作的記載，雖然不多，但所提及的著作都具有極大的影響力。《中論》、《十二門論》從比量邏輯的角度論證《般若經》中的空觀思想。《大智度論》號稱「佛教百科全書」，不僅介紹般若中觀思想，還講解了菩薩利益眾生、廣行六度等諸多方面的內容。被推斷是《莊嚴佛道論》的《十住毗婆沙論》則是解釋《華嚴經》的論著。對漢傳佛教而言，《大智度論》、《中論》是天台宗的立宗論典，《中論》、《十二門論》是三論宗的立宗論典，《十住毗婆沙論》則對華嚴宗、淨土宗有很大影響。

二、藏傳佛教傳記

相對來講，藏傳佛教傳記中對龍樹菩薩著作的記載則更加詳細。如《布頓佛教史》將龍樹菩薩著作分成了內明、醫方明、修身處世等方面，內明又包括顯密等多方面內容：

關於龍樹在「內明」方面的論著是，以開示正見為主的，即離二邊的《中論》，其中分教理二門：由教義門而開示的，如中觀讚頌類；由理智門而開示的，有各種如理論著。以開示行為主的是：由教義門而開示的，如《經集論》，由理智門而開示的，如《大乘修心論》；警醒聲聞種姓的，如《夢說如意摩尼珠》；開示在家人以行為為主的，如《親友書》；開示出家人以行為為主的，如《發菩提心諸論》。關於密乘方面：見行攝要的，如《密續集論》；抉擇見的，如《菩提心釋論》；開示生起次第的，如《密集修法》、《密集攝要》、《密集生起次第修法合經集論》、《曼荼羅儀軌》等二十種。開示圓滿次第的，如《五次第》等。關於「醫方明」方面的論著，如《治療法一百種》等。關於修身格言方面的論著：有開示民眾的，如《士夫修養心滴》；教誡臣宰的，如《智慧教誡百頌》；開示國王大乘見行合修的，如《寶鬘論》。此外還有《緣起算法》、《和合香法》、《點金

67《傳法正宗記》卷3，《大正藏》51冊，第727頁中欄。

術》等許多自撰精要的論著。其他釋論，如《密集釋論》、《聖稻芉經攝頌》等。《教授花穗》中說：「四手印，非龍樹所著。」阿闍黎協饒迴勒洛卓（智慧生處）在其所著《入行論釋》中說：「阿闍黎龍樹也著有一部《集學論》。」[68]

《密宗大成就者奇傳》則重點記載了「中觀六論」：

龍樹菩薩回到人間，造了「中觀六論」（《中論》、《六十正理論》、《七十空性論》、《迴諍論》、《細研磨論》和《成名言論》）等論著。[69]

《七系付法傳》的記載與之相似。《師師相承傳》則提到：

聖龍樹為了利益未來後世應化眾生起見，著作了不少的解釋三藏及四部密續的論著，如導入佛教全圓心要，整個大乘道體，菩提道次第智理的正道而說的《寶鬘論》，及引經來著成的《經集論》，道次要義結合佛經而宣說的《稻稈經釋》、《妙吉祥勝義讚》等諸讚頌論著。以及《密集成就法略論》、《成就法與經合論》、《菩提心釋論》、《圓滿次第五次第論》、《中觀根本智論頌》、《六十如理論頌》、《廣破品類論》、《七十空性論頌》、《迴諍論頌》、《親友書》、《般若百頌》、《八粗重罪》、《普賢行願解說》、《如意牟尼夢語》、《布施說集》、《出世間論說》、《八加行》、《智樹論》、《士夫齒密論》等顯密經教釋著。及顯密道次第，以及四部密續中所說的許多本尊成就法等很多的著作。[70]

這裏所述論典多在藏傳佛教中傳播。至此，可以將藏傳佛教傳記中提到的龍樹菩薩著作進行列表整理，本處擬採用《布頓佛教史》的分類方式。

---

68 《布頓佛教史》，第 188 頁。
69 《聖行集萃》，第 179 頁。
70 《菩提道次第師師相承傳》，第 152 頁。

內明	般若正見	《中論》、《六十正理論》、《七十空性論》、《迴諍論》、《細研磨論》、《成名言論》、《廣破品類論》、《般若百頌》
	行持	《集經論》、《大乘修心論》、《夢説如意摩尼珠》、《親友書》、《發菩提心諸論》、《八粗重罪》
	密乘	《密續集論》、《菩提心釋論》、《密集修法》、《密集攝要》、《密集生起次第修法合經集論》、《曼荼羅儀軌》、《五次第》
	讚頌	《寶鬘論》、《經集論》、《稻稈經釋》、《妙吉祥勝義讚》
	其他	《密集釋論》、《聖稻稈經攝頌》、《集學論》、《密集成就法略論》、《成就法與經合論》、《菩提心釋論》、《普賢行願解説》、《如意牟尼夢語》、《布施説集》、《出世間論説》、《八加行》、《智樹論》、《士夫齒密論》
醫方明		《治療法一百種》

	對民眾	《士夫修養心滴》
修身格言	對大臣	《智慧教誡百頌》
	對國王	《寶鬘論》
其他	《緣起算法》、《和合香法》、《點金術》	

表 4.1 藏傳佛教傳記中記載的龍樹菩薩部分著作列表

　　總之，龍樹菩薩著作非常之多，有「千部論主」的美名，該表格只是將本文引用的傳記中所提到的部分著作進行了整理，而傳記中所提到的部分必定還不全面，具體對龍樹菩薩著作的詳細整理和分析將在其他研究中詳述。

　　署名龍樹菩薩的著作很多，在《昭和法寶總目錄》中共記載其漢譯著作二十四部，藏傳佛教《大藏經》記載的龍樹菩薩著作則有一百餘部，有學者認為，這些著作並非都是龍樹菩薩所撰寫。[71] 將非龍樹菩薩的著作署名為龍樹菩薩，這種情況存在可能性。如宗喀巴大師就曾將其所著的《菩提道次第廣論》歸為阿底峽尊者所造：

　　總此教授即是至尊慈氏所造《現觀莊嚴》所有教授，別則此之教典即是《菩提道炬》，故彼造者亦即此之造者，彼復即是大阿闍黎勝然燈智，別諱共稱勝阿底峽。[72]

　　不難推測，託名為「龍樹菩薩」必然是對龍樹菩薩有着極高的敬仰和推崇，並且作者很可能是在學習龍樹菩薩的著作和精神中受到了啟發和鼓舞。因此，對這些著作也不妨加以研究，並無必要排斥。

　　《長阿含經》、《四分律》等均記載，佛陀曾開演四大教法的精神，又

---

71 楊惠南：《龍樹與中觀哲學》，台北：東大圖書公司，1988 年，第 12-21 頁。
72 《菩提道次第廣論》卷 1，《大藏經補編》10 冊，第 623 頁上欄。

名四大廣説、四種墨印。其核心精神在於面對不同人所講的法，應淡化説法者的身分，從其所講説的義理是否符合佛意而進行取捨。不因非佛所親説而輕易棄捨，倘若符合佛法，也應加以受學。在面對署名為龍樹菩薩的這些著作時，也宜採取這樣的態度。

第四節　收提婆為徒

　　提婆菩薩是龍樹菩薩的傳承弟子，著有《百論》等著作。《百論》與《中論》、《十二門論》共列為「三論宗」的立宗之論。吉藏大師在《百論疏序》中曾引用僧叡法師的話盛讚提婆菩薩：

　　故叡師云：「提婆是龍樹上足弟子，德與知機諍行，才將玄師並照。道映當時者，照蓋於當時亦現當時也；神超世表者，世以有所得為懷，提婆以無所得為悟。」[73]

　　由此足見提婆菩薩成就之高，已經證悟了「無所得」的境界，對所處時代和後世都產生了很大的影響。

一、龍樹菩薩與提婆的互動

　　玄奘大師在《大唐西域記》中記載了提婆菩薩拜訪龍樹菩薩的經過：

　　時提婆菩薩自執師子國來求論義，謂門者曰：「幸為通謁。」時門者遂為白。龍猛雅知其名，盛滿鉢水，命弟子曰：「汝持是水，示彼提婆。」提婆見水，默而投針。弟子持鉢，懷疑而返。龍猛曰：「彼何辭乎？」對曰：「默無所說，但投針於水而已。」龍猛曰：「智矣哉，若人也！知幾其神，察微亞聖，盛德若此，宜速命入。」對曰：「何謂也？無言妙辯，其在是歟？」曰：「夫水也者，隨器方圓，逐物清濁，彌漫無間，澄湛莫測。滿而示之，比我學之智周也；彼乃投針，遂窮其極。此非常人，宜速召進。」[74]

73 《百論疏》卷1，《大正藏》42 冊，第 233 頁下欄。
74 《大唐西域記》卷10，《大正藏》51 冊，第 929 頁上欄。

　　龍樹菩薩在見提婆菩薩之前就已經聽説過他的美名，故而想要進行試探，先給了他一個盛滿水的缽，提婆菩薩見此之後則在水中投放了一根針，龍樹菩薩因此大為感歎他的才華。這裏，龍樹菩薩在缽中裝滿了水，意在向提婆菩薩展示一個似乎無從下手的境界，看他如何應對。而提婆菩薩則在滿缽水中投放了一根針，相當於在深廣的智慧境界中探究窮底，這裏展現出他強大的觀察力和悟性。

　　而龍猛風範懍然肅物，言談者皆伏抑首。提婆素挹風徽，久希請益，方欲受業，先騁機神，雅懼威嚴，昇堂僻坐，談玄永日，辭義清高。龍猛曰：「後學冠世，妙辯光前，我惟衰耄，遇斯俊彥，誠乃寫瓶有寄，傳燈不絕，法教弘揚，伊人是賴。幸能前席，雅談玄奧。」[75]

　　龍樹菩薩很有威德，與之交流的人都非常拜服。提婆素來聽聞龍樹菩薩的盛名，也希望能夠親近請益，但在向龍樹菩薩求學之前，先展示了自己的聰慧，登堂説法，用語和內涵都很高超。龍樹菩薩對他稱讚有加，認為自己已經年老，幸有提婆，因此能「寫瓶有寄，傳燈不絕」。這裏，龍樹菩薩已經有了做提婆的師父並且傳法予他的意願。

　　提婆聞命，心獨自負，將開義府，先遊辯囿，提振辭端，仰視質義。忽睹威顏，忘言杜口，避坐引責，遂請受業。龍猛曰：「復坐，今將授子至真妙理，法王誠教。」提婆五體投地，一心歸命，曰：「而今而後，敢聞命矣。」[76]

　　提婆聽到了龍樹菩薩的讚揚之後，內心似有一定的驕慢，並未立刻向龍樹菩薩請教，而是想要獨自開演義理進行辯論，但忽然目睹了龍樹菩薩的威嚴，從而忘卻了自己要講的話。他從坐而起並恭敬向龍樹菩薩請教。龍樹菩薩令提婆再次坐下，並為之講授實相之理。提婆非常感激，並徹底心悦誠服。

　　這裏，提婆菩薩被讚揚之後的心情或許是人之常情，而他在看到龍樹菩薩的威嚴之後，能夠立刻放下自己的傲慢，虛心的向龍樹菩薩請教，則

---

75 《大唐西域記》卷 10，《大正藏》51 冊，第 929 頁上欄。
76 《大唐西域記》卷 10，《大正藏》51 冊，第 929 頁上欄。

反映他在得到大善知識的威德折服之後，能夠迅速地激起善根，認識錯誤並加以改正。

《傳法正宗記》的記載則略有不同：

> 已而遊化至南天竺國，先是其國之人好修福業，洎大士至說正法要，乃遞相謂曰：「唯此興福最為勝事，佛性之說何可見耶？」大士因語之曰：「汝眾欲見佛性，必除我慢，乃可至之。」其人曰：「佛性大小？」曰：「非小非大，非廣非狹，無福無報，不死不生。」其人眾以大士所說臻理，皆喜好願學其法。大士即於座上化其身，如一月輪。時眾雖聞說法，而無睹其形。適有長者之子曰迦那提婆，在彼人之中視之，獨能契悟，遽謂其眾曰：「識此相乎？」眾曰：「非我等能辨。」提婆曰：「此蓋大士示現以表佛性，欲我等詳之耳。夫無相三昧形如滿月，佛性之義廓然虛明。」語方已，而輪相忽隱，大士復儼然處其本座，而說偈曰：「身現圓月相，以表諸佛體，說法無其形，用辨非聲色。」於是其人皆大感悟，即求為師。而大士悉與度之，會眾聖與其受戒，而提婆為之上首。[77]

《傳法正宗記》記載，龍樹菩薩與提婆菩薩相見乃是在龍樹菩薩為大眾講解佛性的法會上。眾人希望知曉如何見到佛性，龍樹菩薩開示必須除去我慢才能見到，並且佛性是遠離大小、廣狹、福報、死生等二元分別的。後龍樹菩薩用神通力將身體變化為一輪明月而繼續講法。提婆菩薩則理解到龍樹菩薩是希望借此闡發佛性之意，並和眾人一同向龍樹菩薩求請受戒，成為上首弟子。該傳記還記載，龍樹菩薩後正式傳法於提婆菩薩，以令其繼承衣缽：

> 其後乃命迦那提婆曰：「如來以大法眼付囑迦葉，乃至於我，我今付汝。聽吾偈曰：『為明隱顯法，方說解脫理，於法心不證，無瞋亦無喜。』」復謂提婆曰：「汝善傳持勿使斷絕，當於未來之世大興佛事。」[78]

類似的記載也出現在《宗鏡錄》、《佛祖歷代通載》、《釋氏稽古略》、《五燈會元》等諸多著作之中。而《佛祖統紀》則記載：「忽一日入月輪三昧，

77《傳法正宗記》卷 3，《大正藏》51 冊，第 727 頁上欄。
78《傳法正宗記》卷 3，《大正藏》51 冊，第 727 頁中欄。

唯聞法音不見形相。唯弟子提婆識之，曰：『師示佛性，非聲色也。』龍樹乃付法提婆。」[79]

《佛祖統紀》的記載雖也有龍樹菩薩現月輪相講解佛性一事，但此時提婆菩薩已經與龍樹菩薩確立了師承關係，在提婆菩薩為眾人講解了龍樹菩薩的意趣之後，龍樹菩薩便傳法予他。又《師師相承傳》記載：

> 他對於以首要弟子阿雅德瓦（義為聖天，即提婆）及佛護等持教大德為主的人及非人等無邊眾生，廣施正法甘露，儼然是釋迦世尊再出現於此世間，做出了大弘聖教事業。[80]

此處主要介紹了龍樹菩薩為其弟子講法如同釋迦牟尼佛再來，而提婆菩薩為首要弟子。在本文研究所選取的藏傳佛教相關傳記中，《布頓佛教史》、《八十四大成就者傳》等也提到提婆菩薩為龍樹菩薩的弟子。

又唐代天台宗高僧湛然法師在《止觀輔行傳弘決》記載：

> 初一外道造《鬼名書》，隱密難解，龍樹一讀便解，再為提婆說乃解，更廣為羅睺羅分別方解。外道歎云：「沙門釋子神智乃爾，所讀我書如似舊知。」[81]

這裏也提到了龍樹菩薩與提婆菩薩的師生互動，同時介紹了他們即使是閱讀外道的隱秘難解的書籍也能夠迅速理解其意。

二、提婆菩薩的圓寂

提婆菩薩為當時大乘佛法的復興作出了巨大的貢獻，曾與部派弟子和外道進行了大量的辯論，可謂辯無不勝。然而，在這個過程中也遭到了外道的嗔恨與嫉妒，最終被外道殘忍殺害。在臨死前，他依然在開導兇手，為之講法：

> 吾有三衣缽釪，在吾坐處，汝可取之，急上山去，慎勿下就平道。我諸弟子未得法忍者，必當捉汝，或當相得送汝於官，王便困汝。汝未得法利，惜身情重，惜名次之。身之與名，患累出焉，眾蠹生焉。身名者，乃

79《佛祖統紀》卷 5，《大正藏》49 冊，第 174 頁下欄。
80《菩提道次第師師相承傳》，第 152 頁。
81《止觀輔行傳弘決》卷 1，《大正藏》46 冊，第 146 頁下欄。

是大患之本也，愚人無聞，為妄見所侵，惜其所不惜，而不惜所應惜，不亦哀哉。吾蒙佛之遺法，不復爾也，但念汝等為狂心所欺，恣毒所燒，罪報未已……受之者實自無主，為之者實自無人，無人無主哀酷者，誰以實求之，實不可得！未悟此者，為狂心所惑，顛倒所迴。見得心着，而有我、有人、有苦、有樂，苦樂之來但依觸着。解着則無依，無依則無苦，無苦則無樂，苦樂既無，則幾乎息矣。[82]

提婆菩薩在臨死之前沒有對兇手生瞋恨之心，反而把自己的衣缽送給他，告訴他求生之路，並為之開示苦樂真相與解脫之法。面對弘法過程的強烈違緣，提婆菩薩的安忍與慈悲，無疑是大乘行者的表率。有這些聖位菩薩出現在這個世間，也是共業福報所感，大乘佛教的興盛發展需要佛菩薩、大乘善知識的加持與護佑。

第五節　小結──龍樹菩薩與大乘佛法

在漢傳佛教傳記的大部分記載中，龍樹菩薩剛出家之後學習聲聞法，並且很快通達了相關典籍，但是在接觸到大量的大乘佛法之後，畢其一生的時間學習、踐行、弘揚大乘佛法。他從學習聲聞轉向學習大乘，自然是被大乘佛法的魅力所深深吸引。

關於三乘的區別，一直是三系佛法都在探討的問題。既然三乘皆是佛陀所宣說，那麼大乘佛法的不共之處到底在哪裏？通常來講，對大乘佛法的不共之處可以從兩方面來理解，即慈悲和智慧。

慈悲的體現之一，即是大乘發心。大乘發心是不僅為了個人的解脫，更是為了一切眾生的解脫而修行，而聲聞發心對後者強調較少。龍樹菩薩就是一個有着大乘發心的人。如前文研究所述，在不滿足於所學的聲聞經典後，儘管龍樹菩薩想要自立「新教」，但也依然考慮着「以悟後學」，並非只是為了個人的修行。此時龍樹菩薩尚未見到大量的大乘經典，但是就

---

82 《提婆菩薩傳》，《大正藏》50 冊，第 187 頁下欄。

已展現出了利益眾生的大乘善根。不難推測,在對大乘經典的學習過程中,龍樹菩薩必然與佛菩薩的慈悲利他的大願相當契合,這應是他不懈弘揚大乘教法的原因之一。

另外,聲聞追求斷盡煩惱成為阿羅漢,而大乘追求成佛,不僅要斷盡一切煩惱,更是要圓滿一切功德,獲得一切完美的品質,這種追求與度化眾生需要諸多的善巧方便是分不開的。如觀世音菩薩「應以何身得度,即現何身而為說法」,這是觀世音菩薩道種智功德的體現。又如地藏王菩薩所說的滅定業真言,可以幫助苦難眾生懺悔罪業。這些功德是聲聞所未開顯的,但卻是每個眾生自心所本具。龍樹菩薩在出家前便展現出了不斷進取的特點,自然也難以滿足只是斷除煩惱的聲聞法,再配合上度化眾生的需要,龍樹菩薩必然會同大乘佛法的慈悲、善巧所相應。

在智慧方面,聲聞重點談人空,較少談法空,即便談法空,也多是從析空的角度,即將事物分析、拆解,從而消解其實在性。而大乘不僅重點談法空,更是從體空的角度分析當體即空之理。龍樹菩薩所處的時代,恰恰是聲聞部派發展活躍的時期。面對部派對佛語的偏執理解,龍樹菩薩從義理的角度為眾人揭示佛陀說法的真意。

在法執的作用下,存在着對佛陀所講之法如五蘊、十二因緣執實的問題,認為實有五蘊,實有無明、行、識……老死之法。這種實有觀的代表即是說一切有部,這種觀念並不影響對人無我的破除,因為人我的觀念即是在這些更底層的蘊、處、界的觀念之上增益而來。但是,這種執實的觀念嚴重影響着對法空的證悟,佛性本具功德的開顯也將被障礙。

龍樹菩薩則是從認識論的角度對待這一問題,首先考察個體對世界的認知方式是否正確。只有認知方式正確,認知結論才能符合真相,否則一切討論只是戲論。凡夫認識世界的主要方式是通過名言概念,名言概念起到主觀劃定界限並安立名稱的作用。名言認知方式是存在局限性的,局限就意味着以偏概全。在以偏概全的名言認知下,如果認為名言就等於事實本身,那就無異於盲人摸象。

在《中論》中，龍樹菩薩主要採用歸謬法。如對於時間，人們通常有過去、現在、未來這種線性的時間觀念，認為過去發生在過去，現在所處的即是現在，還沒發生的是未來，從而形成一套堅固的時間觀念。但是，「過去」、「現在」、「未來」這三個概念的成立本身就依賴於三個概念的同時出現，即是説，過去是因着現在和未來才叫過去的，否則也不叫過去。這裏就出現矛盾，「過去」、「現在」、「未來」既須要同時存在，又不能同時存在。這便是名言的自相矛盾，那麼它所指向的時間觀念自然也是虛妄的。

放棄了錯誤認知，就能獲得正確的認知，即所謂「如實知見」。只有真正的如實知見，才能了達世間的絕對真相。這一點，尤為大乘佛法所着力強調。這是龍樹菩薩在佛陀滅度之後，為後世眾生糾正部派佛教的偏差、修學大乘佛法所做的重要貢獻。

在藏傳佛教，通常認為在龍樹菩薩之前，大乘佛法就已經興盛傳習了，從龍樹菩薩所修密法的傳承上即可體現這一點。而在漢傳佛教當中，儘管記載馬鳴菩薩對佛滅度後大乘佛法的弘揚有貢獻，但基本認為是龍樹菩薩開啟了大乘佛法的興盛之門。

第五章

❙ 弘揚密法 ❙

藏傳的龍樹傳記中記載了大量龍樹菩薩學修密法的經歷。漢傳的《龍樹菩薩傳》等提到龍樹菩薩通過咒術與婆羅門鬥法，說明了他對咒語等法門的熟練掌握，而唐密諸典籍更是記載龍樹菩薩開啟南天鐵塔求得密法的事蹟。因此本章主要介紹龍樹菩薩學弘密法的相關記載。

密法是佛法的重要組成部分。密宗與顯宗的主要區別，並非在義理方面，而是在修學方式上。正如《佛教的見地與修道》所說：「大乘與金剛乘有相同的目標：也就是成就完全的佛果。一般而言，這兩派有相同的見解，但是成就果位的方便道或方法不同。」[83]

顯宗有參禪、誦經、念佛、拜佛、學教、止觀等修持方法，密宗共學這些的同時，則將「三密」，即身密、口密、意密，視為修法的基礎。大體來說，行者通過結手印、念誦咒語、觀想本尊等方式來清淨身口意，並通過進一步的修持方法，以期即身成就果位。在密法的修持過程中，通常需要進行灌頂等諸多儀軌。這些儀軌、咒語、手印、竅訣等均須由上師秘密傳予修持者，故稱密法。

關於龍樹菩薩在密法傳承中的貢獻，漢傳佛教文獻和藏傳佛教文獻的記載有所不同，本章將分別進行介紹。

第一節　開啟南天鐵塔

一、漢傳典籍中記載的密法傳承

漢傳佛教典籍當中記載的關於密法的傳承有不同的說法，不空三藏《金剛頂瑜伽三十七尊出生義》文末記載：

故自佛已降，迭相付囑。釋師子得於毗盧舍那如來方授，而誓約傳金剛薩埵，金剛薩埵得之，數百年傳龍猛菩薩，龍猛菩薩受之，數百年傳龍智阿闍梨。[84]

---

83 宗薩蔣揚欽哲仁波切：《佛教的見地與修道》，北京：新星出版社，2016年，第179頁。
84 《金剛頂瑜伽三十七尊出生義》卷1，《大正藏》18冊，第299頁上欄。

其中「釋師子得於毗盧舍那如來」，字面意思為毗盧遮那佛傳予釋迦牟尼佛密法。毗盧遮那佛即是法身佛，意指法界的真實理體；釋迦牟尼佛為化身佛，是佛為度化眾生而做的示現。故該句應是寓指釋迦牟尼佛所傳的密法是來自如來的法身功德。

釋迦牟尼佛將密法傳金剛薩埵，金剛薩埵再傳龍樹菩薩，後龍智尊者接法於龍樹菩薩。其中金剛薩埵傳龍樹菩薩之間間隔數百年，龍樹菩薩傳龍智尊者之間也間隔數百年。

唐海雲《兩部大法相承師資付法記》則記載：

龍智阿闍梨自云：從毗盧遮那如來（即釋迦如來是，此約法性身為名）在世，以此金剛界最上乘法付屬普賢金剛薩埵，普賢金剛薩埵付妙吉祥菩薩，妙吉祥菩薩復經十二代，以法付囑龍猛菩薩（龍猛菩薩即龍樹菩薩也，菩薩生時於龍樹下生，故名龍樹也），龍猛菩薩又經數百年以法付囑龍智阿闍梨。[85]

這裏沒有提到釋迦牟尼佛，而是從毗盧遮那佛直接傳金剛薩埵，但經過前文對三身佛的分析，可知該句與前段引文所表達之意相同。金剛薩埵再傳妙吉祥菩薩，再經十二代傳承傳予龍樹菩薩，龍樹菩薩經數百年傳龍智尊者。

《佛祖歷代通載》和《釋氏稽古略》則記載如下：

昔金剛薩埵親於毗盧遮那佛前受瑜伽最上乘義，後數百年傳於龍猛菩薩，龍猛又數百年傳於龍智阿闍黎。[86]

初金剛薩埵於毗盧遮那前親受瑜珈五部蘇悉軌範，薩埵傳龍猛大士，龍猛傳龍智闍黎。[87]

這兩段史料記載類似，皆為毗盧遮那佛傳給金剛薩埵，金剛薩埵傳給龍樹菩薩，龍樹菩薩傳給龍智尊者。其中前者也提到傳承中數百年的時間間隔。

通觀上述史料可見，其相同之處在於龍樹菩薩傳密法於龍智尊者，並且多部史料記載這是發生在龍樹菩薩得法數百年之後。至於龍樹菩薩的授

85《兩部大法相承師資付法記》卷 1，《大正藏》51 冊，第 783 頁下欄。
86《佛祖歷代通載》卷 14，《大正藏》49 冊，第 602 頁中欄。
87《釋氏稽古略》卷 3，《大正藏》49 冊，第 825 頁下欄。

法者則有金剛薩埵菩薩和「妙吉祥菩薩經十二代」兩類觀點，史料當中通常取前者。

二、開啟南天鐵塔的經過

日僧凝然在《八宗綱要鈔》中也記載了密法最初傳承的經過：

問：此宗誰人而傳弘於之乎？

答：如來滅後七百年時，龍猛菩薩開南天鐵塔，遇金剛薩埵，受職灌頂，然後廣流傳之。金剛薩埵親承大日如來，大日如來是教主也。龍猛菩薩授之龍智菩薩。[88]

這裏大日如來即毗盧遮那佛，故凝然的觀點也同於「毗盧遮那佛傳金剛薩埵，金剛薩埵傳龍樹菩薩」。不僅如此，這裏還提到，龍樹菩薩開啟了南天鐵塔，在那裏值遇金剛薩埵，並受到灌頂，而後得以弘揚密法。

在不空三藏所撰寫的《金剛頂經大瑜伽秘密心地法門義訣》中曾提到一位大德打開南天鐵塔的詳細經過：

阿闍梨云：經夾廣長如牀，厚四五尺，有無量頌，在南天竺界鐵塔之中。佛滅度後，數百年間，無人能開此塔，以鐵扉鐵鎖而封閉之。其中天竺國佛法漸衰，時有大德先誦持大毗盧遮那真言，得毗盧遮那佛而現其身及現多身，於虛空中說此法門及文字章句。次第令寫記即滅，即今《毗盧遮那念誦法要》一卷。

是時此大德持誦成就願開此塔，於七日中繞塔念誦，以白芥子七粒打此塔門乃開。塔內諸神一時踊怒，不令得入。唯見塔內香燈光明一丈二丈，名華寶蓋滿中懸列，又聞讚聲讚此經王。時此大德至心懺悔，發大誓願，然後得入此塔中。入已其塔尋閉。經於多日讚此經王廣本一遍，為如食頃，得諸佛菩薩指授所堪，記持不忘，便令出塔，塔門還閉如故。爾時書寫所記持法，有百千頌，此經名《金剛頂經》者，菩薩大藏，塔內廣本絕世所無，塔內燈光明等至今不滅。[89]

88《八宗綱要鈔》卷2，《大藏經補編》32冊，第92頁上欄。
89《金剛頂經大瑜伽秘密心地法門義訣》，《大正藏》39冊，第808頁上欄。

這裏記載南天竺鐵塔在佛陀滅度之後的數百間年，用鐵鎖封閉，沒有人能夠打開，有一位大德先誦持了「大毗盧遮那真言」，親見毗盧遮那佛講法。這位大德持誦真言成就發願打開鐵塔，於是繞塔誦念七天，用七粒白芥子打開塔門，但塔內諸神不准許其進入。後大德「至心懺悔，發大誓願」，進入塔中。在鐵塔內看到《金剛頂經》廣本，又得到諸佛菩薩的諸多開示，內心銘記不忘，出塔後便將塔內所學記錄下來加以弘揚。

這段記載並沒有提到開啟鐵塔者即是龍樹菩薩，而只稱之為大德，且在文內並沒有提到金剛薩埵。故此大德是否為龍樹菩薩，目前不得而知。但因歷史上並未提及其他人開啟鐵塔，故不空三藏記載的這位大德應該就是龍樹菩薩。

關於南天鐵塔的地理考證，將在本書第九章探討。

第二節　龍樹菩薩所修密法

前文已述，漢藏兩系佛教傳記關於龍樹菩薩學修密法的記載有一定程度的不同。以下幾節則主要依據藏傳佛教文獻的記載對龍樹菩薩學修密法的過程進行介紹。

《布頓佛教史》記載，龍樹菩薩七歲時即根據那爛陀寺薩羅哈大師的指示，持誦陀羅尼明咒，扭轉了當時死亡的業力，後繼續跟隨薩羅哈大師學習了《集密經》中的密法。《師師相承傳》與此記載大致相同，薩羅哈大師為龍樹菩薩授「無量壽摧伏死主曼陀羅」灌頂，龍樹菩薩還「得到『本續』與『耳傳』及『隨賜法要』等全圓無缺的教授傳授」。[90]

類似的經歷，在《密宗大成就者奇傳》中則記載為：「親教師羅睺羅傳授他無量壽佛的密咒，他的壽命因此延長。」[91]該傳記中還記載：

他還修持大鵬鳥法、作明佛母法、九夜剎法和馬哈嘎拉；成就了妙丹、眼藥、土行、寶劍、空行、隱形、不死和除病這八種共同悉地，還有制伏、

90《菩提道次第師師相承傳》，第148頁。
91《聖行集萃》，第176頁。

死而復生等悉地。除此之外，他還曾以等持之力制伏了所有的龍王和夜叉。尤其值得一提的是，他成就了極為稀有的金丹術（金丹是用某種特殊的草藥和密咒儀軌製成的藥丸，服之可長生不老），成為金剛不壞之身，具有無量神變和神通，並修成了馬哈嘎拉本尊。[92]

文中「悉地」為梵文「siddhi」的音譯，意為「成就、圓成」等。這裏介紹了龍樹菩薩修持的一些密法和成就，包括大鵬鳥法、作明佛母法、九夜剎法和馬哈嘎拉等密法，並獲得了多種成就。文中特別提到「金丹術」，可以令其成為金剛不壞之身並獲得無量的神通。文中進一步記載：

一次，尊者到達塔那嘎匝嘎州，欲迎取《馬哈嘎拉續》。他首先修持不動佛，接着又以幻術令那兒的空行母心失神迷。趁她們迷惑之際，他偷偷迎取了《黑天母》和《黑魯嘎續》、《作明佛母續》等經續，還在為數眾多的智慧空行母面前聽獲了教言。因為他已成就了寶劍、水銀等共和不共八大悉地，故而有一百六十種珍貴的法門被他迎請到人間。[93]

這裏記載，龍樹菩薩修持不動佛，並取得了多種經續，還得到眾多智慧空行母的教授。在達塔那嘎匝嘎州，龍樹菩薩將一百六十種殊勝法門請到人間。這裏提到的「空行母」，是指獲得成就的女性修行者。

傳記中後段還記載龍樹菩薩因為成就了大鵬法的明咒，所以在龍宮當中不會為毒所傷，後記載他「在南方吉祥山與夜剎女眷屬共住了兩百年，行持密宗的行為，身體出現了三十二相」。[94]《七系付法傳》的記載與《密宗大成就者奇傳》基本一致，還提到龍樹菩薩獲得了「開伏藏」等悉地，其中提到的「攝取精華」悉地應與《密宗大成就者奇傳》中提到的「金丹術」一致，「大黑天」法應與「馬哈嘎拉」相一致。

《八十四大成就者傳》則記載龍樹菩薩修習度母法並親見本尊：

龍樹離開卡厚惹後，便前往那爛陀大學，在清涼花園寒林（菩提迦耶）受具足戒。到那爛陀之後，他研習五明，成為大師。但很快地他就厭倦所做的講道工作，而開始修行禪定，特別是度母法。他親近本尊時，就離開能提供七百位僧人食宿的那爛陀大學，開始過着雲遊的生活，到其他國家

---

92 《聖行集萃》，第 176 頁。
93 《聖行集萃》，第 176 頁。
94 《聖行集萃》，第 180 頁。

大村小鎮裏靠着化緣維生。[95]

該傳還記載龍樹菩薩為進一步提高自身度化眾生的能力，修行了「無上元素十二明妃的法門」：

第一天出現地震，第二天出現洪水，第三天降下大火球，第四天吹起狂風，第五天天空落下刀雨，第六天金剛雷電響徹天邊，第七天各自然力的明妃齊來攻擊他，但仍無法使他由不壞的心誓中退轉。最後，各明妃受到他三昧力的勾召，就來到他面前。她們說：「你要什麼？我們會滿你所願的。」龍樹下令：「我只需要在閉關期間，每天都得到足夠的食物維生。」因此往後的十二年，她們每天都送來四掬米飯與五百掬蔬菜。[96]

在修持過程中，龍樹菩薩抵擋住了自然變化和明妃的干擾，並且接受了十二年的供養，專注修法。傳記中記載，龍樹菩薩後準備將岡達希拉山全部變成黃金。在將山變成鐵、銅之後，文殊菩薩前來勸諫。龍樹菩薩意識到可能會引發百姓的爭鬥，於是沒有繼續進行。傳記記載，「直到今天，岡達希拉山仍然呈現一片銅的色澤」。[97]

多羅那他《印度佛教史》則記載供養龍樹菩薩十二年的是一位天女：

後來，龍樹修持旃提迦（Gāṇḍikā）天女法，有一天天女把他帶到天空，要引他到天神的住處。龍樹說：「我不是希求前往天神處，而是為了在佛法住世期間供給大乘僧眾的生活才修持你的。」於是天女停留在那爛陀西面附近，變化成一個貴族淑女。阿闍梨龍樹在極高的石造文殊殿的大基石上豎立一根人僅能抬動的紫檀橛子，並對天女說：「在這橛子化成灰以前，你要供給僧眾生活。」在十二年中，天女供給僧眾一切資具。[98]

龍樹菩薩並非是為了求生天界，而是為了幫助供給僧眾生活才修持天女法。另外，該傳記還提到，龍樹菩薩迎請了多種陀羅尼咒，但並沒有提到迎請的來源。

《師師相承傳》記載龍樹菩薩在受比丘戒之後，修學密法的經歷：

他聽受了所有那爛陀寺三藏及四密續講規一切教法。主要是他一切生中，都獲得至尊怙主文殊的攝受，以此獲得在至尊怙主文殊本尊的愛

95《金剛歌‧八十四大成就者傳》，第 155 頁。
96《金剛歌‧八十四大成就者傳》，第 156 頁。
97《金剛歌‧八十四大成就者傳》，第 157 頁。
98 多羅那他著，張建木譯：《印度佛教史》，成都：四川民族出版社，1988 年，第 82 頁。

子——大菩薩智寶大師前，聽受了所有顯密一切正法，將所有從釋迦世尊來此世界所說一切顯密諸法中的一切秘要，他都完全領會於心中。[99]

這段文字對龍樹菩薩的學修評價相當高，稱他在那爛陀寺期間已經聽聞了所有的顯密教法，並且將釋迦牟尼佛所講佛法的秘要都領會在心。該傳記也提到龍樹菩薩修習度母法，並且是受到了度母點化：

正作點金術時，有一救度母變化的老婦人對他說：「如果修比這術更殊勝的法，那意義更大。請到吉祥山中去修行吧！」聖龍樹也就前往山中，修度母成就法。[100]

第三節　龍樹菩薩對密法的傳承

多羅那他《印度佛教史》記載龍樹菩薩授予兩個婆羅門明咒，二人分別得「妙音天女」成就和「財流天女」成就：

在南方的達羅婆利（Drāvalī）國有婆羅門摩度（Madhu）和須缽羅摩度（Supramadhu），具有不可思議的財富。他們二人與阿闍梨龍樹比賽婆羅門法的學問，在四吠陀與十八明處等方面，婆羅門不及阿闍梨的知識的百分之一。兩位婆羅門問：「婆羅門之子懂得三吠陀就算精通了經典，你為什麼當釋迦的沙門？」龍樹講了吠陀不值稱讚而佛法應受稱讚的道理，二人十分信仰，供奉大乘。阿闍梨教給他們明咒，前者得妙音天女（Sarasvatī, dbyangs can ma）成就，後者得財流天女（Vasudhārā, nor rgyun ma）成就，他們二人各自供養大乘說法師二百五十人。[101]

該傳記還記載了幾位龍樹菩薩的密法傳承弟子，分別是提婆、龍智（又稱龍覺）、佉婆。龍樹菩薩教授給提婆「攝生術」等多種法門，教給龍智「攝生術」，教給佉婆圓滿次第的修法。傳記中還記載龍樹菩薩帶領弟子修習「攝取水銀術」。

《八十四大成就者傳》還記載龍樹菩薩給予當時的國王薩拉邦達「造

99《菩提道次第師師相承傳》，第 149 頁。
100《菩提道次第師師相承傳》，第 151 頁。
101《印度佛教史》，第 84 頁。

無死甘露的方法」[102]，「王國繼續興盛了一百年」[103]。《密宗大成就者奇傳》也有類似的記載，但國王跟隨龍樹菩薩修持的是「金丹術」並收服了夜叉。

《七系付法傳》記載龍樹菩薩密法傳承的重要弟子是舍婆梨大師：

龍樹之弟子為大成就者舍婆梨，當龍樹住彭伽羅國（即今孟加拉國）時，東方有優伶兄妹三人來獻伎樂，入於室內，龍樹知其為有緣人，乃示慧寶菩薩之像。三人請言，我等亦欲見此菩薩。龍樹以鏡示之，皆見自身在地獄中為火所燒，驚懼請言：「願聞解脫之方。」龍樹乃授勝樂灌頂，依法觀修，皆證實義。親見慧寶菩薩……後兄證得金剛持位，名為大成就者舍婆梨波。[104]

他授予舍婆梨兄妹三人勝樂金剛的灌頂，三人如法修行都親見了慧寶菩薩。《密宗大成就者奇傳》與此記載相類似，只是「舍婆梨」被翻譯為「夏瓦日巴」。

《師師相承傳》記載龍樹菩薩有眾多弟子，其中有七位非常著名：

在這一切弟子中，有主要得意四大弟子，及近侍得意三大弟子共有七大弟子。聖龍樹主要得意四大弟子：計有親見文殊本尊的釋迦彌遮及親見度母本尊的那迦菩提（即龍菩提），證得八地菩薩的阿雅德瓦（即提婆，義為聖天），親見觀世音本尊的瑪達根巴等四位弟子。近侍得意三弟子：是佛護、清辨、阿闍黎聖勇等三人。[105]

傳記記載，提婆菩薩在龍樹菩薩的密意指導下，撰寫了《密集》、《攝行明燈論》等著作；釋迦彌遮在接到龍樹菩薩傳法之後撰寫《五次第》；那迦菩提依龍樹菩薩的指導而證得了虹身金剛身，有《密集曼陀羅儀軌》和《示三身道用殊勝建立次第》；瑪達根巴獲得了龍樹菩薩的耳傳教授，並將其傳授給更多的有緣行者。

《布頓佛教史》也記載了龍樹菩薩的幾位弟子：提婆、龍菩提等。其中記載提婆證得了八地的成就，龍菩提證得長壽成就。

密法注重口耳相傳，儘管如此，傳記記載龍樹菩薩仍留下一些密法著作。如《布頓佛教史》記載：「關於密乘方面：見行攝要的，如《密續集論》；抉擇見的，如《菩提心釋論》；開示生起次第的，如《集密修法》、

102《金剛歌．八十四大成就者傳》，第 158 頁。
103《金剛歌．八十四大成就者傳》，第 159 頁。
104《七系付法傳》卷 1，《大藏經補編》11 冊，第 11 頁上欄。
105《菩提道次第師師相承傳》，第 155 頁。

《集密攝要》、《集密生起次第修法合經集論》、《曼荼羅儀軌》等二十種。開示圓滿次第的，如《五次第》等。」[106]

《師師相承傳》則記載有：「《密集成就法略論》、《成就法與經合論》、《菩提心釋論》、《圓滿次第五次第論》……等顯密經教釋著。及顯密道次第，以及四部密續中所說的許多本尊成就法等很多的著作。」[107]

第四節　小結——漢藏文獻關於密法學修的對比與啟發

漢傳佛教傳記與藏傳佛教傳記關於龍樹菩薩密法學修的記載區別較大。主要表現在以下幾個方面：

一、龍樹菩薩所起作用

在漢傳典籍中，龍樹菩薩開啟了南天鐵塔，親從金剛薩埵受灌頂，並將密法帶出鐵塔加以弘揚，後經數百年傳予龍智尊者。因此，從這個意義上說，龍樹菩薩不僅起到了密法的傳承作用，更有開啟源頭的作用，因此被認為是唐密的人間初祖。而在藏傳典籍中，龍樹菩薩的密法修行多來自其上師的指導，如那爛陀寺羅睺羅尊者，龍樹菩薩通過精進修持獲得成就，並將其傳予弟子。因此，藏傳佛教傳記中，龍樹菩薩對密法的作用更側重於修持與傳承。

二、所修密法數量

漢傳典籍中提到的龍樹菩薩所修密法數量相對不多，以其在南天鐵塔得到金剛薩埵灌頂並取出《金剛頂經》為主。義淨三藏在《大唐西域求法高僧傳》中還介紹了龍樹菩薩擅長咒語。

---

106 《布頓佛教史》，第 188 頁。
107 《菩提道次第師師相承傳》，第 153 頁。

乃遊南天竺國搜訪玄謨，向西印度於羅荼國住經年穭，更立靈壇重稟
明咒。嘗試論之曰：夫明咒者，梵云毗睇陀羅必楮家，毗睇譯為明咒，陀
羅是持，必楮家是藏；應云「持明咒藏」。然《相承》云此咒藏梵本有十萬
頌，唐譯可成三百卷，現今求覓多失少全。而大聖沒後阿離野那伽曷樹那，
即龍樹菩薩，特精斯要。[108]

另外，淨土法門修行者經常念誦的「往生咒」，也是由龍樹菩薩所感：

拔一切業障根本得生淨土神咒者，乃宋元嘉末年，求那跋陀重奉制譯，
合計五十九字，一十五句。龍樹菩薩願生安養，夢感此咒。[109]

相比較而言，藏傳佛教對龍樹菩薩修持密法的記載則相當之多，不僅
如此，他還傳授給弟子諸多密法，前文已述，這裏不再詳細介紹。這應是
由於藏傳佛教尤重密法，諸宗皆有顯密二道，而漢傳佛教中的唐密只是八
宗之一，密法的修持相比藏傳佛教也沒有那麼廣泛。所以兩系佛教傳記中
的記載呈現出如此明顯的區別。

一方面，漢藏文獻關於龍樹菩薩的密法修持的記載有較大不同，另一
方面，龍樹菩薩確實進行了密法的學修和傳承，這一點則是一致的。顯密
二法皆為佛陀所傳之法，都能幫助眾生啟發覺悟、離苦得樂，在修法的同
時，發菩提心，踐行六度四攝，便是走向成佛之路。

那麼龍樹菩薩為何會學修密法，也是一個值得探討的問題。

在經歷了從學習聲聞轉向學習大乘之後，龍樹菩薩認識到了大乘佛法
的博大與深廣，他也精進的學修與弘揚大乘佛法。大乘佛法又分為顯法與
密法，二者皆為佛陀所宣說，都是為了利益眾生成就佛果而安立。相比顯
法，密法之「密」在於修行者的接法與修法等過程應秘密進行。這一方面
是因為密法的修持需要嚴格的儀軌等，倘若公開傳授，則可能會被人進行
有意或無意的改變，從而影響密法的修學效果；另一方面，密法當中具有
諸多的善巧方便，根機不相應者難以理解和學習，為避免他人產生邪見，
故也應秘密進行。

龍樹菩薩在對大乘顯教熟稔於心之後，開始學修密法，應該是因為密

---

108 《大唐西域求法高僧傳》卷 2，《大正藏》51 冊，第 6 頁下欄。
109 《拔一切業障根本得生淨土神咒》，《大正藏》12 冊，第 352 頁上欄。

法當中的諸多善巧方便。不論是自利還是利他,密法都能夠起到殊勝的作用。在自利方面,龍樹菩薩曾修持「度母法」並親見度母本尊,得到了度母的直接指點,如前文所述,此處不做更多舉例。在利他方面,龍樹菩薩也修持了多種密法,如「天女法」,龍樹菩薩通過修持,迎請天女供養僧眾生活,解決了僧眾生活補給的問題,從而令大眾能夠安心辦道,精進學修。因此,密法當中大量的善巧方便吸引了龍樹菩薩,他因此得以有更多的方式精進修持與利益眾生。

自明清以來,漢傳佛教的早晚課、佛事儀軌中也有較多密咒,如常見的楞嚴咒、大悲咒等,以及「瑜伽焰口」、「蒙山施食」中有諸多為餓鬼施食的咒語。如何在這些佛事活動當中,更好的發揮出密法的功德,救度更多的眾生,則是一個值得關注的話題。通過對龍樹菩薩學修密法經歷的探索和對其密法著作的研究,也可為相關領域感興趣者提供更多的思考。

第六章

| 弘護教法與服務社會 |

　　龍樹菩薩在弘護教法的同時，也積極服務社會，利益眾生。具體表現在：降伏外道、輔佐國王、修造佛教建築、前往北俱盧洲、點山成金、醫藥救人等多個方面。

第一節　降伏外道

一、與外道辯論

　　在龍樹菩薩開啟大乘佛法與盛傳習時代的同時，許多外道或為自宗的弘揚，或為個人的見解，紛紛向龍樹菩薩發起辯論和詰難，但均被龍樹菩薩降伏。如《龍樹菩薩傳》中記載：

　　外道論師、沙門義宗咸皆摧伏……大弘佛法，摧伏外道。[110]

　　《密宗大成就者奇傳》也有記載：

　　五百名外道，試圖與尊者一辯。最終，他們全部敗在龍樹菩薩的足下，並因尊者的引導而趨入佛門。[111]

　　這兩段內容大致相同，記載的都是龍樹菩薩通過辯論降伏外道的情形，從「外道論師、沙門義宗咸皆摧伏」和「五百名外道，試圖與尊者一辯」可以看出當時辯論場面之宏大、激烈。

　　《大唐西域記》還特別記載了龍樹菩薩指導弟子提婆菩薩辯論一事：

　　時南印度那伽閼剌樹那菩薩（唐言龍猛，舊譯曰龍樹，非也），幼傳雅譽，長擅高名，捨離欲愛，出家修學，深究妙理，位登初地。有大弟子提婆者，智慧明敏，機神警悟，白其師曰：「波吒釐城諸學人等辭屈外道，不擊捷稚，日月驟移，十二年矣。敢欲摧邪見山，然正法炬。」龍猛曰：「波吒釐城外道博學，爾非其儔，吾今行矣。」提婆曰：「欲摧腐草，詎必傾山？敢承指誨，黜諸異學。大師立外道義，而我隨文破析，詳其優劣，然後圖行。」龍猛乃扶立外義，提婆隨破其理，七日之後，龍猛失宗，已而歎

---

110 《龍樹菩薩傳》，《大正藏》50 冊，第 184 頁中欄。
111 《聖行集萃》，第 180 頁。

曰:「謬辭易失,邪義難扶。爾其行矣,摧彼必矣!」……

於是外道競陳旗鼓,諠談異義,各曜辭鋒。提婆菩薩既升論座,聽其先說,隨義析破,曾不淶辰,摧諸異道。國王大臣莫不慶悅,建此靈基,以旌至德。[112]

為摧伏邪見,重振佛門,龍樹菩薩親自指導弟子提婆菩薩辯論。龍樹菩薩模擬外道,與提婆菩薩辯論七天,幫助後者做了充分的準備。而後,提婆菩薩果然戰勝了外道,使得因辯論失敗十二年不能擊揵稚集眾的僧團終於恢復了日常的行事。

二、與外道鬥法

龍樹菩薩除了通過辯論降伏外道之外,還曾用咒術降伏外道。如在《龍樹菩薩傳》中記載:

時有婆羅門,善知咒術,欲以所能與龍樹諍勝,告天竺國王:「我能伏此比丘,王當驗之。」王言:「汝大愚癡!此菩薩者,明與日月爭光,智與聖心並照,汝何不遜,敢不宗敬?」婆羅門言:「王為智人,何不以理驗之而見抑挫。」王見其言至,為請龍樹,清旦共坐政聽殿上。婆羅門後至,便於殿前,咒作大池,廣長清淨,中有千葉蓮華,自坐其上而誇龍樹:「汝在地坐,與畜生無異,而欲與我清淨華上大德智人抗言論議!」爾時,龍樹亦用咒術,化作六牙白象,行池水上,趣其華座,以鼻絞拔,高舉擲地。婆羅門傷腰,委頓,歸命龍樹:「我不自量,毀辱大師,願哀受我,啟其愚蒙。」[113]

從記載中可以看出,這位外道不光辯才高明,而且精通咒術,並會主動向佛教提出挑戰。天竺國王雖力勸他放棄,並直言他與龍樹菩薩的智慧不可同日而語,但仍經不住這位婆羅門的執意要求,最終請來了龍樹菩薩。在大殿上,婆羅門用咒術變化出巨大的水池和千葉蓮花,自己獨坐其上,並以坐蓮花上智慧清淨,處地面如同畜生的話來羞辱龍樹菩薩,沒想

112《大唐西域記》卷8,《大正藏》51冊,第192頁下欄。
113《龍樹菩薩傳》,《大正藏》50冊,第184頁下欄。

到龍樹菩薩頃刻也用咒術變現出一頭六牙白象，用象鼻將婆羅門捲至空中拋下。婆羅門背部受傷、心情頹喪，當即向龍樹求饒，決定歸順於他。

《付法藏因緣傳》中的記載與《龍樹菩薩傳》基本一致，只是其描述更為細緻。而《佛祖統紀》中的記載相似但十分簡練，且未講述國王的勸諫與作證等情節。[114]

三、總結

如上所述，龍樹菩薩降伏外道的方式主要是通過辯論或咒術，或親自參與，或派弟子迎戰。無論何種方式都說明龍樹菩薩除了具備深厚的佛學智慧外，還精通辯論、咒術等方便智慧。而與外道辯論或鬥法本身也是擴大佛教影響力的途徑，讓大乘知見能夠以更加令人信服的方式傳播開來。

當佛教發展受到外道的衝擊，乃至在與外道的競爭過程中處在劣勢時，更應挖掘佛陀的深邃思想，恢復佛教的影響力。龍樹菩薩和提婆菩薩便是基於其對佛法的深刻理解，配合上辯論的智慧或咒術的方便從而降伏外道。

第二節　輔佐國王

傳記當中有關龍樹菩薩與國王互動的記載非常豐富，包括龍樹菩薩通過神通力贏得了國王的讚賞，以及預言童子成為國王，輔佐國王治理國家，撰寫著作送予國王等多個事蹟。下文將分別介紹。

一、應募護衛，感化國王

《龍樹菩薩傳》中記載，南印度有一位國王信奉外道，龍樹菩薩為了

---

114 《佛祖統紀》卷 5，《大正藏》49 冊，第 174 頁下欄。

接近並利益國王，通過參加選拔成為了該國王的護衛首領。此後，龍樹菩薩將護衛軍管理得井井有條，且不收取任何報酬，這一舉動引起了國王的注意。國王便親自詢問龍樹菩薩的來歷，龍樹菩薩自稱一切智人，並使用神通力善巧解答了國王提出的各種刁鑽的問題，使得國王心悅誠服，皈依佛門。

王即自念：我為智主，大論議師，問之能屈，猶不足名；一旦不如，此非小事；若其不問，便是一屈。遲疑良久，不得已而問之：「天今何為耶？」龍樹言：「天今與阿修羅戰。」王聞此言，譬如人噎，既不得吐，又不得咽。欲非其言，復無以證之；欲是其事，無事可明。未言之間，龍樹復言：「此非虛論求勝之談，王小待之，須臾有驗。」言訖，空中便有干戈兵器相係而落。王言：「干戈矛戟雖是戰器，汝何必知是天與阿修羅戰？」龍樹言：「構之虛言，不如校以實事。」言已，阿修羅手足指及其耳鼻，從空而下。又令王及臣民、婆羅門眾見空中清除，兩陣相對。王乃稽首伏其法化。[115]

龍樹菩薩之所以應召參加護衛軍，是因為當時國王信奉外道，民眾也普遍追隨，龍樹菩薩想到，如果國王的觀念不改變，推行佛法的難度會比較大。因為一國之君在民眾中畢竟具足影響力，而如果國王能信奉佛法，再借力推廣到民眾中，則是順水推舟的事情。因此，龍樹菩薩決定以應召加入護衛軍的因緣，開始他弘化的第一步。

在被國王召見入宮之後，國王對龍樹菩薩自稱一切智人甚感驚愕，龍樹菩薩便讓國王隨便發問，當國王問到天人的情況時，龍樹菩薩先是用言語告訴他天人正在與阿修羅作戰，國王聽到這話內心已經有所震動。然後，龍樹菩薩又讓天空掉落干戈兵器，乃至讓阿修羅的斷指耳鼻從空而降，又讓國王、大臣、婆羅門眾親眼目睹了空中的對陣情況，國王這時才心悅誠服的接受了龍樹菩薩的教化。

《付法藏因緣傳》的記載與《龍樹菩薩傳》類似，只不過龍樹菩薩引起國王注意的方式不是應募成為護衛，而是舉著紅色幡蓋在國王前面行走，

115《龍樹菩薩傳》，《大正藏》50 冊，第 185 頁上欄。

且這一行為堅持了七年之久才引起國王注意。如《付法藏因緣傳》中記載：

> 時南天竺王甚邪見，承事外道毀謗正法。龍樹菩薩為化彼故，躬持赤幡在王前行。經歷七年，王始怪問：「汝是何人？在吾前行。」[116]

二、預言童子成為國王

《布頓佛教史》記載，龍樹菩薩通過看手相預言一個小孩會成為國王，隨後前往北俱盧洲，而這個小孩日後真的成為了國王，並成為了龍樹菩薩的護持者。

> 繼後，他前往北俱盧洲的途中，在「薩羅瑪」城給一童子名「枳達嘎」看手紋相，授記他將作國王。繼到北俱盧洲中，他將衣服掛在樹梢上，去到水中沐浴時，衣服被當地人取去，他嚷道：「衣服是我的。」當地人察其言而叫他為「有我主」。他在那裏作了有益的事，在返回的途中，見到過去的那一童子，已當了國王，這位國王向他供了許多珍寶。[117]

《師師相承傳》與《布頓佛教史》記載相同。而《密宗大成就者奇傳》、《七系付法傳》提到，龍樹菩薩是直接作出預言，並未看手相。《八十四大成就者傳》與上述記載不同，龍樹菩薩在一次過河時，遇到了一位善良的牧童相助，龍樹菩薩便以神力滿足了牧童當國王的願望：

> 龍樹向着南方的師利巴瓦塔山前進，途經一條寬廣的河，他就問一些牧童怎樣才能找到較淺的位置，牧童們告訴他的答案卻是一個河岸很高，下方又有許多鱷魚的地方。此時另一位牧童來了，提醒說該處有多危險。他帶龍樹到了較淺的地方，帶着龍樹過河，到了河中央，龍樹變出許多幻化的鱷魚，作勢要攻擊他們。這位牧童大叫：「別害怕！只要我還活着你就會沒事。」龍樹就收回所變化出的鱷魚，兩人安全地抵達對岸。大師告訴他：「我是聖龍樹，你認識我嗎？」牧童回答：「我聽過你的名字，但卻從未見過你。」龍樹又說：「你帶我安全地過河，我會滿足你的任何願望。」

116《付法藏因緣傳》卷5，《大正藏》50冊，第318頁上欄。
117《布頓佛教史》，第187頁。

「那就讓我變成一個國王吧！」牧童立刻說道。大師就在一棵薩爾樹上灑些水，樹便轉為一頭象，成為座騎。國王問道：「我需要軍隊嗎？」龍樹向他保證：「當大象吹起喇叭的時候，軍隊就出現。」結果真是如此。這位國王就是薩拉邦達（或叫薩拉瓦漢），他在巴喜塘當地統治八百八十萬戶納稅的人家。[118]

三、點金術與分享妙藥

《大唐西域記》中記載，龍樹菩薩與國王的關係十分親密，國王為龍樹菩薩修造了金碧輝煌的寺院，在修建寺院資金不足時，龍樹菩薩則使用點金術來幫助國王。龍樹菩薩後來甚至與國王分享了長生不老藥，使得二人壽命均得以延長。相關內容將在本章第四節和第六節詳述。

四、為國王撰寫著作

龍樹菩薩為國王寫的著作具代表性的有以下幾部，分別是《親友書》、《寶鬘論頌》、《寶行王正論》、《龍樹菩薩勸誡王頌》及其二異譯本《龍樹菩薩為禪陀迦王說法要偈》與《勸發諸王要偈》。其中，藏譯本的《親友書》與漢譯本的《龍樹菩薩勸誡王頌》及其二異譯本應屬於同源異譯。而同樣也屬於同源異譯情況的，還有藏譯本的《寶鬘論頌》和漢譯本的《寶行王正論》。從內容上看，這幾部著作是相似的，均為龍樹菩薩對於國王如何學修佛法、處理世俗生活的忠告，且行文體裁均為偈頌體，其具體包含的內容非常廣泛，主要由為何學佛、如何修行這兩個部分組成。為何學佛方面，分為：人身難得、壽命無常、六道輪迴苦這三個部分。如何修行方面，則可以分為：布施、持戒、忍辱、精進、禪定、智慧這六度，以及知足常樂、明辨善惡、收攝諸根、善護自心、迴向功德這幾個部分。從這些著作的內容可以看出，龍樹菩薩希望國王成為一名斷惡修善，行持六度的

118《金剛歌・八十四大成就者傳》，第157頁。

治國者，在日常處理事務時能夠踐行菩薩精神。另外，太虛大師認為《菩提資糧論》與《寶鬘論頌》也有一定程度的相近[119]，此二著作的對比待進一步研究。

義淨三藏曾對龍樹菩薩寫給國王的著作有很高的評價：

又龍樹菩薩以詩代書，名為蘇頡里離佉，譯為密友書，寄與舊檀越南方大國王，號娑多婆漢那，名市寅得迦。可謂文藻秀發，慰誨勤勤，的指中途，親逾骨肉。[120]

五、總結

大乘行者在行持菩薩道的過程中，面對不同身分、地位的眾生應機行利益事，本身就是佛法修學的重要部分。國王雖貴為人王，福報威德都非一般凡夫所能相比，但在佛法的視角下，依然是需要利益的眾生，世間法中的自在不等於真正的解脫。因此，菩薩對於貧富貴賤者，皆當等而視之，不可偏私分別。如維摩詰菩薩曾批評大迦葉專向貧者乞食，致使富者得不到利益：「大迦葉，有慈悲心而不能普，捨豪富從貧乞。迦葉！住平等法，應次行乞食。」[121] 因此，國王也應是菩薩利益的對象。

在佛世時，佛陀就與多位當時的國王有着密切的互動，比如波斯匿王、阿闍世王、頻婆娑羅王等。而龍樹菩薩作為大乘行者，也是一脈相承地秉持着這一傳統。同時，就國王與民眾的關係來說，人王本身也是民眾獲得福慧解脫的重要因緣，如《大方廣佛華嚴經》中所說：「一切眾生及器世間，安立護持，皆是眾生自業果報及諸國主德力任持。」[122]「王若有福，王之國土休泰和平，無為無事。眾生富樂，化及萬方。近益身心，遠同解脫，由王慈福、仁惠所成。」[123] 因此，就利益眾生的大乘本懷來說，利益國王也是弘揚大乘的應有之義。

119《太虛大師全集》（第七卷），第 254 頁。
120《南海寄歸內法傳》卷 4，《大正藏》54 冊，第 227 頁下欄。
121《維摩詰所說經》卷 1，《大正藏》14 冊，第 540 頁上欄。
122《大方廣佛華嚴經》卷 12，《大正藏》10 冊，第 714 頁下欄。
123《大方廣佛華嚴經》卷 12，《大正藏》10 冊，第 716 頁下欄。

第三節　修造佛教建築

龍樹菩薩成辦的各類佛教事業中，有一項重要的工作就是建造各類佛教建築。寺廟等佛教建築是僧眾的活動場所，也是開展弘法活動的基地，因而其作用顯得尤為重要。

一、借力修造

《大唐西域記》記載，龍樹菩薩與引正王有着很好的互動，後者為龍樹菩薩鑿山建設寺院：

引正王為龍猛菩薩鑿此山中，建立伽藍。去山十數里，鑿開孔道，當其山下，仰鑿疏石。[124]

但是在建設的過程中，國庫空虛，龍樹菩薩便通過點石成金的方式提供了充足的資金，從而幫助完成這些建築。如《大唐西域記》記載：

龍猛菩薩以神妙藥，滴諸大石，並變為金。王遊見金，心口相賀，迴駕至龍猛所曰：「今日畋遊，神鬼所惑，山林之中，時見金聚。」龍猛曰：「非鬼惑也。至誠所感，故有此金，宜時取用，濟成勝業。」遂以營建，功畢有餘。[125]

《密宗大成就者奇傳》、《師師相承傳》和《七系付法傳》中，則均提到龍樹菩薩在修造佛教建築時，得到了龍族的幫助。如《密宗大成就者奇傳》中記載：

龍樹菩薩端坐在法座上講法時，有兩位化作人形的女子款款而來。在她們周邊一由旬內，彌漫着一股特殊而濃郁的檀香氣息。當她們來到他跟前時，香氣便消失了。這事發生了多次，阿闍黎問她們是什麼原因。她們向尊者啟白：「我們乃龍王之女，為了守護人的影子，我們身上散發此檀香。」「我需要用此香做度母像。」龍樹菩薩說：「希望你們能向我提供此香。我還要建造殿堂，請你們幫助我。」「這事我們必須問過父王，才能答

124《大唐西域記》卷 10，《大正藏》51 冊，第 929 頁下欄。
125《大唐西域記》卷 10，《大正藏》51 冊，第 930 頁上欄。

覆。」第二天，龍女前來回稟：「父王說如果你能來龍宮，我們就依教奉行。否則，我們不能答應。」如果去龍宮，就可以把《般若經》迎請到人間，利益無量無邊的龍類和人類眾生。因此，龍樹菩薩決定前往。[126]

《師師相承傳》與《密宗大成就者奇傳》中的記載相似，只是兩位龍女的身分變成了兩位龍子。而《七系付法傳》中則記載龍樹菩薩先是得到了龍王的幫助，後得到了國王的幫助而修造建築。

二、建造細節

關於建造過程與建成建築的細節描述，《大唐西域記》記載詳細。其中提到，龍樹菩薩修造的建築只有一處，且建築地點、建築外觀均有明確的記載。

憍薩羅國[127]……國西南三百餘里至跋邏末羅耆釐山（唐言黑蜂）。[128]

其中則長廊步簷，崇臺重閣，閣有五層，層有四院，並建精舍，各鑄金像，量等佛身，妙窮工思，自餘莊嚴，唯飾金寶。從山高峰臨注飛泉，周流重閣，交帶廊廡。疏寮外穴，明燭中宇。[129]

除了外觀，對於這座寺院建築的內部結構、內部設施，乃至於建築各層之間的不同功能也做了說明：

於是五層之中，各鑄四大金像，餘尚盈積，充諸帑藏。招集千僧，居中禮誦。龍猛菩薩以釋迦佛所宣教法，及諸菩薩所演述論，鳩集部別，藏在其中。故上第一層唯置佛像及諸經論，下第五層居止淨人、資產、什物，中間三層僧徒所舍。[130]

而藏傳佛教傳記的記載與《大唐西域記》差異較大，在提到龍樹菩薩建造佛教建築時，對每一座建築的細節並未作詳細說明，而是着重強調了其他方面。如《師師相承傳》介紹了龍樹菩薩修建寺院的動機。

他為了使佛教長久住世，而不衰落起見，在金剛座修建了石格牆院，及千百座佛塔，大修具德積米寶塔莊嚴。[131]

126《聖行集萃》，第 177 頁。
127「憍薩羅國」這個稱號對應兩個時代的國家，其中「北憍薩羅國」指的是佛世時期的拘薩羅國，位於印度北方恆河流域。《大唐西域記》
　　這裏記載的則是「南憍薩羅國」，即維達跋國，位於今天印度南方的馬哈拉施特拉邦和恰蒂斯加爾邦。
128《大唐西域記》卷 10，《大正藏》51 冊，第 929 頁下欄。
129《大唐西域記》卷 10，《大正藏》51 冊，第 930 頁上欄。
130《大唐西域記》卷 10，《大正藏》51 冊，第 930 頁上欄。
131《菩提道次第師師相承傳》，第 152 頁。

而《七系付法傳》對於修造數量則有較為詳細的說明：

當修百八寺院，千佛殿，萬窣堵波。[132]

王亦依阿闍黎教授，修成攝取精華及役使夜叉悉地，建立安住僧伽之寺院五百處。[133]

《密宗大成就者奇傳》與《七系付法傳》的記載相似，只不過建造寺院的數量有出入，修造五百座殿堂也沒有提到國王贊助，其中最詳細交代的是龍樹菩薩修造殿堂、佛塔等的原因，即由於大饑荒年代，龍樹菩薩沒有請有降食雨能力的上師出關，上師斥責他悲心太小，因而要求其通過修建塔廟而懺罪。[134] 在《布頓佛教史》中，對龍樹菩薩修造的原因、背景等細節描述則稍有不同，其中處罰龍樹菩薩修造塔廟懺罪的是僧眾而非上師。[135]

此外，無論是漢傳文獻還是藏傳文獻，通過相關記載，我們都可以合理的推論出龍樹菩薩應該是大量的參與了建造工作。

三、總結

本節所提及的佛教建築，其範圍包括佛塔、佛寺、佛殿等多種多樣的形式與結構，其功用也有所不同，但大體上都是作為弘法利生的基本場所，其意義不言而喻。環境對凡夫的修行也會產生影響，因此不可忽視佛教建築的選址、設計和建造。關於環境與修行的關係，將在本書第十章進一步探討。

132《七系付法傳》卷 1，《大藏經補編》11 冊，第 10 頁上欄。
133《七系付法傳》卷 1，《大藏經補編》11 冊，第 10 頁中欄。
134《聖行集萃》，第 177 頁。
135《布頓佛教史》，第 186 頁。

第四節　點石成金

有許多傳記都記載了龍樹菩薩點石成金的故事，不過對於點石成金的諸多細節記載有不少差異。

一、點石成金的目的

在《大唐西域記》中，龍樹菩薩點石成金的目的是為了建設完成一座山中的寺院，前文已有提及。而《布頓佛教史》則記載那爛陀寺周邊發生饑荒，龍樹菩薩為了維持寺院內僧人的生存，因此點石成金換取糧食：

當他在任那爛陀寺僧伽大眾的執事僧時，適逢大災荒的年時，他用點金術獲得了黃金後，並用來作僧眾的膳費，以此度過了修夏安居。[136]

《密宗大成就者奇傳》、《師師相承傳》、《七系付法傳》的記載與《布頓佛教史》相似。《印度佛教史》也提到了龍樹菩薩以點金術供養僧團的事，不過並未提到寺院周邊發生饑荒：

阿闍梨龍樹在多年之間，依靠煉金的收入供養在吉祥那爛陀宣說大乘教法的五百人的生活。[137]

《布頓佛教史》和《師師相承傳》中，還記載了龍樹菩薩利用點金術廣行布施。不過，後者的記載比前者更詳細，還提到了一些接受布施的人：

繼後，聖龍樹到「蔗林」繁殖處去，運用點金術來廣行布施中，對婆羅門兩老夫婦，給了不少的黃金，以此兩老對他十分信仰，老漢也做了他的侍者，在他座前聞法。老漢死後也就轉生為阿闍黎魯衣絳秋（義為龍菩提）。[138]

136 《布頓佛教史》，第 186 頁。
137 《印度佛教史》，第 82 頁。
138 《菩提道次第師師相承傳》，第 150 頁。

二、放棄點山成金

除了上面點石成金的記載之外，藏傳佛教的傳記還提到了龍樹菩薩嘗試將整座山點成黃金的故事，但最終都因可能造成人們的爭端而被勸阻放棄，只是不同傳記中所記載的勸阻者並不相同，且龍樹菩薩點山成金計劃的實現程度也不一樣。如《密宗大成就者奇傳》中記載，龍樹菩薩只是有把整座山變成金山的想法，但還未實施，就被度母勸阻而放棄。

他本想把植物扎（巖石）和南方的登果扎山等變成金山，但度母說這樣做未來會出現爭議，沒有開許。[139]

《七系付法傳》中，勸阻者依然是度母，但龍樹菩薩點山成金的計劃已經部分實現了。

後師往變鈴巖及丁俱吒山等為金。至尊度母告言，未來當起爭矣。師意遂止。然山中仍有金礦甚夥，每多多出現，山石亦多轉成金色。[140]

而在《八十四大成就者傳》中，龍樹菩薩已經把整座山變成了銅山，但最終在文殊菩薩的勸阻下而放棄，勸阻的理由依然是會增加人們的衝突，但敘述得更加詳細。

經過了十二年的儀軌修持，他已經能夠控制一百零八位自然力的明妃，於是決定帶她們去實現自己的利生心願，他初步的計劃就是將岡達希拉山轉為黃金。他先將此山轉為鐵，然後再轉為銅，就在要將此山轉成黃金時，文殊菩薩的聲音出現了：「龍樹！你這樣做只會增加人們的衝突而已，不能用這樣的方式來幫助人類，這種行為只徒然會造成眾生更大的邪惡和罪業。」於是大師就放棄這個計劃，繼續向前走。直到今天，岡達希拉山仍然呈現一片銅的色澤。[141]

139《聖行集萃》，第 180 頁。
140《七系付法傳》卷 1，《大藏經補編》11 冊，第 10 頁中欄。
141《金剛歌．八十四大成就者傳》，第 156 頁。

三、總結

在龍樹菩薩的五明智慧中，點金術可算作是最為神秘的部分之一。就其動機而言，這背後不過仍是作為大乘行者為利益眾生而遍學一切的發心。因為，從現有資料的呈現來看，龍樹菩薩使用點石成金的初衷無非是為了修建寺院、在大災荒時期換取糧食維持僧眾的生活，或者是為了廣行布施。而當他在度母和文殊菩薩的告誡下，得知自己的行為會增加人們的爭端時，他毅然放棄了點山成金的計劃，從這些方面都可以瞥見菩薩發心的初衷，同時也體現出發心應同觀察緣起相配合的道理。

第五節　前往北俱盧洲

一、北俱盧洲

北俱盧洲，也有音譯為鬱單越、鬱單曰、鬱怛羅、鬱多羅鳩留等，是位於須彌山北方的廣袤陸地。如《起世經》閻浮洲品第一中記載：

須彌山王，北面有洲，名鬱單越，其地縱廣，十千由旬，四方正等，彼洲人面，還似地形。[142]

此地山清水秀，人民過着安逸享樂的生活，不用為生計發愁，一切生活資具都是現成，不再需要奔波勞苦，是僅次於欲界天的一處安樂之地。對此，在《起世經》鬱單越洲中有較詳細的描寫：

鬱單越洲，其地平正，無諸荊棘、深邃稠林、坑坎屏廁、糞穢不淨、礓石瓦礫，純是金銀，不寒不熱，時節調和；地常潤澤，青草彌覆，諸雜林樹，枝葉恆榮，華果成就。[143]

這裏的諸雜林樹，不僅包括可以散發香氣的香樹、可以長出花果的眾雜果樹，還包括可以供人居住的安住樹，可以生出衣服的劫波娑樹、生出

---

142 《起世經》卷 1，《大正藏》1 冊，第 311 頁中欄。
143 《起世經》卷 1，《大正藏》1 冊，第 314 頁上欄。

器具的器樹和生出種種樂器的樂樹等等。北俱盧洲的人民面相端嚴，衣著
光鮮，飲食隨意取辦，且清淨香美。[144] 他們不僅此生享樂，而且壽命一定，
死後不會立刻墮落。[145]

北俱盧洲就是這樣一片祥和之地。據記載，龍樹菩薩曾經選擇那裏作
為他弘法利生的場所，度過了數年的時間。對於這段歷史，漢地各版本傳
記均無記載，僅存於藏地的一些傳記中。如《布頓佛教史》、《師師相承
傳》、《密宗大成就者奇傳》和《七系付法傳》。在有限的文字記載中，也
多是語焉不詳，只能從隻言片語中尋找蛛絲馬迹。

本節主要從「前往途中」、「在北俱盧洲時」、「返回途中」三個部分來
梳理相關資料，以期能夠獲得更清晰的了解。

二、往返北俱盧洲

1、前往途中

此處記載基本一致，僅在詳略上有所差別。如《布頓佛教史》記載
「繼後，他前往北俱盧洲途中，在『婆羅瑪』城給一童子名『枳達嘎』看手
紋相，授記他將作國王」[146]。

《師師相承傳》則多了對此行目的的描述——「聖龍樹為想利益多數
應化眾生」[147]。另外童子的名字喚作「遮達迦」，應是語言翻譯時的區別。

多羅那他的兩部著作《密宗大成就者奇傳》和《七系付法傳》對此的
描述則更為簡略。以《七系付法傳》為例，僅提到「乃授記一人，後當為
王」[148]，連名字都未提及。而且也沒有明確寫明這就是前往北俱盧洲途
中發生的事，僅記載「後師於途中見有童子多人嬉戲」[149]，但參考行文內
容，應為前往途中之事，估計是語言表述抑或翻譯導致的差異。《密宗大
成就者奇傳》內容近似，不再贅述。

144《起世經》卷 2，《大正藏》1 冊，第 316 頁中欄。
145《大樓炭經》卷 1，《大正藏》1 冊，第 280 頁下欄。
146《布頓佛教史》，第 187 頁。
147《菩提道次第師師相承傳》，第 152 頁。
148《七系付法傳》卷 1，《大藏經補編》11 冊，第 10 頁中欄。
149《七系付法傳》卷 1，《大藏經補編》11 冊，第 10 頁中欄。

2、在北俱盧洲時

《七系付法傳》和《密宗大成就者奇傳》均記載龍樹菩薩「遂往北俱盧州及餘洲非人住處，凡十二年」[150]。從中可以看出龍樹菩薩在北俱盧洲的時間確實不短。而《師師相承傳》與《布頓佛教史》則具體記載了龍樹菩薩在北俱盧洲時所發生的一次事件。如《師師相承傳》中記載：

到了北俱盧洲時，他在那裏洗衣曬在樹上時，他人去取走他的衣服，他說「這是我的」，以此稱他叫「有我生」。於是他在北俱盧洲中，做了利益應化象生事業。[151]

《布頓佛教史》中的記載與此相近，只不過改「洗衣」為「水中洗澡」，改「有我生」為「有我主」。北俱盧洲是公有制，一切財產皆共同所有，北俱盧洲的當地人並沒有「我的」或「我所有」的觀念，所以龍樹菩薩才會被當地人稱為「有我生」或「有我主」。

3、返回途中

這部分內容在藏傳四本史傳中大致相同，大意都是龍樹菩薩從北俱盧洲返回途中，又遇到了以前那個童子，現在果然成為了國王，還有國王供養龍樹菩薩，以及菩薩對其的回饋。[152]

三、總結

雖然幾部傳記對龍樹菩薩前往北俱盧洲的敘述都極為簡略，但仍能從這些有限的記載中窺見龍樹菩薩的大乘氣質。

北俱盧洲是四大洲之中最殊勝之地，人民生活平等安樂，壽命極長，衣食住行等物資應有盡有，從不匱乏。然而就是這樣一個看似美好豐饒的國土，以佛法而論，卻是「八難」之一。所謂「八難」，即障礙聽聞佛法，

---

150 《七系付法傳》卷 1，《大藏經補編》11 冊，第 10 頁中欄。
151 《菩提道次第師師相承傳》，第 152 頁。
152 《布頓佛教史》，第 188 頁；《七系付法傳》卷 1，《大藏經補編》11 冊，第 10 頁中欄。

覺悟成道的八種情況，具體包括生處地獄、畜生、餓鬼道，盲聾瘖啞或世智辯聰，以及生於佛前佛後、北俱盧洲和長壽天。其中，有因為太苦而對聽法造成障礙，也有因為福報太大而對聞法修行產生障礙，北俱盧洲則屬於後者。如《大方便佛報恩經》言：

> 以四天下而言，唯三天下：閻浮提、拘耶尼、弗婆提，及三天下中間海洲上人，一切得戒。如拘耶尼，佛遣賓頭盧，往彼大作佛事，有四部眾。東方亦有比丘，在彼亦作佛事。唯有鬱單越無有佛法，亦不得戒，以福報障故，並愚癡故，不受聖法。[153]

但儘管如此，龍樹菩薩卻依然選擇前往，這說明龍樹菩薩除了具備大乘菩薩所應有的勇悍心與慈悲心以外，也確實精通各種方便法門，有信心度化北俱盧洲的眾生。根據諸法相待而生的原理可知，「八難」也並非絕對無法聽聞學習佛法，佛陀開演「八難」是策勵當時的對機眾珍惜修行機會、努力用功，並非給處在「八難」的眾生貼上「不可度」的標籤。因此，當無暇修行時，也應保持希求修行的發心，因緣際會時就會值遇修行的機會。

第六節　醫方明

龍樹菩薩在很年輕的時候就顯露出醫藥方面的天賦。如《龍樹菩薩傳》記載，青年時代的龍樹菩薩僅憑藉藥物發出的氣味，就分析出了組成隱身藥的七十種藥材和配比。[154]

在《大唐西域記》中，龍樹菩薩在晚年時，其醫方明已經達到了爐火純青的水平，他研製出的長生不老藥為國王延壽達數百年。由於國王的壽命過長，連王子的即位都遙遙無期。

> 龍猛菩薩善閒藥術，餐餌養生，壽年數百，志貌不衰。引正王既得妙藥，壽亦數百。王有稚子，謂其母曰：「如我何時得嗣王位？」母曰：「以

---

153 《大方便佛報恩經》卷 3，《大正藏》156 冊，第 160 頁下欄。
154 《龍樹菩薩傳》卷 1，《大正藏》50 冊，第 184 頁中欄。

今觀之，未有期也。」父王年壽已數百歲，子孫老終者蓋亦多矣。斯皆龍猛福力所加，藥術所致。[155]

《師師相承傳》的記載與《大唐西域記》相似，只是少了龍樹菩薩壽命達數百歲的記載：

母親說：「你的父王和阿闍黎龍樹同命，由於成就了延壽煉精方便，直至阿闍黎未死之間，你父是不會死的。」[156]

在《布頓佛教史》中還專門提及了龍樹菩薩的醫學論著《治療法一百種》。[157] 在《大智度論》中，也多處表現出龍樹菩薩對於治病用藥的精通。如：

又如治病，已滅之病不復加治，但治將生之病。[158]

譬如重、熱、膩、酢、鹹藥草飲食等，於風病中名為藥，於餘病非藥；若輕、冷、甘、苦、澀藥草飲食等，於熱病名為藥，於餘病非藥；若輕、辛、苦、澀、熱藥草飲食等，於冷病中名為藥，於餘病非藥。[159]

復次，譬如治病，苦藥針灸，痛而得差；如有妙藥名蘇陀扇陀，病人眼見，眾病皆愈。除病雖同，優劣法異。[160]

通過對隱身藥成分的辨認、對長生不老藥的研製與使用，以及散在諸論當中，作為譬喻的醫理闡發等等，都可以顯示出龍樹菩薩對於醫方明的精通。了解一定的醫理對修行人而言意義很多，面對身體的不適可以及時調整，從而減少修行的違緣，僧團內出家人之間也可以相互幫助，增進業緣。另外，作為一種利益眾生、接引眾生的方便，醫學也有它的價值。

第七節　小結——五明與菩薩道

一、菩薩與外道、二乘度眾生的差異

在《大智度論》中，龍樹菩薩曾就外道、二乘與菩薩度眾生的差異作

155《大唐西域記》卷 10，《大正藏》51 冊，第 929 頁中欄。
156《菩提道次第師師相承傳》，第 153 頁。
157《布頓佛教史》，第 188 頁。
158《大智度論》卷 38，《大正藏》25 冊，第 337 頁下欄。
159《大智度論》卷 1，《大正藏》25 冊，第 60 頁上欄。
160《大智度論》卷 6，《大正藏》25 冊，第 107 頁上欄。

出過如是説明：

> 有外道法，雖度衆生，不如實度。何以故？種種邪見結使殘故。二乘雖有所度，不如所應度。何以故？無一切智，方便心薄故。唯有菩薩能如實巧度。譬如渡師，一人以浮囊草筏渡之，一人以方舟而渡，二渡之中相降懸殊；菩薩巧渡衆生亦如是。[161]

外道雖然也能度化衆生，但因為對實相的認識不正確，且煩惱未斷，故並不能給衆生帶來真正的解脫。而二乘行人因為沒有一切智和方便力，所以也無法真正的廣度有情。唯有聖位菩薩，既有對於解脫的正確知見，又有引導衆生趣入正見的方便法門，故能真正的善巧度化衆生。事實上，大乘佛教本身正是以積極入世、服務社會，讓一切衆生悟入佛之知見為精神導向，所以《瑜伽師地論》中才會提到五明是菩薩所應學習的基本內容。

> 彼諸菩薩求正法時，當何所求？云何而求？何義故求？謂諸菩薩，以要言之，當求一切菩薩藏法，聲聞藏法，一切外論，一切世間工業處論……如是一切明處所攝有五明處：一、內明處，二、因明處，三、聲明處，四、醫方明處，五、工業明處，菩薩於此五種明處若正勤求，則名勤求一切明處。[162]

五明是古代印度的五類學科，全稱五明處，即聲明、工巧明（或工業明）、醫方明、因明和內明。前四明是世間學問，後一明各宗教各有自己的典籍、宗旨，內容亦不相同，如佛教以三藏十二部經典教義為內明，婆羅門教則以四吠陀為內明。粗略説來，聲明即是世間語言文字之學，工巧明是世間一切工藝技術，包括工業、農業、建築、音樂乃至天文、地理、卜算等等之學，醫方明是醫藥治病之法，因明即邏輯學等。

從生平傳記顯示，龍樹菩薩對於五明之學定是非常熟稔。如他與外道辯論、為國王撰寫勸勉偈並且著作等身，對後世佛學和哲學產生了深刻影響，若無聲明與因明的智慧是不可能辦到的。而建築和點金術本屬於工巧明的範疇，醫方明和內明自然是顯而易見。因此，龍樹菩薩一生所示現的

161《大智度論》卷6，《大正藏》25冊，第107頁上欄。
162《瑜伽師地論》卷38，《大正藏》30冊，第500頁下欄。

積極入世、服務社會的行為，其體現的正是大乘菩薩應有的品質。

二、學習方便法門的意義

五明除佛法內明以外，其餘四明皆是通於世間的方便之法。所謂「先以欲鉤牽，後令入佛道」。[163] 佛菩薩先以四明接引眾生，除去眾生很多眼前的苦，令眾生身心安樂，然後再以出世間法度化之，則可令眾生獲得無為常樂，這便是菩薩學習方便法門的意義之一。如《大智度論》言：

> 利有三種：今世利、後世利、畢竟利。復有三種樂：今世、後世、出
> 世樂……菩薩愍念眾生，過於父母念子，慈悲之心，徹於骨髓。先以飲食
> 充足其身，除飢渴苦；次以衣服莊嚴其身，令得受樂。菩薩心不滿足，復
> 作是念：眾生已得今世樂，復更思惟令得後世樂。若以世間六波羅蜜教
> 之，則得人、天中樂，久後還來輪轉生死；當復以出世間六波羅蜜，令得
> 無為常樂。[164]

但佛菩薩也知因緣不可勉強而得，因此在度眾生過程中，依然要視眾生根器、因緣成熟與否，有所取捨地抉擇出弘法利生的次第。如《大智度論》中說：

> 菩薩善知因緣不可強得，教令得之。[165]
> 若不發大乘心者，當教辟支佛道；若無辟支佛道者，教行聲聞道；若
> 無聲聞道者，教令離色，受無色定，寂滅安樂；若無無色定者，教令離欲，
> 受色界種種禪定樂；若無禪者，教令修十善道，人、天中受種種樂。[166]

同時，方便法門不僅對於度化眾生有其意義，對於菩薩自身的修行也大有裨益，如醫方明中的長壽法，可令菩薩壽命延長，使其有更長的時間和更好的身體素質修習禪定、做弘法利生的事業。又如龍樹菩薩點石成金換取糧食，才保障了那爛陀寺結夏安居期間的物資供給，使僧眾能夠安心辦道。因此，只要使用得當，這些方便法門都可以成為修行的助緣。

當然，如果大乘行者在學習佛法之前就已經具備某些方面的知識技能，

---

163 《維摩詰所說經》卷2，《大正藏》14冊，第550頁中欄。
164 《大智度論》卷6，《大正藏》25冊，第279頁中欄。
165 《大智度論》卷6，《大正藏》25冊，第279頁中欄。
166 《大智度論》卷6，《大正藏》25冊，第281頁下欄。

這些知識和技能依然可以很好的發揮其功用，成為他自己修行和利益眾生的便利條件。這一點，從龍樹菩薩的生平也可以得到很好的體現。

三、菩薩度眾生不難

度眾生是成就佛道所必須，龍樹菩薩積極的服務社會、利益眾生也是對這一點的示現。這是因為，諸佛菩薩皆以大悲心為體，若無對眾生的大慈大悲，則沒有諸佛菩薩的菩提正覺。如《大方廣佛華嚴經》所言：

> 諸佛如來以大悲心而為體故。因於眾生而起大悲，因於大悲生菩提心，因菩提心成等正覺。譬如曠野沙磧之中有大樹王，若根得水，枝葉、華果悉皆繁茂。生死曠野菩提樹王，亦復如是。一切眾生而為樹根，諸佛菩薩而為華果，以大悲水饒益眾生，則能成就諸佛菩薩智慧華果。何以故？若諸菩薩以大悲水饒益眾生，則能成就阿耨多羅三藐三菩提故。是故菩提屬於眾生，若無眾生，一切菩薩終不能成無上正覺。[167]

所以，就心、佛、眾生三無差別的角度而言，對於大乘菩薩來說，廣學一切、利益眾生、服務社會也只是份內之事。

度化眾生在一般人看來或許是非常困難的事情，但從大乘空義的角度來看，眾生所執著之事本無自性，並不真實，所以「捨離也易」。如《大智度論》言：

> 菩薩照明菩薩道，其心安隱，自念：「我但斷著心，道自然至。」知是事已，念眾生深著世間，而畢竟空亦空、無性、無有住處，眾生難可信受。為令眾生信受是法故，學一切法，修行生起是度眾生方便法。觀眾生心行所趣，知好何法、念何事、何所志願。觀時悉知眾生所著處皆是虛誑顛倒，憶想分別故著，無有根本實事。爾時，菩薩大歡喜，作是念：「眾生易度耳！所以者何？眾生所著皆是虛誑無實。」

> 譬如人有一子，喜在不淨中戲，聚土為穀，以草木為鳥獸，而生愛著；人有奪者，瞋恚啼哭。其父知已，此子今雖愛著，此事易離耳，小大自休。

---

167 《大方廣佛華嚴經》卷 40，《大正藏》10 冊，第 846 頁上欄。

何以故？此物非真故。菩薩亦如是，觀眾生愛著不淨臭身及五欲是無常，種種苦因，知是眾生得信等五善根成就時，即能捨離。

若小兒所著實是真物，雖復年至百歲，著之轉深，不可得捨；若眾生所著之物定實有者，雖得信等五根，著之轉深，亦不能離。以諸法皆空、虛誑不實故，得無漏清淨智慧眼時，即能遠離所著，大自慚愧；譬如狂病，所作非法，醒悟之後，羞慚無顏。[168]

因此，度化眾生就是令眾生捨離貪愛執著。但眾生貪愛執著的對象本身就是虛妄不真實的，就如小兒貪愛用泥土做的穀堆、用草木做的鳥獸，若被人奪去則嚎啕大哭、憤憤不已。儘管小兒對泥土穀堆、草木鳥獸如此貪愛，但要讓他捨離，其實也並非難事。因為當他長大之後，知道他所貪愛執著的並非真實事物，貪愛執著也就自然停止了。所以度眾生也是如此，一旦眾生明白其所執著的並非真實時，他便能遠離執著，如同神志失常的人在清醒後，再回顧自己過去的所作所為一樣。因為眾生所執不真，所以捨離也易，菩薩才可以更加持久、廣大的發心。

168《大智度論》卷 92，《大正藏》25 冊，第 707 頁中欄。

第七章

| 圓寂與世壽 |

第一節　圓寂

對於龍樹菩薩的圓寂，相關記載眾説紛紜。

漢地記載最早見於姚秦鳩摩羅什大師所譯的《龍樹菩薩傳》。此後，《付法藏因緣傳》、《大唐西域記》、《十二門論宗致義記》、《法苑珠林》、《釋門正統》、《傳法正宗記》、《天台九祖傳》、《佛祖統紀》、《佛祖歷代通載》、《釋氏稽古略》、《天台山方外志》等，都有較詳盡的記載。此外眾多祖師大德以及在家居士所撰經論註疏中也偶有簡略提及。

在藏傳佛教的史傳著作中，《布頓佛教史》、《師師相承傳》、《密宗大成就者奇傳》、《七系付法傳》以及《八十四大成就者傳》中，也都有較詳細的描述。

有關龍樹菩薩的圓寂，漢藏文獻主要的不同點集中在三個方面：一、龍樹菩薩的圓寂之因；二、圓寂方式；三、圓寂後的去處及預言。本章節計劃先按漢藏兩地傳記將龍樹菩薩圓寂的記載加以區分，再進一步以圓寂因緣、圓寂方式和圓寂後的情況三個方面分別進行歸納分析。

一、漢傳佛教傳記

（一）圓寂因緣

漢傳佛教傳記中關於龍樹菩薩圓寂因緣的記載主要分三大類：1、小乘法師，常懷忿疾；2、王子向龍樹菩薩索頭；3、未説明原因。下面逐項列示。

1、小乘法師常懷忿疾

此説出於姚秦鳩摩羅什大師的《龍樹菩薩傳》：

是時有一小乘法師，常懷忿疾。龍樹將去此世，而問之曰：「汝樂我久住此世不？」答言：「實所不願也。」退入閒室經日不出。弟子破戶看之。

遂蟬蛻而去。[169]

從這裏可以隱約看出，龍樹菩薩辯破小乘、開顯大乘，在激烈的思想碰撞中，勢必捲入教內的爭鬥，受到舊有思想持守者的仇視。因此這裏也將小乘法師的仇視，列為龍樹菩薩入滅的原因之一。

其後《付法藏因緣傳》、《法苑珠林》、《釋門正統》、《天台九祖傳》及《佛祖統紀》所記載內容幾乎如出一轍。

龍樹菩薩作為聖者，弘揚大乘佛法時仍會引發小乘法師的憤恨。這意味着，大乘佛法的弘揚並不是所有眾生都樂於接受。菩薩弘法的發心是為了利樂一切有情，但現實往往是，總會有不少眾生並不認自己得到了利樂，反而由此產生對大乘和菩薩的憤恨。這樣的弘法給他們帶來了損惱，而這些眾生也是菩薩應該利樂的對象。因此，弘法的同時如何不損惱這部分眾生，是菩薩必須面對的難題。在傳記裏，龍樹菩薩選擇了圓寂，以避免進一步的衝突。龍樹菩薩有能力讓自己不被傷害，但菩提心要求他避免損惱他人，生死自在的他終結了這一期的生命。龍樹菩薩的選擇也暗示了當時宗派爭端的危險，如果衝突繼續擴大，會導致更嚴重的問題。之後他的弟子提婆菩薩被外道所殺，即反映了弘法而引發的矛盾進一步激烈化。

龍樹菩薩的示現是弘法護教的表率，給予大乘行人深刻的啟發。佛教大小乘之間、不同宗派之間，乃至不同宗教間，存在不同的見解，應該通過理性的辯論、探討以互相促進，相得益彰。但法執未斷的凡夫容易排斥不同的見解，乃至為了維護自己的立場做出過激的行為。其中的陷阱是將我執、法執掩蓋以護法、護教的華麗外衣，致使信仰者以為自己是在遵循教法，而不知不覺落入了煩惱的圈套。不論是大乘內部，還是大小乘之間，以及其他宗教，作為佛教徒的我們應以怎樣的心態去面對，護持正法與不損惱有情的原則如何去把握，這些問題都需要慎重地思考而作抉擇。

---

169 《龍樹菩薩傳》，《大正藏》50 冊，第 185 頁上欄。

2、王子索頭

此因緣在漢地的記載主要出自《大唐西域記》。文中對王子索頭事件描寫細緻入微，這在其他傳記中並不多見。

龍猛菩薩善閒藥術，餐餌養生，壽年數百，志貌不衰。引正王既得妙藥，壽亦數百。王有稚子，謂其母曰：「如我何時得嗣王位？」母曰：「以今觀之，未有期也。父王年壽已數百歲，子孫老終者蓋亦多矣。斯皆龍猛福力所加，藥術所致。菩薩寂滅，王必殂落。夫龍猛菩薩智慧弘遠，慈悲深厚，周給群有，身命若遺。汝宜往彼，試從乞頭，若遂此志，當果所願。」[170]

這裏描述了龍樹菩薩擅長藥術養生等法，令引正王同他一樣能活數百歲，王子欲登上王位去找其母幫忙，王后告訴他，若想登上王位，先要令菩薩得入寂滅，因此給他出了「乞頭」的主意，想要利用菩薩的慈悲求其入滅。

王子恭承母命，來至伽藍，門者敬懼，故得入焉。時龍猛菩薩方讚誦經行，忽見王子，佇而謂曰：「今夕何因，降跡僧坊，若危若懼，疾驅而至？」對曰：「我承慈母餘論，語及行捨之士，以為含生寶命，經語格言，未有輕捨報身，施諸求欲。我慈母曰：『不然。十方善逝，三世如來，在昔發心，逮乎證果，勤求佛道，修習戒忍。或投身飼獸，或割肌救鴿，月光王施婆羅門頭，慈力王飲餓藥叉血，諸若此類，羌難備舉。求之先覺，何代無人？』今龍猛菩薩篤斯高志，我有所求，人頭為用，招募累歲，未之有捨。欲行暴劫殺，則罪累尤多，虐害無辜，穢德彰顯。惟菩薩修習聖道，遠期佛果，慈霑有識，惠及無邊，輕生若浮，賤身如朽，不違本願，垂允所求！」龍猛曰：「俞，誠哉是言也！我求佛聖果，我學佛能捨，是身如響，是身如泡，流轉四生，去來六趣，宿契弘誓，不違物欲。然王子！有一不可者，其將若何？我身既終，汝父亦喪，顧斯為意，誰能濟之？」龍猛俳個顧視，求所絕命。[171]

這一段描寫了王子聽從王后的教唆，向龍樹菩薩當面索頭，一方面讚

---

170 《大唐西域記》卷 10，《大正藏》51 冊，第 929 頁中欄。
171 《大唐西域記》卷 10，《大正藏》51 冊，第 929 頁中欄。

歉菩薩的修行功德，難捨能捨，另一方面說自己需要人頭，不願虐害無辜，因而向菩薩乞頭。而龍樹菩薩早已超凡入聖，獲證空性智慧，對待身體並無愛著，又因為眾生這樣的請求而慷慨絕命。不難看出，龍樹菩薩對世間的影響，招引來了迫害。

另有唐法藏大師所著《十二門論宗致義記》中，也有類似王子索頭因緣的記述，文字簡約，應該是借鑑了《大唐西域記》的內容。

「王子索頭」事件說明龍樹菩薩雖然同國王有很好的互動，但也不可避免地捲入了政治的漩渦。這樣的示現警醒後人，在利益眾生的過程中，必須要處理好各種社會關係，謹慎把握緣起，否則可能會帶來巨大的危害。作為聖者的龍樹菩薩無畏於各種痛苦，即使面對割頭之苦，仍然自在無礙，這是內心證悟的功德。但這也帶來啟示，作為大乘行者，勇猛弘法的同時，也必須不斷提高內心修證，平衡內心堪忍力和外在風險。在個人承受能力內承擔，讓自己的菩提心連續不斷，是菩薩行的重要考量。

3、未說明原因

自《傳法正宗記》始，至《佛祖歷代通載》及《釋氏稽古略》、《天台山方外志》等均有龍樹菩薩入月輪三昧、付法提婆而後入滅的記載，但並未提及具體入滅因緣。

（二）圓寂方式

漢地龍樹菩薩傳記中關於圓寂方式的記載主要分兩大類：坐化和自刎。

1、坐化

除「王子索頭」因緣下的圓寂方式是自刎以外，其他兩種因緣的圓寂方式均為自行坐化。但其中也有細微差別，下文略述。

《龍樹菩薩傳》記載：

退入閒室經日不出，弟子破戶看之，遂蟬蛻而去。[172]

其後《付法藏因緣傳》、《法苑珠林》、《釋門正統》、《天台九祖傳》及《佛祖統紀》、《天台山方外志》所記載內容幾乎相同。

《傳法正宗記》在此處的描寫是最為獨特的，不僅有月輪三昧、現神變等記述，還有天雨舍利及龍樹菩薩復起發願的內容。

已而騰身太虛，入月輪三昧，大逞神變，返其座即入寂定。及後七日天雨舍利，而大士復從定起，以手指空謂其眾曰：「此舍利者，蓋昔拘那含佛之弟子，號摩訶迦尊者，嘗發三願之所致也。其一曰，願我為佛之時，若有聖士化度於世者，遇天澍雨至於其身即為舍利；其二曰，願天地所生之物，皆堪為藥，療眾生病；其三曰，願凡有智者，皆得所知微妙，以通宿命。」言已仍泊然大寂。[173]

2、自刎

此方式的記載僅出現於兩部傳記之中，分別是《大唐西域記》與《十二門論宗致義記》：

龍猛俳佪顧視，求所絕命，以乾茅葉自刎其頸，若利劍斷割，身首異處。[174]

菩薩剔頸與之，於是而卒。[175]

上文所述幾種圓寂因緣和圓寂方式可總結為下表：

圓寂因緣	小乘法師常懷忿疾	王子索頭	未說明原因
代表傳記	《龍樹菩薩傳》	《大唐西域記》	《傳法正宗記》
圓寂方式	閒室坐化	自刎	入月輪三昧而後坐化

表 7.1 漢傳典籍中的龍樹菩薩圓寂方式

172《龍樹菩薩傳》，《大正藏》50 冊，第 185 頁中欄。
173《傳法正宗記》卷 3，《大正藏》51 冊，第 727 頁中欄。
174《大唐西域記》卷 10，《大正藏》51 冊，第 929 頁下欄。
175《十二門論宗致義記》卷 1，《大正藏》42 冊，第 218 頁下欄。

（三）圓寂後的去處及預言

在漢譯經典《大乘入楞伽經》中，有如下記載：

> 未來世當有，持於我法者；南天竺國中，大名德比丘；厥號為龍樹，能破有無宗。世間中顯我，無上大乘法；得初歡喜地，往生安樂國。[176]

漢地的著作中對此內容的記載有限，僅在淨土宗的相關文獻裏記載其居住在淨土。[177]

《龍樹菩薩傳》中對於圓寂後的情況僅寥寥數語，「南天竺諸國為其立廟敬奉如佛」[178]。其後的所有漢地傳記與此記載近乎相同。

二、藏傳佛教傳記

在藏地關於龍樹菩薩的史傳著作中，《布頓佛教史》、《師師相承傳》、《密宗大成就者奇傳》、《七系付法傳》等記載內容大體相同，僅在細節上有所區別。而《八十四大成就者傳》與上述四部傳記所述差別較大，下文將分別略述。

（一）圓寂因緣和方式

《布頓佛教史》、《師師相承傳》、《密宗大成就者奇傳》、《七系付法傳》都記載為「太子索頭」。太子名字有稱「具能童子」，有稱「具力太子」，似是翻譯不同。具體的索頭因緣描述大致不出《大唐西域記》的記載，只是詳略各異而已。

在圓寂方式的描述上也是基本一致，為「以草自刎」：

> 於是王子去到吉祥山阿闍黎龍樹的住處，請求菩薩滿足他的願望，施給頭首。龍樹對他說法，他以利劍砍龍樹的頭，但未能傷。阿闍黎龍樹對他說：「我往昔曾以吉祥草殺害昆蟲命，方有此異熟業果報應，因此可用吉祥草斷我頭首。」[179]

這裏的「吉祥草」，有稱「姑沙草」或「俱沙草」，僅翻譯不同。

---

176 《大乘入楞伽經》卷 6，《大正藏》16 冊，第 627 頁下欄。
177 《樂邦文類》卷 3，《大正藏》47 冊，第 194 頁中欄。
178 《龍樹菩薩傳》卷 1，《大正藏》50 冊，第 185 頁中欄。
179 《布頓佛教史》，第 189 頁。

而《八十四大成就者傳》中則記載是梵天化成一個婆羅門的樣貌向龍樹菩薩索頭，龍樹菩薩以吉祥草為刀，切頭相送。

（二）圓寂後的情況

1、往生極樂

除《八十四大成就者傳》並沒有龍樹菩薩斷頭後自述往生極樂的內容，其他四部傳記均有相同的記載。如《布頓佛教史》記述：

王子用草斷阿闍黎的頭首後，從頭首的脖根發出聲音說：「我到極樂世界去，此身將來復入癒合。」[180]

這樣的描寫既說明了龍樹菩薩圓寂後的歸趣，又暗含他將來再入娑婆的菩提大願。

2、搶頭事件

一些傳記還記載，龍樹菩薩圓寂後，他的頭首被搶走。如《布頓佛教史》記載：

王子拿走頭首，又被藥叉母奪去，丟在一由旬之外。[181]

《密宗大成就者奇傳》記載：

因龍樹菩薩已成了金丹術，具力太子害怕他的身體重新癒合，便把尊者的頭拖到許多由旬以外的地方。途中，尊者的頭被一位羅剎女搶走，她把它放在一塊巨大的磐石上，石頭豁然裂開，五尊觀世音菩薩的石像自然顯現。後來，由羅剎女作施主，在阿闍黎法體和頭所在之地分別造了兩座殿堂。[182]

《七系付法傳》記載與《密宗大成就者奇傳》類似。這三部傳記都明確記述當時發生的搶頭事件。索頭、砍頭、搶頭，從這些極端狀況的描述中，可以想見當時的情況何等混亂。

再如《師師相承傳》記載：

據說小王子顧慮頭與身復合攏來，他將頭拋棄在距身一由旬之外。[183]

---

180 《布頓佛教史》，第189頁。
181 《布頓佛教史》，第189頁。
182 《聖行集萃》，第182頁。
183 《菩提道次第師師相承傳》，第154頁。

此說雖無搶頭的描述，但從王子將頭拋棄於一由旬外這一舉動，也可推想他當時所面臨的巨大壓力。

《八十四大成就者傳》則描述為明妃現身保護龍樹菩薩的法體：

先前所召請的八位自然力明妃，現身來保護上師的法體，直到現在仍是如此。[184]

3、身頭漸合

如《布頓佛教史》記載：

傳說頭首和身軀兩不腐壞，一年復一年地兩相接近，最後合攏而復活，再作弘法利生的事業。[185]

如《師師相承傳》記載：

由於阿闍黎龍樹已得煉精成就，身軀與頭首變成了石質而不壞，將來漸次頭與身都一年一年地接近攏來，最後頭與身合攏時，聖龍樹復活起來仍如住世時那樣廣大做出弘法利生事業。[186]

《密宗大成就者奇傳》記載為：

由羅剎女作施主，在阿闍梨法體和頭所在之地分別造了兩座殿堂。這兩座殿堂之間以前有四由旬遠，現在只有一聞距左右……昔日的石牆如今已變成連在一起的巖石。據說這兩座殿堂頗為詭奇神秘，頻頻出現奇妙的幻變，顯得格外神奇。[187]

《七系付法傳》記載與《密宗大成就者奇傳》幾乎相同，故不再引。這些傳記都提及龍樹菩薩身頭漸合，乃至復活和弘法之預言。

《八十四大成就者傳》雖然沒有身頭漸合的描述，但仍有菩薩再度弘法利生的預言，如「據說在下一尊佛彌勒慈尊住世的時候，龍樹會再出現以救度眾生」。[188]

身頭漸合這樣的說法很值得進一步分析，其所指並不一定是真實的身和頭，可能是用身和頭來喻指見和行，以此表達在龍樹菩薩之後，義理學習和實際修持有逐漸分離的傾向，但多年後又會集合統一。也有可能喻指

184《金剛歌·八十四大成就者傳》，第160頁。
185《布頓佛教史》，第189頁。
186《菩提道次第師相承傳》，第154頁。
187《聖行集萃》，第182頁。
188《金剛歌·八十四大成就者傳》，第160頁。

顯宗和密宗，或者相關大乘教派的分裂與合併。

三、總結

綜合上文可見，歷史上印、漢、藏三地關於龍樹菩薩的圓寂方式眾說紛紜，概括可分成坐化和自刎這兩大類。對於圓寂因緣，有些傳記並未提及，而有所記載的因緣則可大概分為小乘法師常懷忿疾、王子索頭和梵天索頭三大類。究竟何種因緣雖不得而知，但菩薩在面對生死時的慈悲和自在，確給世人展現了一位大乘菩薩的風範。

第二節　龍樹菩薩的世壽

關於龍樹菩薩世壽的說法，各材料記載也不相同。

《龍樹菩薩傳》原文中僅有一句「去此世已來至今，始過百歲」[189]，並未有明確記載。其正文後有一註釋，現存不同版本：《高麗再雕藏》載其「假餌仙藥，現住長壽二百餘年，住持佛法」[190]；《永樂北藏》載「依《付法藏經》即第十三祖，三百餘年任持佛法」[191]，《磧砂藏》記載與之類似。兩種說法相差了一百年。但《付法藏因緣傳》龍樹菩薩的傳記部分，卻並未涉及這一問題。至於之後的如《天台九祖傳》等提到的「假餌仙藥長壽住世，三百餘年任持佛法」[192] 等記載，可能是綜合了兩種註釋的結果。

玄奘大師的《大唐西域記》載其「壽年數百，志貌不衰」[193]。至於「數百」是幾百，也沒有明確。差異較大的是《法苑珠林》[194] 和《遊方記抄·往五天竺國傳》[195]，均載其「壽年七百」。

藏傳佛教的傳記中，《布頓佛教史》說其「享壽六百歲」[196]。《密宗大成就者奇傳》說其「一共活了六百七十一歲差半歲」[197]。而多羅那他的《七系付法傳》則認為這種說法是將半年算作了一年，其實際年齡在三百歲左

189《龍樹菩薩傳》，《大正藏》50 冊，第 185 頁中欄。
190《龍樹菩薩傳》，《大正藏》50 冊，第 185 頁中欄。
191《龍樹菩薩傳》，《永樂北藏》132 冊，第 844 頁上欄。
192《天台九祖傳》，《大正藏》51 冊，第 98 頁中欄。
193《大唐西域記》卷 10，《大正藏》51 冊，第 929 頁中欄。
194《法苑珠林》卷 53，《大正藏》53 冊，第 681 頁下欄。
195《遊方記抄》，《大正藏》51 冊，第 976 頁上欄。
196《布頓佛教史》，第 189 頁。
197《聖行集萃》，第 181 頁。

右：

其後捨頭因緣成熟，師之住世已六百七十一年，此乃以半年為一年計，實則未滿二百六十五年。[198]

多羅那他的《印度佛教史》中則對這一問題有詳細探討：

關於阿闍梨龍樹的壽數有兩種說法，一種認為是差七十一年到六百歲，一種認為差二十九到六百歲。前者是依據龍樹在中印度住二百年、在南印度住二百年、在吉祥山（śrīparvata, dpal gyi ri）住一百二十九年的傳說而作的概算。我的上師班智達們說：「這無論如何也是將半年算作一年。」後一種說法，除認為龍樹在吉祥山住一百七十一年以外，其餘與前說相同。[199]

這裏提到兩種說法，一種是五百二十九歲，另一種是五百七十一歲，與《七系付法傳》的六百七十一歲也不相同。但是多羅那他都採取了「應該將數字減半」的觀點，那麼就相當於三百歲左右。《師師相承傳》則引用了一些觀點，包括「享壽六百歲」[200]和「過百年後逝世」[201]。

至此，可以將諸傳記中的觀點列表對比如下：

龍樹菩薩世壽	來源	類別
二百餘年	《龍樹菩薩傳》註釋	漢傳佛教傳記
三百餘年	《龍樹菩薩傳》註釋	
數百	《大唐西域記》	
壽年七百	《法苑珠林》、《遊方記抄》	

---

198 《七系付法傳》卷 1，《大藏經補編》11 冊，第 10 頁中欄。
199 《印度佛教史》，第 85 頁。
200 《菩提道次第師師相承傳》，第 145 頁。
201 《菩提道次第師師相承傳》，第 145 頁。

壽六百歲	《布頓佛教史》	
六百七十一歲差半歲	《密宗大成就者奇傳》	
約二百六十五	《七系付法傳》	藏傳佛教傳記
約二百六十五 約二百八十五	《印度佛教史》	
享壽六百歲 過百年後逝世	《師師相承傳》	

表 7.2 龍樹菩薩世壽對比

　　儘管記載上有所不同，但是沒有任何一處記載是低於一百歲的，並且其中以三百歲左右最為常見，而六百歲、七百歲的說法也不少。這至少說明龍樹菩薩的確是一位長壽者。

第三節　小結——龍樹菩薩的長壽與啟發

　　關於龍樹菩薩的圓寂與世壽，傳記中的記載並不完全相同。然而，其中共通的部分則是龍樹菩薩並非是因為生病、福盡、壽盡等原因而離世，他的圓寂帶有很大的主動與發心意味。他的長壽在諸傳記中也基本達成了共識。對於龍樹菩薩的長壽與示寂可以從多個角度來理解。

　　根據現有文獻資料，龍樹菩薩的修證果位至少達到了初地菩薩的高度。《華嚴經》中介紹菩薩摩訶薩的十種自在，第一即是壽命自在：

　　佛子！菩薩摩訶薩有十種自在。何等為十？所謂：壽命自在，無量無邊不可說劫住持壽命故；心自在，出生阿僧祇三昧入深智故；莊嚴自在，以大莊嚴悉能莊嚴一切剎故；業自在，隨時受報故；受生自在，於一切剎示現生故；解脫自在，見一切世界諸佛充滿故；願自在，隨時隨剎成菩提故；神力自在，示現一切大神變故；法自在，示現無量無邊法門故；智自在，於念念中示現覺悟如來十力無所畏故。佛子！是為菩薩摩訶薩十種自在；若菩薩摩訶薩安住此法，則得一切諸佛、菩薩究竟成滿一切智自在。[202]

　　「菩薩摩訶薩」對應的梵文為「bodhisattva mahāsattva」，直譯為「大菩薩」，通常理解為聖位菩薩，即證入初地以上的菩薩。可見，聖位菩薩具有「壽命自在」的功德力，可以隨願住世，不再如凡夫一般受到異熟壽命的逼迫。如此，壽命便不再成為限制菩薩道進程的因素，他們可以隨順度化眾生的願力與眾生的因緣根機選擇住世或圓寂。《妙法蓮華經》中「如來壽量品」也有類似的記載。

　　這種「壽命自在」的達成，應是緣於對實相的認知。佛菩薩現證了萬法如夢如幻的境界，故能遊戲自在，不受拘礙。這種修證境界在凡夫看來不可思議，難以理解，但是對佛菩薩來說則如同演員進行輕鬆的表演。凡夫就像與角色強烈認同的演員一般只能跟着劇情而感受喜怒哀樂，佛菩薩則是清醒的看到了自己和他人的演員本質，不與角色認同，故能駕馭角色、演好角色，喚醒他人看到他們的本來身分。這也是大乘行者應當嚮往的修行境界。

　　此外，在藏傳佛教傳記中，有的提到龍樹菩薩曾修習長壽辟穀法，有的提到他成就了金丹術，可以長生不老，有的提到他成就了延壽煉精方便，有的說他成就了攝取精華悉地等等。這些成就的記載雖然名稱不同，但所指應是同一內涵，即某種令修行者可以長生不老的密法。這種密法的成就應與龍樹菩薩對空性的證悟是分不開的。

　　從某種角度來講，龍樹菩薩對長壽的示現也意味着「連續」、「長久」

202《大方廣佛華嚴經》卷 39，《大正藏》9 冊，第 647 頁中欄。

對菩薩道的重要性。由於「隔陰之迷」，多數修行人都面臨着與上一世修行的長時間中斷。這種中斷對個人修行與利他事業都會造成一定程度的影響。那麼，把握好今生的因緣和機會則十分重要。凡夫由於無法做到生死自在，所以一方面應該珍惜時間和生命，把握修行和利他的機會，多做有意義的事情；另一方面也應當注意愛護身體，努力做到既不為之所累，又能很好的發揮其作用。

　　龍樹菩薩很好地掌握了醫方明，這樣的示現啟示後人，不僅要愛護身體，還要掌握保護身體的方法，這樣才能健康長壽，修行方能得到更大的助力。反之，如果對身體放任不管，甚至做無意義、不合理的苦行，還自認為是道心強的表現，則容易疲勞透支，乃至抱怨退道。因此，保護身體健康的意識和治病養生的方法對修行和利益眾生都具有很大的意義和價值。

第八章

❘ 龍樹菩薩對後世的影響 ❘

第一節　龍樹菩薩對漢傳佛教的影響

一、魏晉玄學及其對般若學的影響

　　東漢年間，攝摩騰、竺法蘭來到漢地翻譯佛經，漢傳佛教的歷史自此拉開了序幕。佛教在魏晉南北朝時期得到了空前的發展，並在與儒家、道家、玄學的對話中逐漸得到了認同和弘傳。

（一）魏晉玄學的興起

　　到了東漢末年，兩漢經學原有的人才培養與舉薦制度愈來愈被氏族門閥所利用，難以選拔出真正德才相符的有用人才。伴隨着宦官專權，外戚干政，黨錮之禍，社會動盪，以及原有價值觀的崩塌，經學愈來愈衰落並最終讓位於魏晉玄學。

　　魏晉玄學的興起肇始於漢末魏初的「清談」，隨着對於原有的人才選拔方式的批判和反思，人們從品評具體的某位人物轉向對於人才標準的討論上，隨後又逐漸轉向對宇宙本體的討論上。玄學理論探討的核心就是「名教」與「自然」的關係問題。由於玄學特有的批判性與對現象界的超越性，兩漢經學逐漸失去話語權。

　　然而，玄學本身也有其不足之處。從玄學的發展歷程來看，一方面仍然無法徹底擺脫名教與自然這一對命題的束縛，或試圖維護名教的合法地位，以何晏、王弼為代表，或出於極端的反對名教的立場而偏向於消極，以嵇康、阮籍為代表。另一方面，玄學本身對有無的界定就有極端化的傾向，如《老子·德章》：「是以大丈夫處其厚，不居其薄；處其實，不居其華。故去彼取此。」相當於把「有為」和「無為」割裂開來，進而捨棄有為而趨向無為，否定了現象界的一面。正如僧肇大師所批評的「捨有而之無，譬猶逃峰而赴壑，俱不免於患矣」。[203]

---

[203] 《肇論》卷 1，《大正藏》45 冊，第 154 頁中欄。

（二）格義佛教與六家七宗

在魏晉玄學不斷興盛的社會意識形態背景下，當主張「緣起性空」、「諸法實相」、「真空幻有」的般若系經典（表 8.1）一經翻譯，就受到了名士們的歡迎。由於般若學的思想與玄學有一定的相似之處，所以很容易通過「清談」的形式在知識分子中傳播開來，名士們或用般若論玄學，或用玄學談般若，並且很多佛教高僧也參與到名士的清談中，如支遁（314 － 366）、竺道潛（286 － 374）等。

	《般若經》經名	譯者	譯出年代
小品	《道行般若經》	支婁迦讖	漢靈帝光和二年（179）[204]
	《大明度無極經》	支謙	東吳（約 223）[205]
	《吳品》	康僧會	東吳（約 247 － 280）[206]
大品	《光讚般若經》	竺法護	西晉泰康七年（286）[207]
	《放光般若經》	無羅叉 竺叔蘭	西晉元康元年（291）[208]
	《摩訶般若波羅蜜經抄》	曇摩蜱 竺佛念	前秦建元（365 － 384）[209]

表 8.1 魏晉時期大小品《般若經》傳譯時間

最初《般若經》的傳譯與講說主要採用的是格義的方式。格義佛教是指在經典的傳譯和講說過程中，為了便於人們理解經典內容，使用漢地原

---

204 《出三藏記集》卷 2：《般若道行品經》十卷（或云《摩訶般若波羅經》或八卷．光和二年十月八日出）。（《大正藏》55 冊，第 6 頁中欄）
205 《出三藏記集》卷 2：《明度經》四卷（或云《大明度無極經》）。（《大正藏》55 冊，第 6 頁下欄）
206 《出三藏記集》卷 2：《吳品》五卷（凡有十品今闕）右二部，凡十四卷。魏明帝時，天竺沙門康僧會，以吳主孫權、孫亮世所譯出。（《大正藏》55 冊，第 7 頁上欄）
207 《歷代三寶紀》卷 6：《光讚般若經》十卷（太康七年十一月二十五日出，十七品，或十五卷，見《道安錄》）。（《大正藏》49 冊，第 61 頁下欄）
208 《出三藏記集》卷 7，《大正藏》55 冊，第 47 頁下欄。
209 《出三藏記集》卷 2：《摩訶鉢羅若波羅蜜經抄》五卷（一名《長安品經》或云《摩訶般若波羅蜜經》，偽秦符堅建元十八年出）右一部，凡五卷。晉簡文帝時，天竺沙門曇摩蜱執胡大品本，竺佛念譯出。（《大正藏》55 冊，第 10 頁中欄）

有的一些名言概念來表達佛經中的相關內涵。如《高僧傳》記載高僧竺法雅就曾經用格義的方式來教導弟子。

法雅，河間人，凝正有器度。少善外學長通佛義，衣冠士子咸附諮稟。時依門徒並世典有功未善佛理，雅乃與康法朗等以經中事數擬配外書，為生解之例，謂之格義。[210]

大小品《般若經》的翻譯及傳播正值魏晉玄學時期，因而在譯經的時候就借用了一些玄學詞彙，例如用道家的「無」[211]來表達「空」的概念。

《道行般若經》：「世間亦是本無，何所是本無者？一切諸法亦本無。」[212]

《大明度經》：「世本無，諸法亦本無。」[213]

《摩訶般若鈔經》：「隨本無者，為隨怛薩阿竭教。諸法亦本無。」[214]

格義的方式極大的推動了佛教在知識分子當中的傳播，一方面因為佛教內部的學者有很多人本身就帶有玄學的背景，有助於對般若思想的深入理解；另一方面，格義化的佛教在以玄學為主流思想的知識精英層中很有吸引力，魏晉很多社會賢達名士如王導、謝安等均爭相攀附佛教高僧。

然而，格義的方式卻又有着很大的弊端，一旦用漢地原有的名詞以及思維方式去解讀翻譯的經典，很容易失去經典本身所要表達的內涵，最後理解的是玄學化的佛法。道安大師就對這一缺陷有深刻的體會：

考文以徵其理者，昏其趣者也。察句以驗其義者，迷其旨者也。何則？考文則異同每為辭，尋句則觸類每為旨。為辭則喪其平成之致，為旨則忽其始擬之義矣。[215]

隨着人們對格義化的般若學的不同理解，逐漸發展形成了六家七宗：

六家七宗	代表人物	主要觀點[216]
本無宗	竺法汰	理實無有為空，凡夫謂有為有，空則真諦，有則俗諦。
本無異宗	竺法深	

---

210 《高僧傳》卷4，《大正藏》50冊，第347頁上欄。
211 《老子》第四十章：「天下萬物生於有，而有生於無。」
212 《道行般若經》卷5，《大正藏》8冊，第450頁上欄。
213 《大明度經》卷3，《大正藏》8冊，第491頁下欄。
214 《摩訶般若鈔經》卷4，《大正藏》8冊，第525頁上欄。
215 《出三藏記集》卷7，《大正藏》55冊，第47頁中欄。
216 《肇論疏》卷1，《大正藏》45冊，第163頁上欄。

即色宗	支道林 （支遁）	色性是空為空，色體是有為有。
識含宗	于法開	離緣無心為空，合緣有心為有。
幻化宗	竺道壹	心從緣生為空，離緣別有心體為有。
心無宗	支敏度	邪見所計心空為空，不空因緣所生之心為有。
緣會宗	于道邃	色色所依之物實空為空，世流布中假名為有。

表 8.2 六家七宗代表人物及其主要觀點

　　六家七宗是在龍樹菩薩的相關著作傳入漢地之前，漢傳佛教僧人基於陸續翻譯過來的大小品《般若經》對於般若的不同認識。從表 8.2 所列各家的主要觀點可以看出，討論的核心主要是圍繞着對般若真義的理解。由於受時代因緣所限，當時的各家高僧對般若的理解不可避免的會受到玄學的思維習慣，以及格義的解經方法等因素的影響。例如最早提出六家之說的僧睿大師就認為六家學說都不能如實的揭示般若的內涵：

　　自慧風東扇，法言流詠已來，雖曰講肆，格義迂而乖本，六家偏而不即。[217]

　　僧睿大師認為只有他的恩師道安大師的「性空」學說最接近般若正義，但是仍然「鑪冶之功微恨不盡」，原因就是「當是無法可尋，非尋之不得也」，也就是說當新的般若經典，以及在如實揭示般若正見的《中論》、《百論》等論典尚未翻譯之前，學人只能就着「於識神性空明言處少，存

---

217 《出三藏記集》卷 8，《大正藏》55 冊，第 59 頁上欄。

神之文其處甚多」這樣格義化的舊有經典來學習。[218] 這一問題直到鳩摩羅
什大師來華之後才得到解決。

二、羅什來華及龍樹著作的傳譯

（一）般若經典的重新翻譯

鳩摩羅什大師於後秦弘始三年（401）被當時的國主姚興迎請到長安
逍遙園。在此後的八年時間內一共翻譯了大小乘經論三百八十多卷，其中
就包含大小品《般若經》。

《出三藏記集》記載了羅什大師翻譯大品《般若經》的情況：

於是興使沙門僧肇、僧略、僧邈等八百餘人諮受什旨，更令出《大
品》。什持胡本，興執舊經，以相讎校。其新文異舊者，義皆圓通。眾心
愜服，莫不欣讚焉。[219]

姚興讓八百多人跟隨羅什大師譯經，並且在翻譯的同時對照原有的舊
譯本，凡是新譯不同於舊譯的地方，在義理上都更加融暢。可見羅什大師
能夠更準確的將經典的意趣傳達出來。

羅什大師在譯經的時候力求準確，並用《大智度論》的譯文來校對大
品《般若經》的相關內容。但是，鑑於漢地語言與古印度語言體系的巨大
差異，大師仍然深感難以準確表達經文原貌：

初沙門慧叡，才識高朗，常隨什傳寫。什每為叡論西方辭體商略同異
云：「天竺國俗甚重文藻，其宮、商、體、韻以入弦為善。凡覲國王必
有讚德見佛之儀，以歌嘆為尊，經中偈頌皆其式也。但改梵為秦失其藻
蔚，雖得大意殊隔文體，有似嚼飯與人，非徒失味，乃令嘔穢也。」[220]

古印度語言尤其重視音韻、辭藻在文意表達中的作用，譯成漢語之後
只能了解其大意，「非徒失味，乃令嘔穢」。由此可見，對於現代學人來
說，借助梵語、藏語等語言學工具，對於準確理解經典大有裨益。

218《出三藏記集》卷8：「性空之宗，以今驗之最得其實，然鑪冶之功微恨不盡。當是無法可尋，非尋之不得也。何以知之？此土先出諸經，
　　於識神性空明言處少，存神之文其處甚多，中百二論文未及此，又無通鑑誰與正之。」（《大正藏》55 冊，第 59 頁上欄）
219《出三藏記集》卷 14，《大正藏》55 冊，第 101 頁中欄。
220《出三藏記集》卷 14，《大正藏》55 冊，第 101 頁下欄。

（二）龍樹著作的翻譯及其影響

　　龍樹菩薩曾撰《中論》、《十二門論》、《七十空性論》、《六十頌如理論》等多部詮釋般若思想的著作。其中的《中論》、《十二門論》經羅什大師譯入之後，引發了漢地研學般若的熱潮。

　　對於《中論》的特點及其對漢地的影響，僧睿大師有一段精彩的描述：

　　《中論》有五百偈，龍樹菩薩之所造也。以中為名者，照其實也；以論為稱者，盡其言也……故知大覺在乎曠照、小智纏乎隘心，照之不曠則不足以夷有無、一道俗，知之不盡則未可以涉中途、泯二際，道俗之不夷、二際之不泯，菩薩之憂也。是以龍樹大士，析之以中道，使惑趣之徒望玄指而一變；括之以即化，令玄悟之賓喪諮詢於朝徹。蕩蕩焉，真可謂坦夷路於沖階、敞玄門於宇內，扇慧風於陳枚、流甘露於枯悴者矣。[221]

　　般若經典是佛陀證悟境界的呈現，在佛陀滅度之後，對於大多數修學者，如果沒有對空性等核心概念進行思辨性的學習，往往很難直接契入經典所要傳達的佛陀本懷。青目論師提到，在印度就存在過錯解般若的情形：

　　佛滅度後，後五百歲像法中，人根轉鈍、深著諸法，求十二因緣、五陰、十二入、十八界等決定相，不知佛意但著文字，聞大乘法中說畢竟空，不知何因緣故空，即生疑見：「若都畢竟空，云何分別有罪福報應等？如是則無世諦、第一義諦。」取是空相而起貪著，於畢竟空中生種種過。龍樹菩薩為是等故，造此《中論》。[222]

　　龍樹菩薩用中道思想來闡釋性空、實相、無我的真義，一掃以前對於般若的種種誤解，「睹斯論之宏曠，則知偏悟之鄙倍」。此外，被譽為「解空第一」的僧肇大師就在《不真空論》中針對當時關中地區流行的心無宗、即色宗、本無宗三家思想進行了針對性的回應：

　　心無者，無心於萬物，萬物未嘗無。此得在於神靜，失在於物虛。

　　即色者，明色不自色，故雖色而非色也。夫言色者，但當色即色，豈待色色而後為色哉？此直語色不自色，未領色之非色也。

221《中論》卷1，《大正藏》30冊，第1頁上欄。
222《中論》卷1，《大正藏》30冊，第1頁中欄。

本無者，情尚於無多，觸言以賓無。故非有，有即無；非無，無亦無。尋夫立文之本旨者，直以非有非眞有，非無非眞無耳。何必非有無此有，非無無彼無？此直好無之談，豈謂順通事實，即物之情哉！[223]

在僧肇大師看來，心無宗認為只要「無心於萬物」就是空，而不管所認識的萬物本身是否為空，所以説他「失在於物虛」。對於即色宗，從「色」的緣起無自性的角度來説空，仍然是經過推論得出的空，並沒有能夠從當下直觀到「色之非色」，故而「不知色本是空，猶存假有也」[224]。對於本無宗，認為心與色都是絕對的空無，所謂「理實無有為空」，在破「有」的同時把「非無」也否定了，就滑向了絕對的無。後僧肇大師總結説：「欲言其有，有非真生。欲言其無，事象既形。象形，不即無；非真，非實有。然則不真空義，顯於茲矣！」[225]

自從羅什大師來華之後，伴隨着大量的經典，特別是大小品《般若經》以及龍樹菩薩及提婆菩薩相關論著的準確翻譯，結束了幾百年來格義佛教的傳統，以及六家七宗式的解讀方式，「真可謂坦夷路於沖階、敞玄門於宇內」。可以説如果沒有龍樹菩薩論著的及時翻譯，漢傳佛教的般若學理論必將在原有的「偏而不即」的解讀道路上摸索更長的時間。

羅什大師廣開法筵，在他門下求學的義學沙門最多的時候達到三千多人，極一時之勝。除了翻譯經典，教授弟子之外，羅什大師還著有《實相論》以及與慧遠大師通過書信（《大乘大義章》）來進一步闡釋龍樹菩薩的中道思想。其弟子也是能人輩出，最著名的就是被稱為「關中四傑」的僧肇、僧睿、道融、道生。其中以僧肇大師的《不真空論》、《物不遷論》、《般若無知論》、《涅槃無明論》（合稱《肇論》）影響最大。羅什大師圓寂之後，他的弟子各自弘化一方，進一步促進了龍樹中道思想的傳播，對隋唐時期大乘佛法的興盛以及八大宗派的形成都產生了深遠的影響。

三、龍樹菩薩對漢傳佛教八宗的影響

---

223 《肇論》，《大正藏》45 冊，第 152 頁上欄。
224 《肇論疏》卷 1：「此林法師但知言，色非自色，因緣而成，而不知色本是空，猶存假有也」。（《大正藏》45 冊，第 171 頁下欄）
225 《肇論》，《大正藏》45 冊，第 152 頁下欄。

　　魏晉時期的佛教高僧及知識分子，脫離了落後的神學經學的束縛，養成了開放的心胸和寬廣的視野。得益於大乘經論的不斷完備，隨着學人學習側重的不同，在進入南北朝時期就逐漸形成出學派林立的局面，如著名的涅槃師、成實師、地論師、攝論師、三論師等。這些祖師後代的弟子也多傳習其所研習的經論，宗派在這種情況下便逐漸形成。關於漢傳佛教的宗派，太虛大師在《佛學概論》中有如下介紹：

　　宗派之成立，首為大乘三論宗或四論宗，以《中論》、《十二門論》、《百論》或兼《大智度論》為主也。同時有小乘之成實宗，以《成實論》為主。已而有涅槃宗、後歸天台，地論宗後歸華嚴，攝論宗後歸法相。異軍突起者，則有達摩菩提西來傳佛心印之禪宗。而新舊譯之《俱舍論》，則成俱舍宗。所譯諸律雖並行，後漸趨重四分律，至唐道宣成南山律宗。據法華而為綜合之開建者，則為由慧文、慧思，到天台智者之天台宗。由不滿舊譯而赴印研求者，則有玄奘東歸後所傳之法相宗。繼是而更為綜合之開建者，則有杜順、智儼到賢首之華嚴宗。淨土宗則萌芽於廬山慧遠之蓮社，成立於唐之善導，而殿以唐開元間善無畏等傳來之密宗，禪宗亦至唐初曹溪慧能而始確然成立。除俱舍、成實二宗與四分律宗為小乘外，餘均大乘宗派，總稱十三宗。而涅槃、地論、攝論歸入天台等後，則為十宗。四分律蛻化為融小成大之南山宗，乃歸結為大乘八宗與小乘二宗。[226]

　　這裏太虛大師介紹了漢地大乘八宗和小乘二宗的形成情況，在大乘佛法盛行的漢地，小乘二宗所受關注度相對不大。因此，通常意義上，以大乘八宗作為漢傳佛教宗派的代表，即天台宗、華嚴宗、三論宗、慈恩宗、禪宗、淨土宗、律宗、密宗。龍樹菩薩則被後世稱為「八宗共祖」，即漢傳佛教八宗的共同祖師。

1、天台宗

　　天台智者大師在《摩訶止觀》卷一中就曾經引用《付法藏因緣傳》歷

226《太虛大師全書》第一卷，第15頁。

數西天得法的二十四位祖師，從摩訶迦葉尊者一直到師子尊者，其中龍樹菩薩為西天第十三祖。[227]

南宋沙門士衡所撰《天台九祖傳》將龍樹菩薩列為天台宗高祖：

高祖龍樹菩薩

二祖北齊尊者

三祖南嶽尊者

四祖天台教主智者大師

五祖章安尊者

六祖法華尊者

七祖天宮尊者

八祖左溪尊者

九祖荊溪尊者 [228]

天台宗祖師北齊慧文禪師曾在閱讀龍樹菩薩著作《大智度論》和《中論》時獲得體悟，領略了一心三觀之理，於是奉龍樹菩薩為祖師，並將其所悟之法傳予南嶽慧思禪師。《佛祖統紀》中記載：

師夙稟圓乘，天真獨悟，因閱《大智度論》（第三十卷）引《大品》云：「欲以道智具足道種智，當學般若……實一切一時得，此中為令人信般若波羅密故，次第差別說……」師依此文以修心觀，論中三智實在一心中得。且果既一心而得，因豈前後而獲？故此觀成時證一心三智，雙亡雙照即入初住無生忍位。師又因讀《中論》（《大智度論》中觀一品）至「四諦品」偈云：「因緣所生法，我說即是空，亦名為假名，亦名中道義。」恍然大悟，頓了諸法無非因緣所生，而此因緣有不定有，空不定空，空有不二，名為中道。師既一依釋論，是知遠承龍樹也……師以心觀口授南嶽，嶽盛弘南方。[229]

本段具體講到，慧文禪師在閱讀《大智度論》中關於一切智、道種智、一切種智這三智可以在一心之下而得，從而領悟了一心三智之理，後又閱讀《中論》「眾因緣生法，我說即是無，亦為是假名，亦是中道義」，[230]

---

227 《摩訶止觀》卷 1，《大正藏》46 冊，第 1 頁上欄。
228 《天台九祖傳》，《大正藏》51 冊，第 97 頁上欄。
229 《佛祖統紀》卷 6，《大正藏》49 冊，第 178 頁中欄。
230 《中論》卷 4，《大正藏》30 冊，第 33 頁中欄。

了悟中道，開啟了一心三觀的法門。南嶽慧思禪師繼承了慧文禪師一心三觀的法門，並在此基礎上證得了法華三昧，傳予智者大師。《摩訶止觀》中也記載到：「智者《觀心論》云：『歸命龍樹師。』驗知龍樹是高祖師也。」[231]

2、華嚴宗

華嚴宗依《華嚴經》立宗，據華嚴宗祖師法藏大師《華嚴經探玄記》記載，《華嚴經》正是龍樹菩薩取出並廣弘於世。

故西域相傳，龍樹菩薩往龍宮見《大不思議解脫經》有三本：上本有十三千大千世界微塵數頌四天下微塵數品；四中本者，有四十九萬八千八百偈一千二百品，此上二本並秘在龍宮，非閻浮提人力所受持故此不傳；五下本者，有十萬頌三十八品，龍樹將此本出現傳天竺，即攝論百千為十萬也。西域記說：在于闐國南遮俱盤國山中具有此本。[232]

另外，龍樹菩薩還撰寫了解釋《華嚴經‧十地品》的《十住毗婆沙論》，蕅益大師在《閱藏知津》中認為「此論是釋《華嚴‧十地品》之初二地也」。[233]據《八宗綱要鈔》記載，北宋華嚴宗僧人淨源曾奉詔記錄華嚴宗七祖，其中正式將龍樹菩薩奉為二祖：

第一馬鳴菩薩，第二龍樹菩薩。第三震旦元祖杜順禪師，是文殊應跡，居終南山，製《華嚴法界觀》、《五教止觀》、《十玄章》等流通此宗，諡號帝心尊者。第四智儼禪師，承杜順師盛弘此宗，製作多多，居雲華寺，號雲華尊者。第五香象大師，稟智儼禪師，廣敷華嚴，一朝國師，四海重寶，講經感天雨花，開義口出五光，大唐則天皇后諡號賢首菩薩……此之七祖淨源法師奉敕記之。[234]

3、三論宗

三論宗以「三論」立名，這三論即是龍樹菩薩著作的《中論》、《十二門論》和提婆菩薩的《百論》，龍樹菩薩對於三論宗的重要意義自不必說。

231《摩訶止觀》卷1，《大正藏》46冊，第1頁中欄。
232《華嚴經探玄記》卷1，《大正藏》35冊，第122頁中欄。
233《閱藏知津》卷34，《嘉興藏》32冊，第138頁上欄。
234《八宗綱要鈔》卷2，《大藏經補編》32冊，第83頁上欄。

這三部典籍均由鳩摩羅什大師譯入漢地。大師上承龍樹菩薩、提婆菩薩、羅睺羅、青目和須利耶蘇摩等祖師，下啟僧肇、僧朗、僧詮、法朗、吉藏等祖師。由此可知，龍樹菩薩不僅是三論宗宗依典籍的作者，也是不間斷師承關係的祖師。

4、慈恩宗

　　漢地的慈恩宗以學習法相唯識學為主，開創者為玄奘大師，繼承者為窺基大師。慈恩宗實際上是繼承了印度佛教的瑜伽行派。瑜伽行派重點學習的經論有《解深密經》、《瑜伽師地論》、《攝大乘論》、《唯識三十頌》等。瑜伽行派的實際開創者無著菩薩、世親菩薩的生平晚於龍樹菩薩，他們也都曾學習過龍樹菩薩的著作。無著菩薩還撰寫了《順中論》來解釋龍樹菩薩的《中論》。儘管瑜伽行派與中觀派有很多辯論，但他們都認同龍樹菩薩，辯論分歧則在於如何對龍樹菩薩所傳遞的思想進行準確的詮釋。因此，瑜伽行派也將龍樹菩薩奉為祖師。基於此，繼承了印度佛教瑜伽行派的漢地慈恩宗，也自然追奉龍樹菩薩為祖師。又龍樹菩薩撰《方便心論》，闡述了佛教因明學，其內容也為瑜伽行派祖師所繼承和發展。

5、禪宗

　　唐末曹洞宗禪師智炬在《雙峰山曹侯溪寶林傳》中，承接《付法藏因緣傳》中的二十四祖，將菩提達摩大師列為第二十八祖，並將慧可大師列為第二十九祖，僧璨大師列為第三十祖。後宋契嵩在《傳法正宗記》中對之繼承，並增加至慧能尊者為第三十三祖，該傳承譜系一直為禪宗所流傳，其中第十四祖即為龍樹菩薩。

　　在禪宗典籍當中，龍樹菩薩的觀點、事蹟也多被引用以詮釋佛理，如《宗鏡錄》：

　　龍樹云：「諸法不自生，亦不從他生，不共不無因。」更就譬檢，為當依心故有夢？依眠故有夢？眠法合心故有夢？離心離眠故有夢？若依心

有夢者……四句求夢尚不得，云何於眠夢見一切事？心喻法性，夢喻賴耶。[235]

這裏以龍樹菩薩《中論》中諸法「不自生、不他生、不共生、不無因生」的無生之理引出對心、眠、夢的譬喻分析，從而去思擇心與現實世界的實相。

6、淨土宗

在傳統意義上，淨土宗被認為是三根普被的易行道，該觀點的來源即是龍樹菩薩的《十住毗婆沙論》，龍樹菩薩也因此被奉為淨土宗的祖師。

佛法有無量門，如世間道有難有易，陸道步行則苦，水道乘船則樂。菩薩道亦如是，或有勤行精進，或有以信方便易行疾至阿惟越致者。如偈說：「東方善德佛，南栴檀德佛，西無量明佛，北方相德佛，東南無憂德，西南寶施佛，西北華德佛，東北三行佛，下方明德佛，上方廣眾德，如是諸世尊，今現在十方，若人疾欲至，不退轉地者，應以恭敬心，執持稱名號。」菩薩欲於此身得至阿惟越致地成就阿耨多羅三藐三菩提者，應當念是十方諸佛稱其名號。[236]

在這裏龍樹菩薩明確將念佛求生淨土判為易行道，這一點也成為漢地淨土宗的重要觀念。另外，如前文已述，往生咒也是由龍樹菩薩夢中感得而弘揚。相關典籍中也記載曇鸞大師曾感得龍樹菩薩示現接引其往生淨土。

一夕正持誦，次忽一梵僧昂然入室曰：「吾龍樹也，所居者淨土焉。以汝有淨土之心故來見汝。」鸞曰：「何以教我？」樹曰：「已去不可及，未來未可追，現在今何在，白駒難與回。」言訖而失。鸞以所見勝異，必知死期至矣，即集眾盛陳教誡，因令高聲唱阿彌陀佛。鸞乃西向瞑目而終。一眾同聞管弦絲竹之聲由西而來，良久乃寂。[237]

曇鸞大師是淨土宗祖師，臨終之前在用功時見到龍樹菩薩前來點化他。龍樹菩薩稱自己已在淨土，並為曇鸞講解了三世不可得之理。後曇鸞信心倍增，精進念佛，安詳圓寂。

235《宗鏡錄》卷 38，《大正藏》48 冊，第 639 頁上欄。
236《十住毗婆沙論》卷 5，《大正藏》26 冊，第 41 頁中欄。
237《樂邦文類》卷 3，《大正藏》47 冊，第 194 頁中欄。

7、律宗

　　漢地的律宗即南山宗，因其開創者道宣律師曾在終南山隱居修行而得名。南山律宗以研學《四分律》為主，並在此基礎上會通諸部廣律，在義理上引入唯識學「種子」理論詮釋戒體，將聲聞律分通大乘。從其所尊唯識學義理的角度來講，瑜伽行派的思想根源之一即是龍樹菩薩所詮釋的空性觀，因此繼承了唯識學思想的道宣律師所開創的南山律宗，在理論體系上也應遠承龍樹菩薩。另外，從聲聞律本身的角度來看，龍樹菩薩在律學傳承上也是後代聲聞律學習者的祖師，如僧祐在《出三藏記集》的「薩婆多部記目錄序」中即將龍樹菩薩列為第三十四祖。[238]

　　龍樹菩薩的著作在律宗祖師當中也多有引用，如道宣律師在《四分律刪繁補缺行事鈔》中引用《大智度論》七十餘次，引用《十住毗婆沙論》十餘次。

8、密宗

　　如前文所述，在唐密諸典籍中記載，龍樹菩薩開啟了南天鐵塔，親見金剛薩埵本尊，獲得了金剛薩埵的灌頂，並將密法帶出鐵塔弘揚於世。

　　漢地密宗的正式形成應是始於開元三大士——金剛智、不空、善無畏。這三位祖師曾於開元年間來到漢地弘揚密法。據《佛祖統紀》記載：「國師金剛智，西土人，親傳龍智阿闍梨法，唐開元七年抵南海廣州以聞。」[239] 可知，金剛智為龍智的親傳弟子。又前文已述，唐密典籍中記載龍智便是龍樹菩薩的密法傳承弟子。

　　「國師不空，西域人，幼隨叔父觀光上國，值金剛智從之傳瑜伽義，智授梵本聲明論，旬日成誦，奇之，引入金剛道場，驗以擲華，謂為勝己。」[240] 可知，不空三藏跟隨金剛智學習密法，得到金剛智的盛讚。又善無畏曾在那爛陀寺親近達摩掬多尊者，並奉其為師：

　　初詣那爛陀寺，此云施無厭也，像法之泉源，象聖之會府。畏乃捨傳國寶珠，瑩於大像之額，晝如月魄，夜若曦輪焉。寺有達摩掬多者，掌定

---

238 《出三藏記集》卷 12，《大正藏》55 冊，第 89 頁中欄。
239 《佛祖統紀》卷 29，《大正藏》49 冊，第 295 頁中欄。
240 《佛祖統紀》卷 29，《大正藏》49 冊，第 295 頁下欄。

門之秘鑰，佩如來之密印。顏如四十許，其實八百歲也。玄奘三藏昔曾見之。畏投身接足，奉為本師。[241]

印順法師在《以佛法研究佛法》中提到：「傳說達摩鞠多就是玄奘在北印度磔迦國所見的長壽婆羅門，也就是龍智。」[242] 總之，漢傳佛教密宗的傳承與龍樹菩薩分不開關係，自然也奉龍樹菩薩為祖師。

四、小結

為何漢傳佛教諸宗尤為推重龍樹菩薩，乃至八宗皆尊其為祖師？

首先，龍樹菩薩在印度就是大乘佛法興盛的領頭人，是佛陀滅度之後扛起大乘佛法旗幟的關鍵祖師，在一定意義上是大乘佛法的符號，對印度大乘佛法的發展產生了深遠的影響。漢傳八宗都一致尊奉和實踐大乘佛法，因而龍樹菩薩也深刻影響了漢傳八大宗派。

第二，龍樹菩薩的代表性著作《中論》在東晉時期由鳩摩羅什大師譯入漢地。《中論》的翻譯和弘揚，一方面使得學人能夠如實知見般若經典的深義，另一方面也得以從認識論的角度檢討凡夫眾生「以名求實」的認知方式，批駁認為名言所指有其實物的錯誤認知。正因如此，《中論》等龍樹菩薩的思想在漢地扎下了根並且得到了追求真理人士的廣泛關注和認同，同時也影響了後期的學派化及宗派化佛教的形成和發展。

第三，龍樹菩薩著作等身，所通法門眾多。可以說，龍樹菩薩是通才而非某一領域的專才。龍樹菩薩不僅對般若中道的實相觀進行了闡述，還揭示淨土的易行道，註釋《華嚴經》，開演佛性之理。龍樹菩薩還擅長咒語，傳承密法，在服務社會上也有諸多方便。龍樹菩薩個人對後世的影響力之大，既體現在影響方面的廣泛，也體現在影響力的深入。漢地諸宗對龍樹菩薩追認的背後，正是他全面影響力的展現。

第四，大乘佛法相比傳統意義上的聲聞乘佛法，更強調自利利他的精神。「上報四重恩，下濟三途苦」，在大乘教法當中，修行者不能只求個人

---

241 《宋高僧傳》卷 2，《大正藏》50 冊，第 714 頁下欄。
242 釋印順：《以佛法研究佛法》，載《印順法師佛學著作全集》第七卷，北京：中華書局，2009 年，第 174 頁。

解脫，而是要報父母、眾生、國主和三寶的恩德，同時幫助一切眾生。漢地傳統上就比較強調「心繫蒼生」的觀念，因而龍樹菩薩身上所展現出的這種大乘佛法心懷天下的發心，在漢地文化下更容易得到支持和推崇，受到漢傳佛教的一致追奉。

第二節　龍樹菩薩對藏傳佛教的影響

一、中觀見的基石作用

藏傳佛教盛行大乘佛法，儘管不同部派的修行方式有所不同，但都非常重視般若中道思想。中觀見既是顯教的大乘正知見，也是密法修習的基礎。藏傳佛教有「二勝六莊嚴」的說法，其中「六莊嚴」為首即是龍樹菩薩，體現出藏傳佛教對龍樹菩薩所詮釋的中道思想的極大重視。

藏傳佛教的發展史可分為前弘期和後弘期兩個階段。前弘期即公元七世紀至九世紀，有大量的印度、漢地等地僧人前往藏區弘法、譯經、講學。其中，寂護、蓮花生、蓮華戒、無垢友等影響很大。尤其是寂護和蓮華戒在弘揚中觀學方面有很大貢獻。如《世界佛教通史》認為：

後世藏傳佛教信徒都將各大寺院內設立的顯宗學院的前身追溯到吐蕃時期的桑耶寺，可以說，寂護在吐蕃所開創的大乘佛教顯宗理論即中觀思想，始終是藏傳佛教前弘期的主流佛學思想。[243]

可見，藏傳佛教前弘期的主流佛學思想即是般若中觀思想。據記載，當時藏王赤松德贊曾下令日後的佛法知見的抉擇以龍樹菩薩教理為準。

墀松王又一次鄭重宣布，謂今後正見，須依龍樹菩薩之教理。[244]

後弘期可認為是十世紀起至今。經歷了朗達瑪滅佛事件，後弘期的藏傳佛教最初以恢復經論典籍等為要，在這個過程中，《中論》的講說與註疏依然得到了很大的重視，如噶當派祖師阿底峽尊者就曾參與翻譯了《中

---

243 魏道儒主編：《世界佛教通史》第七卷，北京：中國社會科學出版社，2006 年，第 83 頁。
244 班班多傑：《拈花微笑》，西寧：青海人民出版社，1998 年，「引言」第 2 頁。

觀心要釋思擇焰》，並為之做釋，即《中觀教授廣略釋》，也翻譯了《中觀心論的解釋》、《中觀優波提舍》等論著。

後弘期也是藏傳佛教現存各大宗派逐漸形成和蓬勃發展的時期。其中，傳承來源於前弘期而立宗於後弘期的寧瑪派，其九乘判教中的最高乘「大圓滿阿底瑜伽」，被認為：「大圓滿法具稱『自性大圓滿光明金剛藏無上乘』，以頓證心性光明（亦稱自然智、金剛身）為宗，全體為一基於中觀見的真心現起論。」[245] 可見，中觀見是真心現起論的基礎。噶舉派的核心修法之一「大手印」也是基於般若中思想而展開，「大手印常被稱為『大中道』或『大中觀勝義有見』，意謂其基於中觀學而又高出中觀學」[246]。又格魯派尊中觀應成見，宗喀巴大師曾撰《入中論善顯密意疏》，並於開篇寫到，「然此言『中觀』，當知唯是（龍樹）《中觀論》，勿作餘中觀論及中觀義解」[247]，表達了對龍樹菩薩《中論》的繼承。

儘管後代中觀論師對龍樹菩薩的《中論》有不同的解讀，在印度分為中觀自續派、中觀應成派，包括瑜伽行派雖與中觀派有辯論，但他們都同樣秉持對龍樹菩薩的繼承。這些不同的觀點傳入藏傳佛教，不同的部派也對之有不同的繼承。本文對此不進行評判，但從各部派對龍樹菩薩的推崇可以見到，龍樹菩薩闡揚的佛陀般若中道思想，確實對藏傳佛教產生了很大的影響，並且得到了廣泛的繼承與發揚。

二、密法傳承的重要祖師

在本文研究所選取的藏傳佛教傳記當中，有多處記載龍樹菩薩在密法修行的成就。如《密宗大成就者奇傳》記載他修持「大鵬鳥法、作明佛母法、九夜剎法和馬哈嘎拉」，[248]《七系付法傳》記載他「修大孔雀佛母大黑天等，成就丸藥、安膳那藥（隱形眼藥）、寶劍、捷足、攝取精華、開伏藏等多種悉地」[249] 等，前文已對此進行敘述，這裏不再詳細介紹。

---

245 陳兵：《佛教心理學》，陝西：陝西師範大學出版社總社，2018 年，第 311 頁。
246《佛教心理學》，第 305 頁。
247《入中論善顯密意疏》卷 1，《大藏經補編》9 冊，第 622 頁上欄。
248《聖行集萃》，第 176 頁。
249《七系付法傳》卷 1，《大正藏補編》11 冊，第 10 頁上欄。

密法修持尤重師資傳承，傳記中也有龍樹菩薩將其所修密法傳予弟子的記載，如《師師相承傳》中記載：

梵語名為那迦菩提，在藏語為魯衣絳秋（義為龍菩提）的這位大德，他依阿闍黎龍樹的教授精修，證得虹身金剛身，在吉祥山等靜修聖地安住，攝受無數勇士空行，及具緣信眾。[250]

他將從聖龍樹前得來的耳傳諸教授，完全傳授給獲得成就大師德洛巴，並對其他許多具緣信眾，也廣弘耳傳教法。[251]

他降生在印南，當縛那的分區名鵝游的地方中。身入佛門出家受比丘戒，精研三藏及四部密續教義，由此通達如海般的自他各宗教理。他依止聖龍樹座前，聽受了所有顯密諸教授而努力精修，以此獲得成就，親見至尊文殊本尊，並由道次第邁進，而獲得很高果位。[252]

該傳記中記載的上述龍樹菩薩弟子，皆因聽聞龍樹菩薩的教授，或證得虹身成就，或廣傳教法，或親近本尊等等。

又《密宗大成就者奇傳》記載夏瓦日巴在龍樹菩薩前求得勝樂金剛頂，並修持開悟，獲得了金剛持的果位，並開啟了如下的傳承「夏瓦日巴——樂耶巴——馬匝嘎巴——馬爾樂巴——那洛巴——小祖布巴——羅薩拉巴塔」。[253]

《八十四大成就者傳》中記載，龍樹菩薩為提婆菩薩授予「密集金剛」的灌頂，並對其修行給予了很多的竅訣指導。多羅那他《印度佛教史》記載了龍樹菩薩的密法傳承弟子提婆、龍智（又稱龍覺）、佉婆，《七系付法傳》提及其傳承弟子舍婆梨大師。相關內容已在第五章介紹，此處不再詳述。這些是藏傳佛教傳記中所記載的關於龍樹菩薩在密法傳承中的重要貢獻。

三、廣學五明的菩薩修行

菩薩修行並非只求個人解脫，而是要「智不住生死，悲不住涅槃」，

250《菩提道次第師師相承傳》，第 158 頁。
251《菩提道次第師師相承傳》，第 159 頁。
252《菩提道次第師師相承傳》，第 160 頁。
253《聖行集萃》，第 183 頁。

幫助一切眾生解脫痛苦，共成佛果。因此，菩薩修行尤為重視六度四攝，即在與眾生互動的過程當中練習放下慳貪、制伏過失、正視困境、防範懈怠、減少散亂和愚癡，並與眾生廣結善緣，設身處地的幫助眾生。五明的學習即是菩薩踐行六度四攝的體現之一。

事實上，五明即代表着世出世間一切利益眾生的方法。龍樹菩薩尤為重視五明，其所著《菩提資糧論》中「工巧等明及餘事，皆以愛語授與之」、[254]「諸論及工巧，明術種種業，利益世間故，出生建立」[255] 等論述也都傳遞出這種精神。其一生當中也有諸多踐行菩薩精神的事蹟，即是其修行六度四攝的體現，如傳記中記載的使用咒術與婆羅門鬥法、輔佐國王以及通過點石成金來接濟貧苦眾生等。另外，《布頓佛教史》中記載，龍樹菩薩在醫方明方面也留下著作如《配方百論》、《醫經》，關於星算占卜方面也有著作《緣起所生學術真實性論》。

因此，龍樹菩薩踐行菩薩道，博通五明，廣行六度四攝，既為後來的藏傳佛教樹立了榜樣，也留下了諸多五明類著作被翻譯為藏文，收錄在藏文大藏經中。這也是龍樹菩薩對藏傳佛教的重要影響之一。

第三節　總結

漢傳佛教和藏傳佛教在核心義理的闡釋上有很多相同之處，其中以般若中觀導歸如來藏的觀念更是對漢藏諸多宗派產生了重大影響。中觀學以破除名言所執自性為要，名言自性破除之後即顯示出眾生本具、萬法一如、不生不滅、具足無量大用的如來藏。如《勝鬘經》所載：

如來藏處，說聖諦義。如來藏處甚深故，說聖諦亦甚深，微細難知，非思量境界，是智者所知，一切世間所不能信。[256]

如來藏微細難知，並非思量所及的境界，但凡夫又強烈依賴名言思維的認知方式，中觀則恰好能夠對治這種方式，它借用名言反思名言認知的

---

254 《菩提資糧論》卷 2，《大正藏》32 冊，第 523 頁下欄。
255 《菩提資糧論》卷 5，《大正藏》32 冊，第 533 頁下欄。
256 《勝鬘師子吼一乘大方便方廣經》卷 1，《大正藏》12 冊，第 221 頁中欄。

局限，從而達到放棄名言認知的效果。徹底放棄這種方式之後，便能夠現量體認如來藏。

如來藏也通常被稱為真如心、自性清淨心、法界實相等，如龍樹菩薩在《讚法界頌》所述：

法界煩惱覆，真如理難顯，圓寂體光潔，輪迴不能染。勤求趣法界，輪迴非能掩，如米糠纏裹，穀體米非無。煩惱覆真如，真如煩惱有，如穀去其糠，米體自然見，若離煩惱糠，法界理方顯。[257]

本性清淨光明的如來藏，不會被輪迴煩惱所染，但由於煩惱的覆蓋而不能顯現，就像糠包裹着米一樣，修行則是去除外表的糠，讓本來存在的清淨米體顯現出來。

漢藏兩系佛教的關鍵區別還是在於修行方式、法門的不同，以及不同文化背景下的弘法方式、組織形式的不同。因此，同為弘揚大乘佛法的漢傳佛教與藏傳佛教，二者對龍樹菩薩這位大乘佛法的代表者都給予了極高的評價，並且在義理、實修等方面對龍樹菩薩進行研究、繼承、弘揚。

龍樹菩薩的中道思想得到漢地諸宗和藏傳諸派的一致推崇，兩地皆認為他揭示了佛陀本懷，並且認同中觀學是開啟大乘佛法之門的必要條件，這一點尤為側重義理詮釋的宗派所繼承。同時，龍樹菩薩對眾多法門有所開演，包括念佛、持咒等，這一點主要為側重實修法門的宗派所繼承。又龍樹菩薩博通五明，深入社會，廣泛利眾，其菩薩行更是成為漢藏二地的行持榜樣。

---

257 《讚法界頌》卷 1，《大正藏》32 冊，第 754 頁下欄。

第九章

| 地理考證 |

　　本章從《龍樹菩薩傳》、《大唐西域記》、《布頓佛教史》、《印度佛教史》等十本佛教傳記和文獻中，梳理了與龍樹菩薩生平相關的若干地點，涉及的重要事件包括出生、出家、求取大乘經典、開南天鐵塔、弘法、圓寂等。從文獻中整理相關的地點線索，並根據考古和現代地理等信息進一步考證，從而呈現一個更加真實、完整的龍樹菩薩。

第一節　出生地

一、傳記文獻

　　關於龍樹菩薩的出生地，通過對各傳記的梳理，發現共十處記載，詳見表 9.1。

傳記	方位	地點	文章相關信息
布頓佛教史	南方	貝達壩	佛世尊滅度後，過了四百年，南方「貝達壩」城有一富有的婆羅門……生一男孩。[258]
	南方	仙人禿頭城，具福城大沙河北岸扎果堅	《大雲經》中説：「於南方仙人禿頭城中……在具福城大沙河美麗富饒的北岸，甘蔗王種地區中，有『離遮毗』童子。」[259]

---

258 《布頓佛教史》，第 185 頁。
259 《布頓佛教史》，第 190 頁。

密宗大成就者奇傳	南方	貝塔爾	龍樹菩薩降生在印度南方貝塔爾，種姓為婆羅門。[260]
師師相承傳	南方	毗達婆	這在《楞伽經》中說：「南方毗達婆，具德大比丘，其名稱龍字，能破有無邊。於世宣我教，無上大乘法，成就歡喜地，往生極樂剎。」[261]
	南方	毗達婆	聖龍樹降生在什麼地方呢？在印度南方，有地名毗達婆，其地有一大婆羅門缺乏子嗣。[262]
七系付法傳	南方	吠陀婆國	薩囉訶之弟子即龍樹阿闍黎，師生於南方吠陀婆國婆羅門種姓家。[263]
龍樹菩薩傳	南天竺		龍樹菩薩者，出南天竺梵志種也。[264]
付法藏因緣傳	南天竺		託生初在南天竺國，出梵志種大豪貴家。[265]
八十四大成就者傳[266]	東部	康奇國卡厚惹	婆羅門龍樹是東部康奇國卡厚惹地方的人。[267]

---

260 《聖行集萃》，第 175 頁。
261 《菩提道次第師師相承傳》，第 145 頁。
262 《菩提道次第師師相承傳》，第 148 頁。
263 《七系付法傳》卷 1，《大藏經補編》11 冊，第 10 頁上欄。
264 《龍樹菩薩傳》，《大正藏》50 冊，第 184 頁上欄。
265 《付法藏因緣傳》卷 5，《大正藏》50 冊，第 317 頁中欄。
266 需要說明的是，《金剛歌・八十四大成就者傳》中提到了印度歷史上可能有四位龍樹，其中對三位龍樹的出生地進行了說明，如果要探究龍樹的出生地，需要認真辨別歷史上同名異人的情況。文中提到煉金龍樹出生在索姆那斯附近的戴哈克堡，在康奇還有一位並不是特別出名的龍樹。詳見《金剛歌・八十四大成就者傳》第 166、167 頁。
267 《金剛歌・八十四大成就者傳》，第 155 頁。

傳法正宗記	西天竺		龍樹大士者，西天竺國人也。[268]

表 9.1 龍樹菩薩出生地點信息表

在這十處記載中，有八處都指向了印度南方，其中六處有具體的地名：貝達壩、仙人禿頭城、貝塔爾、毗達婆（出現兩次）、吠陀婆。除了仙人禿頭城，其餘地名發音相近，有可能是同一個地方。在《七系付法傳》的英譯本中該地名為「Vidarbha」（今譯維達巴）[269]。維達巴在古代名為貝拉爾（Berar，馬拉地語中的 Varhad）[270]，這與文獻中「貝塔爾」的發音相近。因此，根據這些文獻資料，可以把龍樹菩薩的出生地暫時定位於維達巴。

二、考證

1、維達巴（Vidarbha）

維達巴位於今印度中部馬哈拉施特拉邦（Maharashtra）的東北地區，在古代屬於南印度。其中維達巴的那格浦爾市（Nagpur）有多處佛教遺址，Anil Kumar Gaikwad 博士在其著作 *Discovery of Nāgārjuna and Mansar-Ramtek* 中引用種種考古證據證明龍樹與那格浦爾有着密切的聯繫。

Anil Kumar Gaikwad 說，位於那格浦爾的 Mansar-Ramtek 佛教遺址中有一處地點，在古代名為龍樹山或龍樹洞（Nāgārjuna Hill、Nāgārjuna Tekdi 或 Nāgārjuna Cave），傳說是龍樹菩薩冥想的地方。[271] 也許是後人為表紀念，將該地以龍樹菩薩的名字來命名，這在一定程度上增加了維達巴是龍樹菩薩出生地的可能性。

2、卡拉德（Karād）

現有的大部分傳記都記載龍樹菩薩出生於南印度或維達巴地區，而

268 《傳法正宗記》卷 3，《大正藏》51 冊，第 727 頁上欄。

269 多羅那他著，David Tempman 譯：*The Seven Instruction Lineages*, Library of Tibetan Works & Archives, 2007, P26.

270 Zodape, *Nishant Sunil: Archaeology of Buddhism in Vidarbha Region Vidarbha Maharashtra*, Visva Bharathi University, 2019, P2.

271 Dr. Anil Kumar Gaikwad: *Discovery of Nagarjuna and Mansar-Ramtek*, Bodhisattva Nagarjuna Smarak Sanstha Va Anusandhan Kendra, 2009, P14.

法國教授西爾萬‧萊維（Sylvain Levi）指出，《摩訶婆羅多》中提到的古城卡拉哈塔卡（Karahāṭaka）是龍樹菩薩的出生地。[272]

1928 年夏，Sylvain Levi 在尼泊爾發現一批寶貴的棕櫚葉手稿，這些手稿用中世紀尼泊爾文書寫。[273] 手稿記載，釋迦牟尼佛預言：「將會有聖者龍樹，具大智慧，轉動法輪。在德干（Dekkan）的 Karahāṭaka 城，其父是婆羅門 Trivikrama，其母名為 Savitta。」[274]

Karahāṭaka 在諸多其他文獻中也提及，該名稱在其後幾經演變，即現在的 Karhād，官方名稱是卡拉德（Karād），位於馬哈拉施特拉邦南部的薩塔拉（Satara）區，在孟買南部二百九十公里。Sylvain Levi 注意到，在卡拉德西南數公里處，有一組「樸素原始」的佛教洞穴。[275]

從地理位置上看，卡拉德位於印度西南部，也可以說是南印度，這點與傳記文獻記載相吻合。卡拉德城是否龍樹菩薩的出生地，則需要進一步的考古研究。

三、總結

龍樹菩薩的出生地在不同的傳記裏有不同的說法，不過大部分傳記指向了印度南方的維達巴地區。維達巴的那格浦爾市有古代名為「龍樹山」或「龍樹洞」的遺址，為龍樹菩薩出生在維達巴地區增加了可能性。

Sylvain Levi 發現的棕櫚樹葉手稿，記錄了佛陀預言龍樹菩薩將出生在今卡拉德城的婆羅門家庭。所以，卡拉德也可能是龍樹菩薩的故鄉，但有待進一步的考古支持。

綜合以上因素，維達巴和卡拉德都可能是龍樹菩薩的出生地，前者有更多的文獻和考古支持。其他傳記文獻中還提到了「南方仙人禿頭城」、「具福城」等地點，這些地點之間的相互關係以及是否龍樹的出生地，還有待於進一步研究考證。

---

272 Sylvain Levi: *Un nouveau document sur le bouddhisme de basse è poque dans l'Inde*, Bulletin of the School of Oriental and African Studies 6.2, 1931, P420-421. 這篇文章還提到龍樹菩薩去過位於印度西南的馬拉巴爾（Malabar）, 以及 Varendri（或作 Varendra，今孟加拉的瓦倫德拉）。

273 *Un nouveau document sur le bouddhisme de basse è poque dans l'Inde*, P417. 手稿的來源是這樣的：Levi Sylvain 應尼泊爾土邦主 Chandra Shum Shere 的兒子 Kaisar Shum Shere 將軍的邀請，欣賞了他收藏的寶貴手稿。土邦主的繼任者 Bhim Shum Shere 將這些手稿的複印件寄給了 Levi Sylvain。手稿通篇是關於密教的空行母崇拜。當地名為 Sanku 的村莊就有一座著名的供奉空行母的廟宇。多羅那他以藏語編著其寶貴作品的過程中參考的諸多文獻中，應當也包含了此文獻。

274 *Un nouveau document sur le bouddhisme de basse è poque dans l'Inde*, P426.

275 *Un nouveau document sur le bouddhisme de basse è poque dans l'Inde*, P420~421.

第二節　出家地

一、傳記文獻

關於龍樹菩薩的出家地，藏傳文獻與漢傳文獻有明顯的差異。在藏傳龍樹菩薩傳記中，有關於龍樹菩薩在那爛陀出家的記載，具體見表 9.2。

傳記	文章引用
布頓佛教史	一天，來到吉祥那爛陀寺……薩羅哈大師道：「孩子如能出家，即有解救的方法。」於是，這個孩子當即出家。[276]
密宗大成就者奇傳	他四處漂泊，風餐露宿，最後流落到那爛陀寺……他在那爛陀寺出家，圓滿通達了大乘三藏的所有經論。[277]
八十四大成就者傳	龍樹離開卡厚惹後，便前往那爛陀大學，在清涼花園寒林（菩提迦耶）受具足戒。到那爛陀之後，他研習五明，成為大師。[278]
師師相承傳	於是漸次去朝拜到喀薩巴里（觀世音）的像，繼漸次來到了那爛陀寺薩惹哈大師的門前……到了八歲時出家後，繼即精研諸明處學術，及大小乘一切教法，成為善巧。[279]

---

276 《布頓佛教史》，第 186 頁。
277 《聖行集萃》，第 175、176 頁。
278 《金剛歌・八十四大成就者傳》，第 155、156 頁。
279 《菩提道次第師師相承傳》，第 148 頁。

七系付法傳	父母依行，迨預期時限將近，乃遣其偕僕一人，漫遊他國，後至那爛陀寺……即於彼出家，於大小乘一切三藏及諸明處，無不通達。[280]

表 9.2 藏傳龍樹菩薩傳記出家相關信息表

　　另外，《印度佛教史》中雖然沒有直接記載龍樹菩薩在那爛陀寺出家，但記載龍樹菩薩多年間「依靠煉金的收入供養在吉祥那爛陀宣說大乘教法的五百人的生活」。[281]

　　在漢傳文獻中，只有部分傳記提到龍樹菩薩出家的簡略信息，其中《龍樹菩薩傳》記載為：

　　既出入山，詣一佛塔，出家受戒。[282]

　　《付法藏因緣傳》記載為：

　　入山，至一佛塔，捨離欲愛出家為道。[283]

　　從文獻上來看，藏傳傳記普遍記載龍樹菩薩在那爛陀出家，漢傳傳記只記載龍樹菩薩入山並在一佛塔處出家，並沒有說明該處的地點信息。

二、考證－那爛陀（Nālandā）

　　從文獻記載來看，目前只能考證那爛陀。

　　那爛陀，梵文名為 Nālandā，為古代中印度摩揭陀國首都王舍城北方之大寺院，位於今天拉查基爾 (Rajgir) 北方約十一公里的巴達加歐 (Baragaon)。

280《七系付法傳》卷 1，《大藏經補編》11 冊，第 10 頁上欄。
281《印度佛教史》，第 82、83 頁。
282《龍樹菩薩傳》卷 1，《大正藏》50 冊，第 184 頁中欄。
283《付法藏因緣傳》卷 5，《大正藏》50 冊，第 317 頁下欄。

圖 9.1 那爛陀寺遺址一 284

圖 9.2 那爛陀寺遺址二 285

---

284 照片由筆者於 2020 年 1 月在印度實地考察時拍攝。
285 照片由筆者於 2020 年 1 月在印度實地考察時拍攝。

　　從時間上看，龍樹菩薩生活的年代約在公元前二世紀到公元三世紀之間（詳見本書第二章），而許多學者認為那爛陀寺始建於五、六世紀的笈多王朝。[286] 如果確實如此的話，那麼在龍樹菩薩生活的年代，那爛陀寺還尚未建立。

　　法顯大師於公元 404 年，參觀舍利弗尊者的家鄉那羅村時，在那爛陀地區並沒有看到大型寺院建築，他發現唯一值得一提的就是尊者的塔。[287]

　　從此西南，行一由延到那羅聚落。是舍利弗本生村。舍利弗還於此中般泥洹，即此處起塔。今現在。[288]

圖 9.3 舍利弗尊者塔 [289]

　　從上文可以看出，直到公元五世紀初，現今那爛陀寺遺址所在的地區並沒有明顯的大型佛教建築。這一記載支持認為那爛陀寺始建於笈多王朝時期的觀點。

---

286 Ghosh, Amalananda: Nālandā, Director General of Archaeology in India, 1965, P5.
287 Nālandā, Director General of Archaeology in India, P4.
288 《高僧法顯傳》，《大正藏》51 冊，第 862 頁下欄。
289 照片由筆者於 2020 年 1 月在印度實地考察時拍攝。

然而，根據相關經典，在佛世時就有關於那爛陀村的記載，並且正好在那爛陀寺的附近：

《長部經典》：「爾時，世尊於菴摩羅樹園隨意住已，言尊者阿難曰：『然，阿難！我等往那爛陀村。』尊者阿難應諾世尊：『唯然，世尊。』爾時，世尊與大比丘眾俱，往赴那爛陀村。於此，世尊住那爛陀之波波利菴婆林。」[290]

《根本說一切有部毗奈耶雜事》：「舍利子侍者準陀與苾芻眾詣那羅陀村 (在那爛陀寺東南二十餘里許)，具壽羅怙羅亦與苾芻眾隨後而行。」[291]

另外，據《大唐西域記》記載，有五百商人曾在此建立僧伽藍供佛：

從此北行三十餘里，至那爛陀（唐言施無厭）僧伽藍。聞之耆舊曰：此伽藍南菴沒羅林中有池，其龍名那爛陀，傍建伽藍，因取為稱。從其實議，是如來在昔修菩薩行，為大國王，建都此地，悲愍眾生，好樂周給，時美其德，號施無厭，由是伽藍因以為稱。其地本菴沒羅園，五百商人以十億金錢買以施佛，佛於此處三月說法，諸商人等亦證聖果。[292]

由此可見，在佛世時，那爛陀地區就有僧伽藍的存在，並且成為佛陀的說法地之一。最新的考古發現，在那爛陀所在地出土了公元前六世紀到五世紀的泥磚佛塔，[293] 更加證實這一記載。而當法顯大師西行來到這裏的時候原來的僧伽藍已經湮沒不見，只存舍利弗尊者的古塔遺蹟。因而藏傳文獻中記載的龍樹菩薩出家所在的寺院，可能就是那爛陀寺的前身。

另外值得一提的是，那爛陀寺遺址出土了一個疑為龍樹菩薩的石雕，顯示後人可能在此供奉龍樹菩薩。根據《印度考古調查報告》記載，1915年在那爛陀遺址進行的發掘工作，發現了許多石頭、青銅和灰泥雕塑，其中有姿勢不同的佛像、觀世音菩薩、文殊菩薩及般若波羅蜜塔。其中有一個有趣的石頭雕像——一位尊者坐在蛇狀華蓋下，手裏拿着水瓶和念珠，可能代表龍樹菩薩。[294]

根據筆者的現場考證，這座塑像出土於 1919 至 1920 年，原來位於那爛陀三號廟第五期東南方，現場出土圖片中的銘文翻譯如下：

290《長部經典 (第 15 卷 - 第 23 卷)》.《南傳大藏經》7 冊，第 32 頁上欄。
291《根本說一切有部毗奈耶雜事》卷 18，《大正藏》24 冊，第 289 頁上欄。
292《大唐西域記》卷 9.《大正藏》51 冊，第 923 頁中欄。
293 Tewari, Rakesh: Excavation at Juafardih, District Nalanda, Indian Archaeology, 2016, P6-8.
294 Nālandā, Director General of Archaeology in India, P45.

　　這座龍形的雕像最初安放在一個高台上的一個小磚佛殿中，位於那爛陀 3 號廟第五期東南方。它是在 1919-1920 年的發掘中出土的。Hiranand Shastri 把這尊雕像鑑定為龍樹。雕像呈坐態，有一條盤繞着身體的大蛇在身體的前方。這尊像有一個頭和兩隻手，左手拿着一個水瓶，右手拿着一串念珠。在龍王的左邊，有一尊站立的佛像，手結成施願印（施與印）。[295]

　　根據考古現場的照片及其銘文記載（如圖 9.4、圖 9.5）可以看到，這尊塑像位於佛陀立像的右側，Hiranand Shastri 認為該塑像代表龍樹菩薩。那爛陀寺在成立之後的數百年間一直是大乘佛法的中心，而龍樹菩薩正是興盛大乘佛法的重要祖師。因此在那爛陀寺供奉龍樹菩薩是有可能的。菩薩雕像後面的蛇狀華蓋也與他「悟道於龍宮」的經歷相符合。

　　同時，《印度考古調查報告》中還提到這尊雕像的捐贈者 Bhaṭṭamāṇikya 和他虔誠的願望：「通過建造雕像可以為捐贈者的父母、師長及對所有眾生累積功德。」[296] 這種祝願是典型的大乘信仰者的祝福方式，即將自己捐贈的功德迴向父母、師長及一切眾生，而他所捐贈的雕像也應是一位大乘菩薩。至於有學者認為這並非龍樹菩薩的雕像，而是指龍王（Nagaraja），[297] 尚需要進一步考證。

295 銘文原文為：This Naga statue was originally installed in a small brick shrine on a high platform to the south-east of the fifth phase of temple Site3 at Nalanda. It was unearthed during excavation in the year 1919-20. Hiranand Shastri has identified this statue as Nagarjuna seated in front of the coiled body of a great snake, possessing one head and two hands and holding a water bottle in the left and a rosary in the right hand. Situated on the left of Nagaraja there is a statue of standing Buddha in varadmudra.

296 Amalananda Ghosh: *A Guide to Nālandā (5 ed.)*, Manager of Publications, 1950, P4:「To the south-east of the Main Stūpa is a small shrine containing a stone image facing north, which is believed to be that of Nāgārjuna. It is inscribed with the donor' s name Bhaṭṭamāṇikya and with the usual pious wish that the merit of erecting this image might accrue to the parents and the teacher of the donor and to all living creatures.」

297 A.J.Bernet Kempers: *The Bronzes of Nalanda and Hindu-javanese Art*, Brill Archive, 1933, P39-40.

नगराज

यह प्रतिमा मूल रूप से नालंदा में स्थल 3 के पांचवें चरण में बनी मंदिर के दक्षिण–पूर्व में एक उच्च प्लेटफॉर्म पर एक छोटे से ईंट के मंदिर में स्थापित की गई थी। वर्ष 1919–20 में खुदाई के दौरान इसका पता चला था। हीरानंद शास्त्री ने इस प्रतिमा की पहचान *नागार्जुन* के रूप में की है, जो एक विशालकाय सांप के कुंडलित शरीर के सम्मुख बैठा है, जिसके एक सिर और दो हाथ हैं और बाएं हाथ में *जलयात्र* और दाहिने हाथ में एक *अक्षमाला* है। *नागराज* के बायीं ओर *वरद मुद्रा* में खड़ी बुद्ध की प्रतिमा है।

Nagaraja

This Naga statue was originally installed in a small brick shrine on a high platform to the south-east of the fifth phase of temple Site 3 at Nalanda. It was unearthed during excavation in the year 1919-20 . Hiranand Shastri has identified this statue as *Nagarjuna* seated infront of the coiled body of a great snake, possessing one head and two hands and holding a water bottle in the left and a rosary in the right hand . Situated on the left of *Nagaraja* there is statue of standing Buddha in *varadmudra*.

圖 9.4 Nagaraja 考古現場及銘文 [298]

圖 9.5 那 爛 陀 寺 出 土 的
Nagaraja 石雕 [299]

圖 9.6 加爾各答印度博物館的
龍樹菩薩石雕 [300]

---

298 照片由筆者於 2020 年 1 月在印度那爛陀寺博物館拍攝。
299 照片由筆者於 2020 年 1 月在印度那爛陀寺博物館拍攝。
300 照片由筆者於 2020 年 1 月在加爾各答印度博物館拍攝。

另外，在加爾各答印度博物館也有類似造型的石頭雕像，蛇狀華蓋，左手拿瓶，右手拿念珠（如圖 9.6）。Anil Kumar Gaikwad 博士考證認為該雕像是龍樹菩薩，並且這座雕像是坐在蓮花座上，結雙跏趺坐，頭上有頂髻，[301] 與通常的菩薩塑像方式一致。

三、總結

根據藏傳傳記記載，龍樹菩薩的出家地在那爛陀寺。結合經典中的記載以及最新的考古發現，那爛陀一帶在佛世時就存在過可供僧團居住的僧伽藍。雖然後期的那爛陀寺建於公元五六世紀的笈多王朝，但龍樹菩薩出家的寺院可能是後期那爛陀寺的前身。並且，在那爛陀寺遺址出土了疑為龍樹菩薩的石頭雕像，說明龍樹菩薩與那爛陀寺有着很深的因緣。

第三節　求取大乘經典

前文在學弘大乘一章中講到龍樹菩薩求取大乘經典的過程，下文將對龍樹菩薩的「取經地」進行考證。

一、傳記文獻

傳記名稱	取經地的相關記載
龍樹菩薩傳	大龍菩薩見其如是，惜而愍之，即接之入海。於宮殿中開七寶藏，發七寶華函，以諸方等深奧經典無量妙法授之。[302]

---

301 Discovery of Nagarjuna and Mansar-Ramtek, Plate XXXIV.
302《龍樹菩薩傳》，《大正藏》50 冊，第 184 頁下欄。

付法藏因緣傳	大龍菩薩愍其若此,即以神力接入大海,至其宮殿開七寶函,以諸方等深奧經典,無量妙法授與龍樹。[303]
布頓佛教史	龍樹知道此次迎請將成大義,於是應邀到龍宮說法……於是獲得大量的龍泥,並迎請到了《十萬般若經》及少許經文。[304]
師師相承傳	聖龍樹觀察他到龍宮去對那裏的無邊應化有情能生善根,並能請來《十萬大般若》等許多善緣時機已到,當即應允前往龍宮。[305]
密宗大成就者奇傳	如果去龍宮,就可以把《般若經》迎請到人間,利益無量無邊的龍類和人類眾生。因此,龍樹菩薩決定前往。[306]
七系付法傳	爾時師為迎請般若十萬頌等廣益諸龍國及人世故,遂暫赴龍境。時有世尊釋迦牟尼教法中阿羅漢多人,在龍宮中受諸供養……[307]

表 9.3 取經地記載統計

　　如表所示,藏地傳記明確記載龍樹菩薩是前往龍宮,迎取般若經典,除《八十四大成就者傳》,其餘傳記並未明確提及「大海」。而漢地兩部傳記均記載是「大龍菩薩」將龍樹菩薩接入大海,在宮殿內打開七寶函,對於宮殿是否為龍宮,大龍菩薩是否為龍王均沒有直接說明。因此,龍樹菩薩的取經地點是否一定是在龍宮,尚存疑問,但可知取經地應與「龍」有

303 《付法藏因緣傳》卷 5,《大正藏》50 冊,第 318 頁上欄。
304 《布頓佛教史》(上),第 187 頁。
305 《菩提道次第師師相承傳》,第 150 頁。
306 《聖行集萃》,第 178 頁。
307 《七系付法傳》卷 1,《大藏經補編》11 冊,第 10 頁上欄。

關，且可能與「海」相關，故取經地有海底龍宮、海島龍宮、某龍族人聚居地、某名為「龍宮」的地點等多種可能情況。

關於「龍宮」的不同解讀，印順法師在《佛教史地考論》中列舉了四種觀點（詳見第四章），其中在菩薩自心中的「龍宮」難以考證。而在海底的龍宮，雖然有其存在的可能性，但鑑於目前的調查手段，考證仍有困難。故本節僅以「海島龍宮、某龍族人聚居地、名為『龍宮』的地點」等為考察線索，從學界較為認可的三個地點進行考察，即印度的那格浦爾（Nagpur）、斯里蘭卡的賈夫納（Jaffna）島和印度的補澀波耆釐（Pushpagiri）。

二、考證

1、那格浦爾

那格浦爾的梵文即 Nagpur，在印度地名中，Naga 或 Nag 是龍或蛇的意思，pur 是宮城、城堡的意思，所以 Nagpur 也可以譯為龍宮。佐佐井秀嶺在那格浦爾的 Mansar 遺址主持了考古發掘，認為那格浦爾就是龍宮。[308] 他同時也認為，與其認為所謂的龍宮是「大海之底」，不如理解為是以龍為圖騰的龍族首府。[309]Anilkumar Gaikwad 博士引述了歷史學家 Viyogi 博士的研究，後者認為龍族人是印度古代的統治者，曾在百乘王朝之前統治維達巴。[310] 而前文已考證，維達巴就位於今天印度中部馬哈拉施特拉邦的東北地區，其首府就是那格浦爾。

但這些證據尚不足以直接證明，那格浦爾就是龍樹菩薩取得大乘經典的地方，因此，還需要進一步的論證與調查。

2、賈夫納

根據斯里蘭卡史書《大史》記載，釋迦佛尼佛成道後曾三次往返斯里蘭卡，第二次即是去斯里蘭卡北部的龍島調節龍族的糾紛。[311]

---

308 佐佐井秀嶺著、中村龍海編：《龍樹と龍猛と菩提達磨の源流》，東方出版，2015 年，第 7 頁。

309《龍樹と龍猛と菩提達磨の源流》，第 12 頁。

310 Dr. Anilkumar Gaikwad: Discovery of Nagarjuna and Mansar-Ramtek, Bodhisattva Nagarjuna Smarak Sanstha Va Anusandhan Kendra, 2009, P195.

311《大史》（Mahāvamsa）也譯為《大王統史》。三次往返記載見《大王統史》卷 1，《巴利三藏》65 冊，第 148 頁上欄－ 153 頁上欄。

「龍島」的巴利文是 Nāgadipa（那伽迪跋），梵文為 Nāgadvīpa（那伽得維跋），僧伽羅語為 Nāgadeepa（那伽得跋）。今天斯里蘭卡北部賈夫納（Jaffna）半島，有一個叫奈納島（Nainativu）的地方，其別名也叫 Nāgadeepa，並且有一座叫「龍島古寺」（Nāgadipa/Nāgadeepa Purana Vihara 伽迪跋 / 那伽得跋·布惹那·寺）的著名佛教寺廟，和許多相傳為佛陀教化龍族人的遺蹟。而「龍族人」（Nāgas）通常被認為是以龍或大蛇為崇拜對象的人類部落，廣泛分佈在印度、斯里蘭卡等地。Anilkumar Gaikwad 博士也引述了 S. V. Sohoni 的觀點，後者認為斯里蘭卡北部賈夫納半島的確有一個叫 Nāgadvīpa 的地方，當地居民在傳統上被認為是龍族人，百乘國王與龍樹菩薩曾一起到過那裏。[312]

《大史》中記載佛陀第三次去斯里蘭卡，則是應龍族人的邀請過去接受供養和講法。[313] 據大乘經典《入楞伽經》中記載，佛陀先是在大海龍王宮說法之後，再到摩羅耶山楞伽城宣講《入楞伽經》。

> 爾時婆伽婆於大海龍王宮說法，滿七日已度至南岸，時有無量那由他釋梵天王、諸龍王等，無邊大眾悉皆隨從向海南岸。爾時婆伽婆，遙望觀察摩羅耶山楞伽城，光顏舒悅如動金山。[314]

《入楞伽經》宣講之地楞伽城或楞伽山，歷來被認為是在今天斯里蘭卡境內。[315] 如此推論，大海龍王宮也有可能就在楞伽城或楞伽山附近。此外，佛陀既然在此宣講過《入楞伽經》，這也可以間接證明龍樹菩薩去該地之前，大乘經典就已在此流傳，以及龍樹菩薩去此處取大乘經典的可能性。

從地理位置上分析，奈納島位於斯里蘭卡北部，與印度大陸隔海相望。由此推斷，傳記文獻中記載的龍樹菩薩遊遍天竺諸國搜求大乘經典而不得，和龍樹菩薩被大龍菩薩接入海又送還南天竺等經歷是有可能的。

因此，從史料的記載、學者研究以及奈納島所在地理位置等綜合判斷，斯里蘭卡北部賈夫納地區的奈納島，有可能就是龍樹菩薩取大乘經典的地點。

---

312 *Discovery of Nagarjuna and Mansar-Ramtek*, P192-193.

313 《大王統史》卷 1，《巴利三藏》65 冊，第 153 頁上欄。

314 《入楞伽經》卷 1，《大正藏》16 冊，第 514 頁下欄。

315 《大唐西域記》卷 11 記載，僧伽羅國（即斯里蘭卡國）「國東南隅有䮏迦山，巖谷幽峻，神鬼遊舍，在昔如來於此說《䮏迦經》（舊曰《楞伽經》，訛也）」。（《大正藏》51 冊，第 934 頁中欄）

3、補澀波耆釐

　　印順法師認為，龍樹菩薩入龍宮、見龍王、得經得塔，都與《大唐西域記》中記載的補澀波耆釐（Pushpagiri）密切相關，理由是該處乃婆樓那龍王往來之地。但通過分析印順法師列舉的其他證據來看，補澀波耆釐更像是龍樹菩薩取回經典初弘大乘之地。理由是《西域志》中記載，龍樹菩薩曾從龍宮取回寶塔，在該處施予國王，而國王又在該處建造了一座大塔，將小寶塔藏於此中。自此以後，多有人來供養求願。

　　至於大塔所在之地，據《西域志》記載，是在波斯匿王都城東百里大海邊。從文中對大塔地理位置、神蹟等的描述來看，《大唐西域記》中記載的烏茶（Uḍra/Oḍra）靈塔與之十分相似。靈塔的所在地就是補澀波祇釐。補澀波祇釐，意譯為華山，具體位置，印順法師認同學者 Beal 的推定，是印度 Cuttack 州的賈傑布爾（Jajpur）市 Assis 山脈中的優陀延山（Udayagiri），此山脈極東處，離大海不遠，現在還有佛教的遺蹟。[316]而今 Cuttack 州的賈傑布爾市，屬於奧里薩邦（Orissa）的管轄範圍。賈傑布爾市 Dharmasala Tehsil 地區的蘭古迪（Langudi）山，也陸續發現了諸多佛教遺蹟，其中包括佛塔、梵文銘文等，[317] 據 Atul Chandra Pradhan 博士引述 B. N. Mukherji 教授對出土銘文和地形圖的分析，蘭古迪與玄奘記載的補澀波耆釐有着相似的地理位置，後者認定蘭古迪山就是補澀波耆釐。[318]

　　2020 年，筆者也赴印度實地考察龍樹菩薩遺蹟，其中包括蘭古迪山。蘭古迪山位於 Jajpur 市的 Salipur 村，距離布班斯瓦爾（Bhubaneswar）九十公里。在蘭古迪山的山頂上，有三十四座石刻佛塔和幾個中世紀早期的佛教紀念碑。山北還有古老的阿育王佛塔。除了佛像，巖石上還雕刻有女神像。現在，這裏被列為印度考古調查局的重點保護遺址。

　　綜合上述考證結果，初步推斷蘭古迪山有可能就是龍樹菩薩取回經典初弘大乘之地，但直接的證明還有待進一步的調查分析。

316《佛教史地考論》,《印順法師佛學著作集》22 冊，第 210 頁上欄－ 213 頁上欄。
317 Pradhan, Atul Chandra: *Situating Viraja Kshetra and Its Environs in the Odishan Historiography*, ODISHA REVIEW, 2014, P110.
318 *Situating Viraja Kshetra and Its Environs in the Odishan Historiography*, P110.

圖 9.7 蘭古迪遺址 [319]

圖 9.8 蘭古迪石刻佛塔 [320]

---

319 照片由筆者於 2020 年 1 月在印度實地考察時拍攝。
320 照片由筆者於 2020 年 1 月在印度實地考察時拍攝。

圖 9.9 蘭古迪石刻佛塔和雕塑 [321]

圖 9.10 蘭古迪石刻雕塑 [322]

---

321 照片由筆者於 2020 年 1 月在印度實地考察時拍攝。
322 照片由筆者於 2020 年 1 月在印度實地考察時拍攝。

三、總結

基於前文所述的考證前提進行考證，結果如下：

那格浦爾雖然名為「龍宮」，但目前的考古證據和史料佐證，尚不足以直接證明那格浦爾就是龍樹菩薩取回大乘經典的所在地。

斯里蘭卡北部賈夫納地區的奈納島，從史料記載、學者研究和地理位置等綜合判斷，作為大乘經典取得地的可能性較大。

印度奧里薩邦賈傑布爾市的蘭古迪山，從古代文獻的比較分析，以及現代地理位置的考證，初步推斷有可能是龍樹菩薩取回經典初弘大乘之地。

第四節　開鐵塔

一、傳記文獻

如第五章所述，在《八宗綱要鈔》中記載龍樹菩薩曾開啟南天鐵塔求取密法經典，但未見對南天鐵塔準確地理位置的描述。

二、考證

南天鐵塔有兩處地點可考證，分別是著名的阿馬拉瓦蒂（Amarāvatī）大塔和那格浦爾的 Mansar 遺址。

1、阿馬拉瓦蒂（Amarāvatī）大塔

不空三藏所撰寫的《金剛頂經大瑜伽秘密心地法門義訣》記載一位大德在南天鐵塔取得《金剛頂經》，據第五章研究，該大德應是龍樹菩薩。關於《金剛頂經》的說法地點，日本學者栂尾祥雲在《密教史》中認為：

「若從西藏所傳屬於《金剛頂經》系統的《時輪經》所見，佛在南天竺馱那羯磔迦國（Dhanya-kaṭaka）的大塔廟處所説……此處的馱那羯磔迦的大塔，即是位於基斯特那河南岸的阿末羅毗底（Amaravatī）塔。此塔改為今名，是西元十二世紀以後的事，從前則叫作馱那羯磔迦大塔，或稱為馱那羯磔迦城東之大塔。」[323]

這段文字非常清楚地説明了阿末羅毗底塔與佛説密法的馱那羯磔迦（Dhānyakaṭaka）大塔之間的關係。而阿馬拉瓦蒂（Amarāvatī）和阿末羅毗底只是同一梵語的不同譯名。如此可以推斷，龍樹菩薩取得《金剛頂經》的南天鐵塔，很可能就是過去叫馱那羯磔迦大塔，如今稱作阿馬拉瓦蒂塔的地方。

但疑問並未徹底解決，因為從現存馱那羯磔迦大塔的遺物所見，塔身應全是由大理石築成，為何會在歷史上被賦予「鐵塔」的名稱呢？栂尾祥雲認為，這其實是金剛智的錯認。因為，所謂的「鐵塔」，並非世間普通的黑鐵，乃是一種白鐵，即類似今天人們所稱的錫。可以想像，大理石的質地細滑且帶純白色，光澤則與被稱為白鐵的錫相似，所以金剛智將之錯認為白鐵也情有可原。[324]

印順法師也認為馱那羯磔迦塔即是阿馬拉瓦蒂塔：

中國內地與西藏，都說到從南天竺的鐵塔，得到了密法。鐵塔，古稱馱那羯磔迦（Dhānyakaṭaka）大塔，就是 Krishnā 河南岸的阿摩羅婆底（Amarāvatī）大塔。據近代考證，這是《大唐西域記》中，馱那羯磔迦國的西山——阿伐羅勢羅（Aparaśaila）寺的大塔。在大塔西北五十公里處，就是吉祥山，當地仍稱之為龍樹山。[325]

另外，《時輪後續》和《日祥名梵讚釋》記載，佛在吉祥米聚大塔演説一切密續。

《時輪後續》中云：「於吉祥米聚大塔，具十力佛陀演示一切續」；《日祥名梵讚釋》中亦云：「於吉祥米聚塔，示演一切密咒法」。[326]

《金剛頂經》作為密續的一部分，也應該在吉祥米聚大塔演説。據《松

323 栂尾祥雲著，釋聖嚴譯：《密教史》，《法鼓全集》第 2 輯第 4 冊，網絡版，2005 年，第 46 頁。
324《密教史》，第 48、49 頁。
325《印度佛教思想史》，《印順法師佛學著作集》34 冊，第 396 頁上欄。
326 益西班覺著，蒲文成，才讓譯：《松巴佛教史》，蘭州：甘肅民族出版社，2012 年，第 55 頁。

巴佛教史》載,「關於母續《時輪經》,時在佛祖正覺後的第二年,即時輪曆的元年三月,地在伐折羅波那南部吉祥聚米塔內大樂地⋯⋯說《時輪根本續》一萬二千頌。」[327]

前文已述,阿馬拉瓦蒂塔的曾用名是 Dhānyakaṭaka 大塔。梵文中 Dhānya 意譯則有「米」的意思,同時有「吉祥」和「具德」的意思,而 kaṭaka 有「大量」的意思,連起來就可以翻譯為具德積米、吉祥積米或吉祥米聚等,因此,從名稱上可以推斷出,吉祥米聚大塔即是今天的阿馬拉瓦蒂塔。

2、那格浦爾 Mansar 遺址

日僧佐佐井秀嶺曾進行實地考察,認為印度那格浦爾的 Mansar 遺址是南天鐵塔所在地。佐佐井秀嶺稱,他在一次沉思中,得到龍樹菩薩給他的啟示:「你快去南天龍宮城吧,南天鐵塔也在那裏。」於是他找到了龍宮城那格浦爾,當他把日本仁和寺秘藏的「南天鐵塔圖」當作地形圖來看時,發現圖中描繪了大海中漂浮着一隻巨龜,龜背上馱着一座大山,山頂處的巖盤被八葉蓮花和五葉蓮花所圍繞。這與 Mansar 地形一模一樣。[328]

1998 年起,佐佐井秀嶺在 Mansar 遺址做了近十年的考古調查,發掘出一個由寺院遺址和磚塔組成的複雜建築,重要遺蹟和文物有佛塔,寺院、僧房,菩薩、緊那羅、飛天、財神和龍王的雕塑,棺材遺物,燒毀的骨頭,菩提樹,法輪,龍樹山(Nagarjuna Tekdi),以及用於配製藥材的器具。[329] 京都種智院大學名譽教授、原校長賴富本宏也曾率領他的研究團隊,把 Mansar 遺址作為密教的起源地,重新調查南天鐵塔。[330]

所以,Mansar 遺址作為密法傳播起源地的可能性是存在的。

三、總結

傳記文獻中沒有記載南天鐵塔的具體位置。認為阿馬拉瓦蒂塔即是南

327《松巴佛教史》,第 55 頁。
328 佐佐井秀嶺著、中村龍海編:《龍樹と龍猛と菩提達磨の源流》,東方出版,2015 年,第 45 頁。
329 Discovery of Nagarjuna and Mansar-Ramtek, P145-146.
330《龍樹と龍猛と菩提達磨の源流》,第 44 頁。

天鐵塔的觀點，主要基於典籍對《時輪經》講法地點的記載。雖然存在馱那羯磔迦大塔和吉祥米聚大塔兩種不同記載，但從梵文的角度可知其應僅是翻譯不同。故更名前為馱那羯磔迦大塔，如今的阿馬拉瓦蒂塔很可能就是南天鐵塔。

佐佐井秀嶺認為南天鐵塔在那格浦爾 Mansar 遺址。這個判斷是基於三個原因：與龍樹菩薩的感應、「南天鐵塔圖」的相似和考古挖掘。前兩個原因的主觀性較強，説服力不足，而考古挖掘只能説明 Mansar 遺址與大乘佛法傳播有關係，因此不能確定其就是南天鐵塔所在地。

綜上所述，相比佐佐井秀嶺的説法，認為阿馬拉瓦蒂塔是南天鐵塔的觀點更具説服力。

第五節　弘法地

龍樹菩薩弘法的方式有許多，本節主要考察龍樹菩薩降伏外道[331]、輔佐國王、修造佛教建築、點石成金的相關地點或區域。

一、降伏外道

（一）傳記文獻

龍樹菩薩通過辯論和鬥法降伏外道，傳記文獻提到相關具體地點的有三處。

《密宗大成就者奇傳》記載的地點是「匝匝桑嘎拉（摧髻）」：

在南方，一個叫匝匝桑嘎拉（摧髻）的地方，聚集了五百名外道，試圖與尊者一辯。最終，他們全部敗在龍樹菩薩的足下，並因尊者的引導而趨入佛門。[332]

《七系付法傳》的情節與之類似，地點是「南方闍吒三伽羅」：

---

331 如前文所述，「龍樹菩薩降伏外道的方式主要是通過辯論或咒術，或親自參與，或派弟子迎戰。」因此本節將龍樹菩薩指導其弟子提婆與外道辯論的地點也歸於龍樹菩薩降伏外道。
332 《聖行集萃》，第 180 頁。

又於南方闍吒三伽羅處，與外道五百辯論會諍論，師悉摧伏，引入正教。爾時所建塔寺亦悉成就。[333]

「匝匝桑嘎拉（摧髻）」和「闍吒三伽羅」兩處都是龍樹菩薩親自與外道辯論的地方。另外《大唐西域記》提到「波吒釐子城」[334]，是龍樹菩薩指導弟子提婆與外道辯論的地方。

（二）考證

《密宗大成就者奇傳》中的匝匝桑嘎拉（摧髻）和《七系付法傳》中的南方闍吒三伽羅僅提供了名字，沒有提供更多信息，難以考證。對照英文版《七系付法傳》，「闍吒三伽羅」被譯為「Jataṣamghara」，其意思為「Cutting of the long hair」，[335] 這與《密宗大成就者奇傳》中「匝匝桑嘎拉（摧髻）」的發音和意思都比較接近，初步推斷，「闍吒三伽羅」和「匝匝桑嘎拉」二者可能是同一個地方。然而，在目前的地圖上，尚未找出與「Jataṣamghara」相同的地點。

關於波吒釐子城，《大唐西域記》對此有詳細的介紹：「殑伽河南有故城，周七十餘里，荒蕪雖久基址尚在。昔者，人壽無量歲時，號拘蘇摩補羅城（唐言香花宮城）。王宮多花，故以名焉。逮乎人壽數千歲，更名波吒釐子城（舊曰巴連弗邑，訛也）。」[336] 王邦維教授對《大唐西域記》裏的記載做過考證研究，他認為「波吒釐子城」一名，是玄奘大師的翻譯。東晉時代的法顯大師，也曾到過這座城市，法顯大師的翻譯是「巴連弗邑」。玄奘大師此處說「訛也」，其實是大師的誤解。在漢譯的佛經中，「波吒釐子城」更多地翻譯為「華氏城」。[337]

通過查閱「華氏城」這一詞條的解釋得知，華氏城就是今天印度的巴特那市（Patna），[338] 在巴特那的詞條解釋中，也明確寫道：「巴特那（Paṭnā），又譯為帕特納，為印度比哈爾邦首府，隸屬於巴特那縣，古稱華氏城。」[339] 就此可以確認，龍樹菩薩指導弟子提婆與外道辯論的地方

---

333 《七系付法傳》卷 1，《大藏經補編》11 冊，第 10 頁中欄。

334 《大唐西域記》卷 8，《大正藏》51 冊，第 912 頁下欄。又可參考前文「與外道辯論」部分。

335 The Seven Instruction Lineages, P6.

336 《大唐西域記》卷 8，《大正藏》51 冊，第 910 下欄。

337 王邦維：《書生的花樹奇緣：一座古城的傳說》，載《文史知識》，2015 年，第 73-76 頁。

338 詞條解釋來自《佛光大辭典》：「華氏城，梵名 Pāṭaliputra，巴利名 Pāṭali-putta。又作波吒釐子、波吒羅、波羅利子、波羅利弗多羅、波吒唎補怛羅、巴羅利弗、巴鄰、巴連弗。為中印度摩揭陀國之都城，位於恆河左岸，即今之巴特納市（Patna）。」（星雲大師監修，慈怡主編：《佛光大辭典》，高雄：佛光出版社，1988 年，第 5229 頁）

339 詞條解釋來自維基百科，https://zh.wikipedia.org/wiki/ 巴特那

「波吒釐子城」，就是今天印度比哈爾邦的首府，位於比哈爾邦東部恆河南岸。

（三）總結

傳記文獻中多次記載了龍樹菩薩降伏外道的事蹟，其中三處有具體地點，即匜匜桑嘎拉、南方闍吒三伽羅和波吒釐子城。前兩處無具體信息難以考證，波吒釐子城經過考證，確定就是現代印度的巴特那市。

二、輔佐國王

（一）傳記文獻

文獻	地點	國王	內容概要
龍樹菩薩傳	天竺		國王請龍樹菩薩到宮殿降服一婆羅門
	南天竺		龍樹菩薩在宮殿顯神通，度化國王
大唐西域記	憍薩羅國	娑多婆訶（唐言引正）	國王為龍樹菩薩鑿黑蜂山，建立伽藍
南海寄歸內法傳	南方大國	號娑多婆漢那、名市寅得迦	龍樹菩薩贈國王書信《蘇頡里離佉》，譯為《密友書》

七系付法傳		樂行	龍樹菩薩授記的童子成為國王、弟子（註：師與笈多王朝第二世並世）
印度佛教史	歐提毗舍國	紋闍王	國王成就持明身
	西方摩臘婆的兜陀訶梨	菩提婆王	國王趣入隱身等真言道
	南方	商羯羅王	被龍樹菩薩調伏的國王，多年之間護持佛教，享壽一百五十歲左右
布頓佛教史	婆羅瑪城	枳達嘎	龍樹菩薩給小孩看手相並預言他將成為國王
			龍樹菩薩撰寫教示國王大乘見行結合的《中觀寶鬘論》
		塔卓旬，亦名樂行賢	國王是龍樹菩薩的弟子，同修長壽辟穀法而獲得成就

密宗大成就者奇傳		樂行	龍樹菩薩授記的童子成為國王、弟子
八十四大成就者傳	巴希達那	沙拉邦札	龍樹菩薩用神通幫助童子成為國王,國王是龍樹菩薩弟子
師師相承傳		遮達迦,即樂行賢王	龍樹菩薩授記的童子成為國王、弟子

表9.4 龍樹菩薩輔佐國王地點相關信息表

以上文獻中五處有國家或地區的名字,即憍薩羅國、歐提毗舍國、摩臘婆的兜陀訶梨、婆羅瑪城、巴希達那。多處雖沒有國名但有國王的名號,可借助後者推斷前者。文獻中出現十一處國王的名號,其中四處名為樂行或樂行賢,二處名為娑多婆訶或娑多婆漢那,其餘五處名為紋闍王、菩至提婆王、商羯羅王、枳達嘎、沙拉邦札。

(二)考證

雖然文獻中提到的國名及國王名號眾多,但大多缺乏具體細節難以考證,因此,本節主要考證資料較多的憍薩羅國,和國王號娑多婆漢那、名市寅得迦的南方大國。

在《大唐西域記》裏記載,憍薩羅國國王號娑多婆訶(唐言引正),曾為龍樹菩薩鑿山建寺。而娑多婆訶(引正)與娑多婆漢那的英文翻譯都是 Sātavāhana,因此,兩位國王可能是同一人。而據多羅那他在《印度佛教史》(英文版)中記載,龍樹菩薩給他的朋友 Sātavāhana 國王寫了 Suhṛllekha 一書,即《密友書》。[340] 據學者 Yamano Chieko 研究,

---

340 Taranatha, Lama: *History of Buddhism in India, Lama Chimpa and Alaka Chattopadhyaya*, 1970, p384:「Nāgārjuna's friend, the Sātavāhana king to whom Nāgārjuna wrote the Suhṛllekha (Tg mDo xxxiii.32=xciv.27) and the Ratnāvalī (see JRAS 1934 pp. 307-325; 1936 pp. 237-252, 423-435).」

Sātavāhana 其實是統治德干高原的王朝的名字，建國的國王名叫 Simuka。[341]
這些信息與義淨三藏在《南海寄歸內法傳》中的記載近似，市寅得迦有可
能就是 Simuka 的音譯。如此一來，號娑多婆漢那、名市寅得迦的國王有
可能就是 Sātavāhana 王朝的 Simuka 國王。

至於憍薩羅國，據《大唐大慈恩寺三藏法師傳》的記載，已將其更正
為南憍薩羅國（中印度境），是梵語 Dakṣiṇa Kośalā 的音譯，Dakṣiṇa 意
譯為南方。因此推斷，義淨三藏在《南海寄歸內法傳》中記載的「南方大
國」有可能也是南憍薩羅國。

一些學者研究認為，Sātavāhana 王朝的存在時間應該是始於公元前一
世紀初期，一直持續到公元二世紀末。[342] 其建都於德干高原的馱那羯磔迦
（Dhānakaṭaka）等地，在鼎盛時期，其統治範圍涵蓋了從北部的納爾默達
河到南部的克里希納河，從西到印度東海岸的整個德干地區。

因此可以推斷，在龍樹菩薩生活時代（一般認為是公元前二世紀到公
元三世紀期間），包括南憍薩羅國所在區域，應該都屬於 Sātavāhana 王朝
的統治範圍內。

如此可知，曾為龍樹菩薩鑿山建寺，和龍樹菩薩贈其《密友書》的國
王，其真正的所屬地，應該是 Sātavāhana 王朝，即今天印度的德干地區。

（三）總結

龍樹菩薩傳記文獻中，有關龍樹菩薩輔佐國王的具體地點或地區有五
個，國王名號有十一個，其中有文獻可考的僅為一國名及兩人名。據考證，
娑多婆訶（引正）與娑多婆漢那都是 Sātavāhana 的音譯，且 Sātavāhana
其實是國名而非國王名號，因此，根據該國存在的時間和管轄範圍得出結
論，曾為龍樹菩薩鑿山建寺，並接受龍樹菩薩《密友書》的國王，其所屬
地應在今天印度的德干地區。而其他國家或地區，因為資料缺乏考證困難，
有待進一步調查。

---

341 Yamano, Chieko: *Nāgārjuna and Sātavāhana*, *Journal of Indian and Buddhist Studies*, Vol(56), No.3, 2008, P1158, P1161.
342 Alcock, Susan E.; Alcock, John H. D'Arms Collegiate Professor of Classical Archaeology and Classics and Arthur F. Thurnau Professor Susan E.; D'Altroy, Terence N.; Morrison, Kathleen D.; Sinopoli, Carla M: *Empires: Perspectives from Archaeology and History*, Cambridge University Press, 2001, P166.

三、修造佛教建築

（一）傳記文獻

關於龍樹菩薩修造佛教建築的工作，前文第六章已經進行了詳細描述，在此基礎上，根據傳記文獻等記載整理出相關地點信息表，如下表所示：

文獻	記載	地點
大唐西域記	引正王為龍猛菩薩鑿此山中，建立伽藍。去山十數里，鑿開孔道，當其山下，仰鑿疏石……憍薩羅國……國西南三百餘里至跋邏末羅耆釐山（唐言黑蜂）。[343]	黑蜂山
師師相承傳	他為了使佛教長久住世，而不衰落起見，在金剛座修建了石格牆院，及千百座佛塔，大修具德積米寶塔莊嚴。[344]	金剛座，具德積米寶塔
布頓佛教史	阿闍黎龍樹又到東方巴扎毗薩地區，廣修佛寺。[345]	東方巴扎毗薩地區
	修造了許多佛塔和寺廟，在金剛座建造金剛網絡的圍牆，修建「伯哲繃」佛塔（吉祥積米塔，在古迦扎迦城附近）。[346]	金剛座，吉祥積米塔

343《大唐西域記》卷 10，《大正藏》51 冊，第 929 頁下欄。
344《菩提道次第師師相承傳》，第 152 頁。
345《布頓佛教史》，第 187 頁。
346《布頓佛教史》，第 188 頁。

印度佛教史	龍樹阿闍梨護持教法……金剛座的菩提樹遭受大象損害時，在菩提樹背後立兩塊石碑……摩訶迦羅騎獅像……石格子……有神像的塔……水壩七牟尼。[347] 還為吉祥米聚塔修建了圍牆，圍牆內建立一百零八座佛殿。[348]	金剛座，吉祥米聚塔
法苑珠林	《西域志》云：「龍樹菩薩於波羅奈國造塔七百所。」[349]	波羅奈國

表 9.5 龍樹菩薩修造佛教建築地點信息表

其中涉及到具體地點的有：黑蜂山、金剛座、具德積米寶塔、吉祥積米塔、吉祥米聚塔、波羅奈國與東方巴扎毗薩地區。

（二）考證

據《大唐西域記》記載，黑蜂山既是龍樹菩薩修造佛教建築的地點，也是他點石成金的地方。因此，對黑蜂山的地點考證將放在下文點石成金處詳細介紹。

因為前文已說明了阿馬拉瓦蒂塔與吉祥聚米塔的關係，因此，從名稱上可以推斷出，具德積米寶塔、吉祥積米塔和吉祥米聚塔也應是同一座塔，即今天的阿馬拉瓦蒂塔。學者 Murthy 通過阿馬拉瓦蒂的銘文證明龍樹菩薩為阿馬拉瓦蒂塔建造了圍牆，並指出這一修復工作得到了 Sātavāhana 王朝 Pulumati 王的支持。[350] 但據《印度佛教史》記載，除圍牆外，龍樹菩薩還在此處修建了一百零八座佛殿。[351] 目前尚未找到相關的考古證據，有待進一步考證。

---

347 《印度佛教史》，第 83 頁。
348 《印度佛教史》，第 83 頁。
349 《法苑珠林》卷 53，《大正藏》53 冊，第 589 頁上欄。
350 K. Krishna Murthy: *Glimpses of Art, Architecture, and Buddhist Literature in Ancient India*, Abhinav Publications, 1987, P85.
351 《印度佛教史》，第 83 頁。

　　金剛座為佛陀成道之地，是重要的佛教遺址。《師師相承傳》、[352]《布頓佛教史》、[353]《印度佛教史》[354] 都記載龍樹菩薩在金剛座附近建碑、建塔等，但根據現有資料和實地考察結果，目前均未發現相關考古證據。

　　波羅奈國，根據《佛光大辭典》的解釋，「舊稱伽尸國（梵 Kāśi），近世稱為貝那拉斯（Benares），即今之瓦拉那西（Varanasi）」。[355] 瓦拉那西屬於今天印度北方邦，是重要的佛教遺址鹿野苑所在地。如果龍樹菩薩在此地修造佛教建築的話，有很大可能會前往鹿野苑。但鹿野苑的大多數古代建築在歷史上都被突厥人毀壞。[356] 根據現有資料和實地考察結果，尚未發現龍樹菩薩在此修造佛教建築的可靠考古證據。

圖 9.11 鹿野苑法王塔 [357]

352《菩提道次第師師相承傳》，第 152 頁。
353《布頓佛教史》，第 188 頁。
354《印度佛教史》，第 83 頁。
355《佛光大辭典》，第 3443 頁。
356 Nakerikanti Harish: *Solo Travel in Bihar*, Educreation Publishing, 2019, P114~115.
357 照片由筆者於 2020 年 1 月在印度實地考察時拍攝。

圖 9.12 鹿野苑達美克塔 358

圖 9.13 鹿野苑五比丘迎佛塔 359

---

358 照片由筆者於 2020 年 1 月在印度實地考察時拍攝。
359 照片由筆者於 2020 年 1 月在印度實地考察時拍攝。

　　其他有關修造佛教建築所涉及到的如東方巴扎毗薩地區，因資料不足有待進一步的調查。

（三）總結

　　龍樹修造建築的不同地點在文獻記載中有六處，其中黑蜂山的考證，因為涉及點石成金的內容，將放在後文予以詳細討論。而具德積米寶塔、吉祥積米塔和吉祥米聚塔從名稱翻譯上推斷，可能是同一座塔，即今天的阿馬拉瓦蒂塔，但有關龍樹菩薩在此地修造佛教建築的直接證據缺乏，有待進一步考證。而其他地點，目前可獲得的文獻及考古信息有限，尚難以考證。

四、點石成金

（一）傳記文獻

　　《大唐西域記》、《布頓佛教史》、《密宗大成就者奇傳》、《八十四大成就者傳》、《七系付法傳》、《師師相承傳》等六本文獻都介紹了龍樹菩薩點石成金這一事件，部分傳記如《布頓佛教史》、《師師相承傳》和《七系付法傳》，還記載多處點石成金的地點。具體如下表：

傳記	方位	地點	特點
布頓佛教史 [360]		里喀惹地區	盛產甘蔗
布頓佛教史 [361]			鈴狀巖石
密宗大成就者奇傳 [362]	南方	登果扎山等	植物扎（巖石）

360《布頓佛教史》，第 187 頁。
361《布頓佛教史》，第 187 頁。
362《聖行集萃》，第 180 頁。

八十四 大成就者傳 [363]		岡達希拉山	銅色山
師師相承傳 [364]			蔗林
師師相承傳 [365]			鈴狀巖石
七系付法傳 [366]		摩揭陀國	
七系付法傳 [367]		丁俱吒山	1、鈴狀巖石 2、金色山石
七系付法傳 [368]	北方	牟寧陀囉地方 尼民陀囉山 中，有峰名地 俱吒山	鹽山
大唐西域記 [369]		跋邏末羅耆釐 山（黑蜂山）	

表 9.6 龍樹菩薩點金術地點相關信息表

　　從表中可以看出，各傳記提到相對具體的地點有：里喀惹地區、登果扎山、岡達希拉山、摩揭陀國、丁俱吒山、牟寧陀囉、跋邏末羅耆釐山（黑蜂山）等。

（二）考證

　　因為關於龍樹菩薩施展點金術的地方大多缺乏足夠的信息，考證困難，現僅就資料相對充足的黑蜂山和丁俱吒山作考證分析。

363 《金剛歌‧八十四大成就者傳》，第 156、157 頁。
364 《菩提道次第師師相承傳》，第 150 頁。
365 《菩提道次第師師相承傳》，第 151 頁。
366 《七系付法傳》卷 1，《大藏經補編》11 冊，第 10 頁上欄。
367 《七系付法傳》卷 1，《大藏經補編》11 冊，第 10 頁中欄。
368 《七系付法傳》卷 7，《大藏經補編》11 冊，第 31 頁上欄。
369 《大唐西域記》卷 10，《大正藏》51 冊，第 929 頁下欄。

1、黑蜂山

《大唐西域記》記載黑蜂山在憍薩羅國西南三百餘里，其名字為「跋邏末羅耆釐山」。[370] 因為古代城名、國名經常混用，所以「國西南三百餘里」中的「國」既可指國名，也可指都城名。

《印度古代地理》的研究者 Cunningham 認為，如果憍薩羅國只是一座都城，而黑蜂山離都城只有三百餘里，玄奘大師應該會參觀它，可《大唐西域記》對黑蜂山的記載卻是：「自爾已來，無復僧眾。遠矚山巖，莫知門徑。」[371] Cunningham 推測玄奘大師可能並未親自到達那裏，其用來表示此山位置的「國西南三百餘里」指的可能是王國的邊界。

所以，Cunningham 認為黑蜂山的具體位置應該在憍薩羅國西南邊界以外的三百餘里處尋找，而在國境西南邊界外三百餘里，最接近《大唐西域記》對黑蜂山的描述（「岌然特起，峰巖峭險，既無崖谷，宛如全石」[372]）的地點就是德瓦吉里大巖堡（The Great Rock Fortress of Deogir/Devagiri）。[373] 儘管 Cunningham 將三百里換算成了五十英里，出現了錯誤，但是由於國界範圍很大，因此他的推測還是有一定的可能性。

通過地理定位初步推斷，德瓦吉里大巖堡可能是今天的道拉塔巴德堡（Daulatabad）。因為在關於道拉塔巴德堡的解釋中明確提到，道拉塔巴德堡也被稱為 Devagiri 或 Deogiri，位於印度馬哈拉施特拉邦的奧蘭加巴德（Aurangabad）。[374]

第二種情況，如果「國西南三百餘里」中的「國」指的是憍薩羅國都城，那麼就需要確定都城所在地。有研究發現，玄奘大師取經時，憍薩羅國都城的疑似地點是西爾浦爾（Sirpur）。[375] 在西爾浦爾西南一百三十五公里（唐代「三百里」換算而得）外，可以找到達利·拉賈拉（Dalli Rajhara），達利·拉賈拉的平均海拔為四百零九米，從地形上看，確實屬於山區。

此外，《大唐西域記》中記載黑蜂山又名「跋邏末羅耆釐山」，M. Julien. 將其用「Baramula-giri」來表示，在梵語中，giri 的意思是山，印

370《大唐西域記》卷 10，《大正藏》51 冊，第 929 頁下欄。
371《大唐西域記》卷 10，《大正藏》51 冊，第 930 頁上欄。
372《大唐西域記》卷 10，《大正藏》51 冊，第 929 頁下欄。
373 Cunningham: *Ancient Geography of India*, London, 1871, P521-522.
374 https://en.wikipedia.org/wiki/Daulatabad_Fort
375 Pradhan AK, Yadav S: *SIRPUR—A UNIQUE TOWNSHIP OF EARLY MEDIEVAL INDIA (FRESH EVIDENCE FROM EXCAVATIONS)*, Proceedings of the Indian History Congress (Vol. 74), Indian History Congress, 2013, P854.

度東部有一名叫 Baramula 的地點，位於印度奧里薩邦，因此這個地點也可能是黑蜂山的所在地。

綜上所述，黑蜂山的現代地理位置存在較多可能性，如道拉塔巴德堡、達利‧拉賈拉和印度奧里薩邦的 Baramula，尚需進一步考證。

2、丁俱吒山

《七系付法傳》漢文版中記載：

後師往變鈴巖及丁俱吒山等為金。[376]

爾後於牟寧陀囉地方（印度北方）尼民陀囉山中，有峰名地俱吒山，龍樹欲變此山為金銀山，聖多羅菩薩（度母）知未來世眾生將因之起爭，乃阻其變為金銀，僅加持令其變鹽，故今日其地仍名尼民陀羅羅致羅也。[377]

而按《七系付法傳》英文版記載，「丁俱吒山」和「地俱吒山」都是用的同一個詞，即 Dhiṅkota，現在叫 Tila。就此可以推斷，兩者應該是同一座山的不同譯名。該山所在地區為 Gandhāra，[378] 即歷史上印度北部的犍陀羅國或犍陀羅地區，包括今天的阿富汗東和巴基斯坦西南部一帶。

雖然通過地圖並未找到名字叫做 Tila 的山，但在巴基斯坦的旁遮普邦（Punjab）北部找到一座叫做「Tilla Jogian」的山，從讀音上推斷，有可能是 Tila 山。[379] Tilla Jogian 隸屬於 Salt Range 山脈，名稱中的 Salt 源自該山脈有大量的岩鹽礦，[380] 這一點與傳記中記載「僅加持令其變鹽」有相似之處。目前推斷 Tilla Jogian 山有可能是龍樹菩薩施展點金術的地點之一。

（三）總結

龍樹菩薩傳記文獻中大都介紹了點石成金這一事件，部分傳記還記載了多處點石成金之地，但因大部分都缺乏足夠的信息考證困難，所以考證重點就放在了資料相對充裕的黑蜂山和丁俱吒山。

376 《七系付法傳》卷 1，《大藏經補編》11 冊，第 10 頁中欄。
377 《七系付法傳》卷 7，《大藏經補編》11 冊，第 31 頁上欄。
378 The Seven Instruction Lineages, P76.
379 Tilla Jogian in Punjabi means the hill of saints……Tilla Jogian also means Hill of the Yogis, https://www.localguidesconnect.com/t5/Share-Your-Photos-and/A-Fantastic-off-road-trip-to-Tilla-Jogian-Jhelum-Punjab-Pakistan/td-p/900683
380 The Salt Range and Khewra Salt Mine, Government of Pakistan, Directorate General of Archaeology, 2016.12.4, https://whc.unesco.org/en/tentativelists/6118/

通過《大唐西域記》對黑蜂山的描述以及具體位置的分析，黑蜂山的現代地理位置可能是道拉塔巴德堡、達利‧拉賈拉或印度奧里薩邦的 Baramula，需要更多考證。

而對丁俱吒山的考證則依據《七系付法傳》英漢兩種版本的對比，和地圖的搜索定位，找到巴基斯坦旁遮普邦北部的 Tilla Jogian 山。考證依據和過程具有一定程度的參考性，更直接的證明則需要進一步調查。

第六節　圓寂地

一、傳記文獻

《布頓佛教史》、《密宗大成就者奇傳》記載，龍樹菩薩圓寂的地點位於吉祥山：

《布頓佛教史》：於是王子去到吉祥山阿闍黎龍樹的住處，請求菩薩滿足他的願望，施給頭首……王子用草斷阿闍黎的頭首後。[381]

《密宗大成就者奇傳》：具力太子立即前往吉祥山，索要龍樹菩薩的頭……太子揮舞吉祥草砍去，龍樹菩薩的頭便滾到了一邊。[382]

但是根據《八十四大成就者傳》，龍樹菩薩圓寂地點在師利巴瓦塔山：

薩拉邦達王……來到師利巴瓦塔山的上師足前……龍樹想把頭布施給婆羅門……自己切下頭來交給婆羅門。[383]

《大唐西域記》中雖然沒有關於吉祥山的直接記載，但是提到了龍樹菩薩圓寂的地點應當與南憍薩羅國都城附近的僧伽藍有關，並且該僧伽藍旁邊有無憂王建的佛塔：

城南不遠有故伽藍，傍有窣堵波，無憂王之所建也……時此國王號娑多婆訶（唐言引正），珍敬龍猛，周衛門廬。時提婆菩薩自執師子國來求論議……王子恭承母命，來至伽藍，門者驚懼，故得入焉……龍猛徘徊

---

381 《布頓佛教史》，第 189 頁。
382 《聖行集萃》，第 181 頁。
383 《八十四大成就者傳》，第 159、160 頁。

顧視，求所絕命，以乾茅葉自刎其頸，若利劍斷割，身首異處。王子見已，驚奔而去。門者上白，具陳始末，王聞哀感，果亦命終。[384]

根據以上漢藏文獻的記載，龍樹菩薩圓寂的地點可能為吉祥山，梵文 Śrīparvata，音譯即師利巴瓦塔山，也可能為南憍薩羅國都城附近的僧伽藍。

二、考證

學者認為，對於吉祥山有兩種可能，傑蓋耶貝達或龍樹山。南憍薩羅國的都城幾經變遷，其中西爾浦爾距離龍樹山有六百公里，不太可能是龍樹菩薩圓寂時國都的都城，而傑蓋耶貝達及龍樹山二者正好均位於南憍薩羅國曾經的另一都城阿馬拉瓦蒂附近。[385] 故龍樹菩薩圓寂時南憍薩羅國的都城可能為阿馬拉瓦蒂。

1、傑蓋耶貝達（Jaggayyapeta）

印順法師和呂澂先生都提到過一個吉祥山。

依《大唐西域記》，龍樹晚年，住南憍薩羅（Kośalā）國都西南的跋邏末羅耆釐山（Brāhmagiri）——黑峰山。後住阿摩羅縛底（Amarāvatī）大塔西北的吉祥山（Śrīparvata），在這裏去世。[386]

晚年，他還到了東南印度靠近阿摩羅縛底大塔西北五十公里的吉祥山，一直住在那裏，最後便自殺了。[387]

對此，呂澂還進行了相關考證：

三世紀初（公元二二五年）案達羅王朝滅亡……二十世紀初，在那一帶發掘出許多塔廟遺跡，這種塔與阿摩羅縛底大塔一樣，四面有伸展出的牙柱，柱上刻有奉獻者的姓名，從那些姓名看，都是這一王朝的皇帝、皇妃和皇室中人物。由於這一發現，連帶也找到了吉祥山，當地土人稱為龍

---

384 《大唐西域記（校點本）》卷 10，《大藏經補編》13 冊，第 794－795 頁。
385 Cunningham Alexander: The Ancient Geography of India, Vol(1), Trübner, 1871, P520-521.
386 《印度佛教思想史》，《印順法師佛學著作集》34 冊，第 122 頁上欄。
387 《印度佛學源流略講》，《呂澂佛學著作集》1 冊，第 159 頁上欄。

樹山，可見此山確是龍樹住過的。這些考古資料與《龍樹傳》記載是符合的。[388]

阿摩羅縛底即阿馬拉瓦蒂，又吉祥山在「阿摩羅縛底大塔西北五十公里」，從地理位置上來看，今天的傑蓋耶貝達正好位於阿馬拉瓦蒂西北方約六十公里。在此處的佛塔出土了刻有「Bhadanta Nāgārjunācarya（尊者龍樹阿闍梨）」銘文的石碑，[389] 這也與呂澂先生說的「當地土人稱為龍樹山」相一致。因此，傑蓋耶貝達有可能是龍樹菩薩圓寂所在的吉祥山，但需要進一步的考古證明。

2、龍樹山（Nāgārjunakoṇḍā）

龍樹山位於今安得拉邦貢土爾區的馬切拉曼達爾（Macherla Mandal），距離阿馬拉瓦蒂一百多公里，附近有大型佛教遺址，包括寺廟和佛塔。這與《大唐西域記》中有關龍樹菩薩所在僧伽藍的描述「城南不遠有故伽藍，傍有窣堵波，無憂王之所建也」[390] 相符。K. Krishna Murthy 提到龍樹山是納拉瑪喇（Nallamalāi）山脈的分支。根據出土於三到四世紀的銘文中記載：在中世紀以前龍樹山被稱為維札雅浦瑞（Vijayapurī），也就是百乘王朝的屬國伊克斯瓦顧斯（Ikshvākus）的都城。[391]

對於龍樹山與吉祥山的關係，Murthy 的文章中引用了 Vogel 博士的觀點認為吉祥山（Śrīparvata）是龍樹山上的一座小山丘，二者同屬於納拉瑪喇山脈。「銘文中清晰的記載：位於維札雅浦瑞東部吉祥山上的法山寺（The Dhaṁmagiri-vihāra on Śrīparvate east of Vijayapurī）」[392]。

因此，吉祥山很可能就是現在龍樹山的一部分，不過因為這個山谷在 Nagārjuna Sāgar 大壩（1967）建成之後已被吞沒，較難獲得更多的考古證據支持。

雖然在目前還未發現直接與龍樹菩薩相關的考古信息，[393] 但根據文獻

---

388 《印度佛學源流略講》，《呂澂佛學著作集》1 冊，第 160 – 161 頁。
389 Shōhei Ichimura: *Buddhist Critical Spirituality: Prajñā and Śūnyatā*, Motilal Banarsidass Publishers, 2001, P67.
390 《大唐西域記》卷 10，《大正藏》51 冊，第 929 頁上欄。
391 K. Krishna Murthy: *Nāgārjunakoṇḍā A Cultural Study*, Concept Publishing Company, 1977, P1.
392 *Nāgārjunakoṇḍā A Cultural Study*, P1.
393 Akira Hirakawa: *A History of Indian Buddhism: From Śākyamuni to Early Mahāyāna*, Motilal Banarsidass Publ., 1993, P242.

記載以及考古證據，龍樹山有可能是龍樹菩薩最後圓寂的地方，但需要進一步的考古證明。

三、總結

對於龍樹菩薩圓寂的地點，結合相關文獻資料及考古證據，本文考證了首都阿馬拉瓦蒂附近兩處可能的地方。

其中傑蓋耶貝達的地理位置正好是在阿馬拉瓦蒂塔西北方約六十公里處，並且在該處也出土了與龍樹菩薩相關的石碑，不過關於傑蓋耶貝達與吉祥山的關係仍然需要進一步確認。

龍樹山出土了大型佛教遺址及佛塔，含有吉祥山的銘文記載，吉祥山很可能就是現在龍樹山的一部分，而且被命名為「龍樹山」，有待進一步的考古以證明與龍樹菩薩圓寂地的關係。

因此，兩地與龍樹菩薩關係緊密，都有可能是龍樹菩薩圓寂地，需要進一步研究確認。

第七節　小結

本章通過對《印度佛教史》、《大唐西域記》、《布頓佛教史》、《龍樹菩薩傳》等十本文獻中龍樹菩薩生平的梳理，將地理考察範圍確定為以下六個方面：出生地、出家地、取經地、南天鐵塔、弘法地和圓寂地。

具體研究了十餘處相關地點，如維達巴（Vidarbha）、那爛陀（Nālandā）、蘭古迪（Langudi）、曼薩爾（Mansar）、卡拉德（Karād）、阿馬拉瓦蒂（Amarāvatī）、龍樹山（Nāgārjunakoṇḍā）、菩提伽耶（Buddha-gayā）、鹿野苑（Sarnath）、傑蓋耶貝達（Jaggayyapeta）、西

爾浦爾（Sirpur）、巴特那（Paṭnā）以及斯里蘭卡的賈夫納（Jaffna）半島等地點，其中那爛陀、蘭古迪、菩提伽耶和鹿野苑曾進行實地考察。

　　龍樹菩薩的出生地在南印度維達巴地區的可能性很大，得到了考古學證據的支持。其出家地應是在那爛陀地區。龍樹菩薩的取經地可能是在斯里蘭卡北部賈夫納地區的奈納島，取回經典初弘大乘之地推測是在蘭古迪山。南天鐵塔很可能是阿馬拉瓦蒂塔。巴特那市是龍樹菩薩指導提婆菩薩辯論的地方。德干地區應是龍樹菩薩曾與引正王有互動之處。龍樹菩薩點石成金的地點之一黑蜂山可能在道拉塔巴德堡、達利·拉賈拉或奧里薩邦的 Baramula，有待進一步研究，另一地點丁俱吒山可能是今天的 Tilla Jogian 山。傑蓋耶貝達和龍樹山都有可能是龍樹菩薩圓寂的地點，需要進一步研究。

第十章

| 龍樹菩薩的生平比較與啟示 |

第一節　龍樹菩薩生平比較

一、生平比較

　　本次研究參考的龍樹菩薩傳記共十部，諸傳記對其生平的記載存在一定的差異，前諸章節已進行了詳細的研究和對比。本節擬將各傳記中的龍樹菩薩事蹟用四字進行概括，並按次第排列，製作成表，以不同字母對不同傳記進行區分，而不同傳記中的同一事蹟或近似事蹟則加上相同字母作為標記，從而分析龍樹菩薩生平的不同脈絡，並嘗試探討不同記載產生的原因。

龍樹菩薩a[394]	付法藏因緣傳b	大唐西域記c	傳法正宗記d	布頓佛教史e	師師相承傳f	八十四大成就者傳g	密宗大成就者奇傳h	七系付法傳i	印度佛教史j
樹下出生a				看相短命e	看相短命e		看相短命e	看相短命e	
博通世法a	博通世法a	幼傳雅名a	博通世法a						
求隱身術a	求隱身術a								
侵凌宮女a	侵凌宮女a					搶劫居民g			
出家修學a	出家修學a	出家修學a	深山拜師d	那爛陀寺e	那爛陀寺e	那爛陀寺e	那爛陀寺e	那爛陀寺e	
				密續教授e	密續教授e	厭倦講法g	密續教授e	密續教授e	
					廣宣戒律f				
					對治邪說f		獲得悉地h	獲得悉地h	
遍學聲聞a			為龍說法d						
雪山求法a	雪山求法a				修度母法f	修度母法f	修度母法f	修度母法f	修天女法j

394 字母a表示《龍樹菩薩傳》內容的類型，其他傳記中與《龍樹菩薩傳》對應內容相似的也會標記為a。

						親見 本尊g			
摧伏 外道a	摧伏 外道a					攝受 明妃g			
	門神 譏諷b								
欲立 新宗a	欲立 新宗a				神眾 護法f				
取大 乘經a	取大 乘經a								
		破析 外道a			辯服 外道a				辯服 外道a
具足 二忍a	具足 二忍a								
造大 乘論a	造大 乘論a			造大 乘論a	造大 乘論a		造大 乘論a		造大 乘論a
		化身 圓月d							
		收徒 提婆c	收徒 提婆c		收徒 提婆c				
咒術 鬥法a	咒術 鬥法a								
應募 宿衛a	持幡 七年a		持幡 七年a						
神通 度王a	神通 度王a		神通 度王a						
	點金 之術c			點金 之術c	點金 之術c	變山 為銅c	點金 之術c	點金 之術c	點金 之術c
				被逐 出寺e					
				龍宮 說法d	龍宮 說法d		龍宮 說法d	龍宮 說法d	
				龍宮 取經a	龍宮 取經a		龍宮 取經a	龍宮 取經a	
				建造 塔寺e	建造 塔寺e		建造 塔寺e	建造 塔寺e	建造 塔寺e
				北俱 盧洲e	北俱 盧洲e		北俱 盧洲e	北俱 盧洲e	

		善聞藥術c						
		助力國王c		助力國王c	助力國王c	助力國王c	助力國王c	助力國王c	助力國王c
		壽年數百c		世壽六百c	世壽六百c		世壽數百c	世壽數百c
小乘念疾a	小乘念疾a		天雨舍利d					
閒室坐化a	閒室坐化a	王子索頭c	泊然大寂d	王子索頭c	王子索頭c	梵天索頭g	王子索頭c	王子索頭c
		位登初地c			證七地果c			
				往生淨土e	往生淨土e	明妃護骸g	往生淨土e	

表 10.1 龍樹菩薩生平匯總

二、流派梳理

據表 9.1 可以發現，儘管諸傳記對龍樹菩薩生平的記載不完全相同，但也並非沒有規律。

漢傳佛教傳記方面，《付法藏因緣傳》的記載與《龍樹菩薩傳》基本一致，《大唐西域記》的記載則與《龍樹菩薩傳》存在一些不同，而《傳法正宗記》的記載則似乎借鑑了《龍樹菩薩傳》的部分內容，同時又增加了一些其他細節。

藏傳佛教傳記方面，《布頓佛教史》、《師師相承傳》和多羅那他的三部著作（《密宗大成就者奇傳》、《七系付法傳》、《印度佛教史》）的內容比較接近，其中《師師相承傳》的內容最為詳細。《八十四大成就者傳》的記載則與其他藏傳佛教傳記存在較多不同。

根據上面的分析，擬將漢傳佛教傳記分為兩個流派，分別以《龍樹菩薩傳》和《大唐西域記》為代表。將藏傳佛教傳記也分為兩個流派，分別以《師師相承傳》和《八十四大成就者傳》為代表，如下表所示。

《龍樹菩薩傳》	《大唐西域記》	《師師相承傳》	《八十四大成就者傳》
樹下出生		看相短命	
博通世法	幼傳雅名		
求隱身術			
侵凌宮女			搶劫居民
出家修學	出家修學	那爛陀寺	那爛陀寺
遍學聲聞		密續教授	厭倦講法
雪山求法		廣宣戒律	
		對治邪說	
		修度母法	修度母法
		神眾護法	親見本尊
摧伏外道	破析外道	辯服外道	攝受明妃
		造大乘論	
欲立新宗	收徒提婆	收徒提婆	
取大乘經	點金之術	點金之術	變山為銅
具足二忍	善閒藥術	龍宮說法	
造大乘論		龍宮取經	
咒術鬥法		建造塔寺	
應募宿衛		北俱盧洲	

神通度王	助力國王	助力國王	助力國王
小乘忿疾	壽年數百	世壽六百	
閉室坐化	王子索頭	王子索頭	梵天索頭
	位登初地	證七地果	
		往生淨土	明妃護骸

表 10.2 四個流派的龍樹菩薩生平

　　從表中不難看出，關於龍樹菩薩的記載，四個流派比較共同的部分，除龍樹菩薩出家受戒之外，還有「摧伏外道」、「助力國王」、「收徒提婆」、「取大乘經」等部分，這是龍樹菩薩弘法利生的體現。四個流派區別較大的幾個方面則包括：龍樹菩薩的出家因緣、對大乘的弘化作用、密法學修和圓寂因緣等多個方面。下文將對這幾個方面進行詳細分析。

三、重點差異對比分析

（一）出家因緣

　　對出家因緣的記載，《龍樹菩薩傳》記載龍樹菩薩在年輕時與三位好友潛入王宮侵凌宮女，事情敗露之後，三位好友均被殺，龍樹菩薩感悟到「欲為苦本」，逃脫之後發心出家。《八十四大成就者傳》記載龍樹菩薩曾魚肉卡厚惹地區的百姓，當地婆羅門想要離開，龍樹菩薩認識到自身的錯誤，不希望百姓沒有祭司，於是自己離開，並前往那爛陀寺出家。這兩種記載均未迴避龍樹菩薩出家前有過錯誤的行為，只是具體內容有所不同。

　　但因被預言短命而七歲出家的記載，則明顯不同，這種記載見於多部藏傳佛教傳記。出現這種記載的可能性之一，是作者為了迴避龍樹菩薩出家前的不如法行為而將出家原因改為「被預言短命而七歲出家」。另一種

可能性是，「童真出家」在部分佛教派別內得到很大的推崇，乃至可能成為一些傳記寫作的範式，以塑造祖師的形象。當然，童真出家對修行有很多正面作用，但是不可能適合所有人，以此作為榜樣值得商榷。

《大唐西域記》並未提到龍樹菩薩的出家因緣，玄奘大師很可能讀過鳩摩羅什大師所翻譯的《龍樹菩薩傳》，他並未在《大唐西域記》中提及龍樹菩薩的出家因緣，應是他也認同《龍樹菩薩傳》中的記載，因此無須再寫，畢竟羅什大師翻譯的《龍樹菩薩傳》年代更早。

事實上，漢地流通的龍樹菩薩出家因緣的記載，雖然記錄了他出家前的荒誕行為，但絲毫沒有損減龍樹菩薩的崇高形象。不論是他個人的修證高度，還是他弘法利生的事蹟，都令後世學人深深仰望。而他出家前的行為，恰恰拉近了與凡夫眾生的距離，也啟示後人，不論曾經犯過什麼錯誤，只要願意向上追求，就能夠實現人生價值。

（二）興盛大乘佛教

在漢傳佛教傳記和著述中，龍樹菩薩求取大乘經典，後廣弘大乘佛法，收徒講學，撰寫著作，開展菩薩行。漢地八宗也尊龍樹菩薩為共祖，認為他所取的經典及撰寫的著作對八大宗派產生了重要的影響。因龍樹菩薩的努力，大乘佛法得到了廣泛的傳播，這同他剛出家時部派佛教興盛的局面截然不同。

然而，在藏傳佛教傳記當中，龍樹菩薩在年幼之時便來到那爛陀寺出家，很快就學習了很多顯密教授，似乎意味着當時的大乘佛法已經很興盛。不過，《布頓佛教史》、《師師相承傳》、《密宗大成就者奇傳》和《七系付法傳》中都提到龍樹菩薩取《般若經》的經歷，這一點則與《龍樹菩薩傳》的記載有一定的共通之處。儘管後者並未提及所取經典的內容，但漢地普遍認為《般若經》、《華嚴經》等大乘經典皆為龍樹菩薩所取；前者則明確說明是《般若經》。

另外，《龍樹菩薩傳》中龍樹菩薩取得大乘經典的背景是當時聲聞法

發展興盛，大乘經典則很少見，故其取經和弘法對大乘佛教起到興衰攸關的作用；而藏傳佛教傳記中，龍樹菩薩取《般若經》的背景則已經是學習了很多顯密教授之後，其取經對大乘佛教的意義更側重於傳承與弘揚。

這是兩地傳記中，龍樹菩薩在興盛大乘佛法方面的主要區別。呈現這樣的區別，很可能是因為藏傳佛教更重視密法，在這樣的背景下，大乘顯教內容及相關經典的重要性相對下降，導致後人在撰寫傳記時對相關信息重視度不足。而密法的修學在藏地又極為重要，因此後人對學修密法的仰望可能進一步寄託在祖師的傳記當中。於是便出現了傳記中記載龍樹菩薩出家後便學習密法的經歷，而興盛大乘的功績相對不夠突出。

（三）學弘密法

對學弘密法的記載，漢藏兩地也有不同。《龍樹菩薩傳》並未明確提出龍樹菩薩曾學修密法，但提到他用咒術與婆羅門鬥法，暗示龍樹菩薩擅長咒語。另外，前文研究已述，在一些唐密典籍如《兩部大法相承師資付法記》以及史傳類著作如《佛祖歷代通載》和《釋氏稽古略》中均提到龍樹菩薩得到金剛薩埵的灌頂和密法傳授，並將密法傳予龍智尊者。《八宗綱要鈔》還介紹了龍樹菩薩開啟南天鐵塔的經歷。漢傳佛教的相關記載認為是龍樹菩薩將密法帶到了人間，並加以傳承。

在藏傳佛教的諸多傳記中，龍樹菩薩出家之後便學習了很多密續教授。這與漢傳典籍記載區別很大。該差異的原因類似前節所討論，因為藏地對密法尤為重視，後人在為祖師作傳記時強調其對密法的通達，從而將龍樹菩薩描寫為剛出家便學修密法。

與其他藏傳佛教傳記不同的是，《八十四大成就者傳》並未記載龍樹菩薩剛出家之後便學習密法，而是記載他在那爛陀寺學習五明，成為了大師，但不久對講法產生了厭倦，而後轉向修習禪定和密法。

《八十四大成就者傳》對龍樹菩薩學修次第的記載與漢傳佛教文獻的記載有相似性，即龍樹菩薩出家的學修歷程可分為——從修學聲聞法，轉

而修學大乘顯教，最後是修學密法。龍樹菩薩由小向大是為了追求更高的修行境界，而之後修學密法，則是因為密法能夠提供諸多的方便法門，幫助修行者更好的成就自利利他。這樣的過程，也折射出佛陀滅度之後，眾生所更相應的佛陀教法的變更次第，即印度佛教曾依次經歷的部派活躍、大乘主導、密法興盛的過程。

（四）圓寂因緣

在圓寂因緣方面，《龍樹菩薩傳》記載龍樹菩薩是因為受到小乘法師的嫌恨而選擇離世，但是《大唐西域記》則記載他是因王子索頭而離世，除《八十四大成就者傳》記載為「梵天索頭」之外，其他的藏傳佛教傳記均記載為「王子索頭」。

按照傳記出現的時間順序，最早的記載應為《龍樹菩薩傳》的「小乘法師嫌恨」，小乘法師並未對龍樹菩薩有直接的傷害，但也表達了不希望他住世的心情，龍樹菩薩聽後不久便圓寂坐化。在時間上，《大唐西域記》次之，其記載因王子不滿龍樹菩薩與國王的長壽，而向他索頭，龍樹菩薩應允而離世。最後，《八十四大成就者傳》中，則是一位梵天子化作婆羅門的樣貌向龍樹菩薩索頭。這三種記載折射出三種關係——大小乘關係、政教關係和內外道關係。

事實上，按照佛教發展的歷史順序，這三種關係的依次呈現也存在合理性。佛陀滅度後，聲聞法得到廣泛弘揚，大乘佛法隱而不彰，大量的聲聞部派湧現出來。龍樹菩薩出世，對聲聞部派做了很大的糾偏，開啟了大乘佛法的興盛。未離欲的聲聞人，很可能在這過程中對龍樹菩薩產生嫌恨。因此，在這期間，大乘宗派與聲聞部派之間存在着一定的張力。

隨着大乘佛法的不斷弘揚，諸多大乘論師、大乘行者不斷出現，印度佛教進入了「大主小從」期，大小乘宗派之間的張力減小。但隨着大乘行人的積極入世，政教關係開始變得複雜。部派佛教時期，僧人是以靜修為主，不會參與政治，但隨着大乘佛教的發展，大乘行者更多的參與社會建

設，乃至與政權有緊密的互動。一旦與政權當中的某一派系互動過多，則容易遭到另一派系的敵對。因此，大乘行者參與社會的範疇應如何把握，則是一個要緊的問題。

當國王護持佛教時，在王權的保護下，佛教能夠有很好的發展。但是隨着王權的更替，當國王的繼任者不再護持佛教時，之前被排擠的其他宗教會反彈，給佛教帶來更多的挑戰。佛教如何面對來自其他宗教的衝擊，如何處理內外道關係，這些問題變得更加緊迫。這可能是《八十四大成就者傳》記載「梵天索頭」所折射出的問題。事實上，印度佛教後期就是在與其他宗教如印度教的競爭中逐漸退出歷史舞台。因此，如何處理佛教與其他宗教的關係，需要重視。

儘管印度佛教曾一度消失，但佛法依然在漢地、藏地、東南亞等地流傳開來，形成漢傳佛教、藏傳佛教、南傳佛教三系佛教，如今更是遠傳歐美，展現出佛教強大的生命力。但在佛法流傳的同時，佛教一樣會面臨宗派關係、政教關係和內外道關係的挑戰，作為大乘行人應以智慧與慈悲而善巧處理。

（五）「多個龍樹菩薩」的探討

面對藏傳佛教傳記與漢傳佛教傳記在龍樹菩薩生平記載上的不同，《八十四大成就者傳》的作者認為存在多個龍樹菩薩：一位是鳩摩羅什大師所譯《龍樹菩薩傳》中所介紹的，撰寫《中論》的「龍樹菩薩」，被稱為第二佛陀；一位是九世紀的密乘阿闍黎，也名為「龍樹」；一位是「黃金乘」成就者，煉金大師「龍樹」；還有一位叫做「康康那惹」的龍樹。[395]

多人取同一名的現象可以理解，有時後人為了表達對祖師的崇敬和效學故而取祖師的名字，有時則是文化習俗所致，通過取與前人相同的名字體現對祖師的傳承。但如果從信仰的角度看，也存在着其他的可能性。作為證得聖果的地上菩薩，不同經歷的「龍樹」也可以是同一位「龍樹菩

395《金剛歌‧八十四大成就者傳》，第 161－167 頁。

薩」的不同轉世或化身。如撰寫《中論》的龍樹菩薩在那一生結束後，轉世於一個婆羅門家庭，七歲出家，在那爛陀寺學修密法。這樣來講，龍樹菩薩各期生命的使命即有所不同，有的側重弘揚般若，開顯大乘佛法的知見，有的側重弘揚密法，發揮善巧方便。

　　不過，從不同傳記中相近的內容來看，幾部傳記描述的是同一位龍樹菩薩的可能性也是極大的。因為這些傳記和文獻，大體上都提到了龍樹菩薩在弘揚大乘顯密之法的突出貢獻，同時，「取大乘經」、「收徒提婆」、「幫助國王」、「索頭離世」等生命中重要事件的記載也比較接近。而從文獻學的角度，相隔幾百年乃至上千年的不同文化背景的傳記記載還在關鍵之處有如此多的相似性，因此，傳記中所描述的很可能就是同一位「龍樹菩薩」。只是因為時間的流逝、文化的差異、翻譯的困難，以及現實的反射，導致在不同傳統的傳記中產生了豐富的差異。如《八十四大成就者傳》中也對比了鳩摩羅什大師翻譯的《龍樹菩薩傳》，僅僅是由於翻譯的問題，就產生了不少生平記載的不同。尤其是最後一句話「後來一個弟子將門破開時，只見到一隻蟬飛出來」[396]，可以看出是作者誤讀了《龍樹菩薩傳》中的「弟子破戶看之，遂蟬蛻而去」[397] 一句，將「圓寂坐化」的比喻表達理解成了真有一隻蟬飛出去。

　　每一代的大乘修行者都把龍樹菩薩作為修學的榜樣，而他的傳記就成為修行者的教科書。不同的龍樹菩薩傳即蘊含了各個傳承的修學經驗，其中的相同和相異之處對修學大乘都具有重要啟示。不論是一個龍樹菩薩還是多個龍樹菩薩，其精神和傳承更值得關注。他一生的經歷為後人帶來怎樣的啟發？這個問題值得深思。這是龍樹菩薩留給我們的寶貴財富之一，也是研究龍樹菩薩的重要意義之一。

396《金剛歌・八十四大成就者傳》，第 162 頁。
397《龍樹菩薩傳》，《大正藏》50 冊，第 185 頁中欄。

第二節　龍樹菩薩的啟示

　　龍樹菩薩的一生帶給後人非常多的啟示，本章擬從義理、實修、哲學、科學、醫學和咒語六個方面進行分析。

一、義理

　　義理和實修是兩個不同的層面，但也並非截然區分，而是互相含攝，輾轉增進。其中義理的學習指大乘理境的正聞熏習，實修則是以聞熏之理指導實踐行動。龍樹菩薩的生平傳記和他所闡發的中觀思想對這兩方面都有很深刻的啟發。

　　佛法義理深邃浩瀚，般若中觀思想既是義理的一部分，也是義理詮釋的重要基礎。尤其是大乘佛法的開演，更不能離開它而進行，否則很容易產生各種偏頗和誤解。本節即嘗試以般若中觀思想對佛法中的部分義理問題進行探討，並為進一步研究做鋪墊。

（一）中觀與《般若經》的關係

　　大乘佛法不離智慧與方便。智慧即般若，佛陀二十二年宣說般若甚深空性之理，匯集成《大般若經》等般若系經典流傳於世。佛陀在般若經典中直陳「緣起性空」的般若實相，並無過多的論證過程。因此般若經典實際上為修行人提供了很好的觀修境，歷史上很多高僧通過讀誦大乘經典而開悟，而這本身不是一個思辨的過程。

　　龍樹菩薩則是通過《中論》、《十二門論》等著作，開創性地以邏輯思辨的方法論證般若空性的內涵，闡明緣起性空的實相，為凡夫從邏輯思考的角度理解般若提供了渠道，這正是龍樹菩薩作出的巨大貢獻。

　　佛告舍利弗：「菩薩摩訶薩習應色空，是名與般若波羅蜜相應。習應受想行識空，是名與般若波羅蜜相應。復次，舍利弗！菩薩摩訶薩習應眼

空，是名與般若波羅蜜相應。習應耳鼻舌身心空，是名與般若波羅蜜相應。習應色空，是名與般若波羅蜜相應。習應聲香味觸法空，是名與般若波羅蜜相應。習應眼界空、色界空、眼識界空，是名與般若波羅蜜相應。習應耳聲識、鼻香識、舌味識、身觸識、意法識界空，是名與般若波羅蜜相應。習應苦空，是名與般若波羅蜜相應。習應集滅道空，是名與般若波羅蜜相應。習應無明空，是名與般若波羅蜜相應。習應行、識、名色、六入、觸、受、愛、取、有、生、老死空，是名與般若波羅蜜相應……」[398]

　　這是《般若經》中的一段文字，佛陀說菩薩應當對五蘊、十二處、十八界、四諦、十二因緣等法做觀空的修習，類似的文字在經中經常出現。龍樹菩薩的《中論》則從邏輯的角度解釋了為何這些法的自性是空的。以色法為例：

若離於色因，色則不可得，若當離於色，色因不可得。離色因有色，是色則無因，無因而有法，是事則不然。若離色有因，則是無果因，若言無果因，則無有是處。若已有色者，則不用色因，若無有色者，亦不用色因。[399]

　　龍樹菩薩採用歸謬法，面對眾生認為「色法」真實存在的觀念，他首先假定「色法」確實真實存在，那麼可以推得「色法之因」也必然真實存在，且二者必須同時存在，因為「色法之因」和「色法」兩個概念就是相待而生。但是「色法之因」和「色法」又不可能同時存在，這違背日常認知，這便是矛盾之處。進一步，如果已經有「色法」了，又何須「色法之因」；如果沒有「色法」，也不存在與它相待的「色法之因」。

　　通過這樣的歸謬分析，推導出預設前提下自相矛盾的結果，因此「色法真實存在」這樣的前提觀念是錯誤的。龍樹菩薩就是這樣通過邏輯思辨的方式論證《般若經》中萬法皆空的道理。

（二）中觀與菩薩道的關係

　　菩薩道也被稱為大乘佛法的修行之道。大乘行者發願救度眾生共成佛

---

[398]《摩訶般若波羅蜜經》卷1，《大正藏》8冊，第222頁下欄。
[399]《中論》卷1，《大正藏》30冊，第6頁中欄。

道，這是與聲聞行者追求進入無餘涅槃的一大區別，其獨特性的背後依然有着般若中觀思想的支撐。

聲聞聖者現觀五蘊身心和現象世界的流變，深刻體認到生滅有為的世間不可依靠、沒有意義，必須進入到不生不滅的涅槃，只有在涅槃當中才能具有永久的安樂。龍樹菩薩則在《中論》裏揭示出這種對立思維的漏缺之處，「若不受諸法，我當得涅槃；若人如是者，還為受所縛」，[400] 如果一個人還需要依賴「不受諸法」才能得到真實安樂的話，那麼仍然還是被「受」與「不受」的觀念所縛。這裏深刻揭示出以二元對立的「法執」建立起不究竟的解脫觀所潛藏的隱患——「離凡得聖，聖還成凡」。[401]

佛陀在《摩訶般若波羅蜜經》中這樣對須菩提説：「雖生死道長、眾生性多，爾時應如是正憶念：生死邊如虛空，眾生性邊亦如虛空，是中實無生死往來亦無解脫者。」[402] 大乘菩薩需覺悟「當體即空」之理，輪迴的本質就是涅槃，不需要在輪迴之外尋找涅槃，因而才能在生死當中勇猛的行菩薩道，利益眾生。

龍樹菩薩在《中論》中也進行了詮釋：「不離於生死，而別有涅槃；實相義如是，云何有分別。」[403] 基於輪涅不二的思想，輪迴並不可怕，只因眾生無明錯認，涅槃的本質才被遮蔽，大乘佛法的修行關鍵則在於破除無明，如實了知世界的本質。因此，大乘行者並不希求進入無餘涅槃，因輪迴和無餘涅槃的對立依然還在無明當中。

菩薩通過六度萬行，一方面暴露內心的無明執著，加以對治修正，另一方面開顯內心本具的光明清淨。如同夢中遇到猛獸追趕，聲聞行者試圖在夢中鑄造一個堅固的堡壘，不再與猛獸接觸，但依然還在夢裏，而大乘法則告知眾生正在夢中，本自安全，並無真實的傷害與危難，解脫的關鍵在於如實了知。在某種意義上來講，這也是聖位菩薩的寫照，他們透徹了悟生死世間本自無生，在這如幻的現象世界中，行如幻的善法，度如幻的眾生，同時內心保持如如的寂靜與清涼。

---

400 《中論》卷 3，《大正藏》30 冊，第 21 頁中欄。
401 《中觀論疏》卷 7，《大正藏》42 冊，第 115 頁下欄。
402 《摩訶般若波羅蜜經》卷 17，《大正藏》8 冊，第 349 頁中欄。
403 《中論》卷 3，《大正藏》30 冊，第 21 頁中欄。

（三）中觀與如來藏

1、佛說如來藏的意趣

　　如來藏是一切眾生所本具的常、樂、我、淨的法身，又名佛性、自性清淨心、真如、實相等。如《大方等如來藏經》：

　　一切眾生有如來藏，如彼淳蜜在於巖樹，為諸煩惱之所覆蔽，亦如彼蜜群蜂守護。我以佛眼如實觀之，以善方便隨應說法，滅除煩惱開佛知見，普為世間施作佛事。[404]

　　眾生皆具如來藏，凡夫的如來藏被煩惱所覆蓋，就像含藏在巖樹中的蜂蜜。佛陀是圓滿開顯如來藏者，並且為眾生方便說法，幫助眾生開顯本具功德。《楞伽經》中佛借大慧菩薩的提問而對該問題開示道：

　　佛告大慧：「我說如來藏，不同外道所說之我。大慧！有時說空、無相、無願、如、實際、法性、法身、涅槃、離自性、不生不滅、本來寂靜、自性涅槃，如是等句，說如來藏已。如來、應供、等正覺，為斷愚夫畏無我句故，說離妄想無所有境界如來藏門。大慧！未來現在菩薩摩訶薩，不應作我見計着。譬如陶家，於一泥聚，以人工水木輪繩方便，作種種器。如來亦復如是，於法無我離一切妄想相，以種種智慧善巧方便，或說如來藏，或說無我。以是因緣故，說如來藏，不同外道所說之我。是名說如來藏。」[405]

　　佛陀所講的如來藏與外道所講的「我」並不相同，佛陀之所以宣講如來藏是為了避免聽聞無我教法的人過於畏懼，這部分眾生錯解「無我」是將實實在在的「我」消滅掉。事實上，凡夫理解的「我」只是一種分別觀念，本來就不存在，也無所謂被消滅。

　　因此，不論講「如來藏」還是講「無我」，都是為了詮釋「離一切妄想」的真實境界。如《大般涅槃經》：

　　比丘當知，是諸外道所言我者，如蟲食木偶成字耳。是故，如來於佛法中唱言無我，為調眾生故、為知時故，如是無我。有因緣故，亦說有我。

---

[404]《大方等如來藏經》卷 1，《大正藏》16 冊，第 457 頁下欄。
[405]《楞伽阿跋多羅寶經》卷 2，《大正藏》16 冊，第 489 頁中欄。

如彼良醫善知於乳是藥、非藥，非如凡夫所計吾我。凡夫愚人所計我者，或有說言大如拇指、或如芥子、或如微塵。如來說我，悉不如是，是故說言諸法無我，實非無我。何者是我？若法是實、是眞、是常、是主、是依，性不變易，是名為我。如彼大醫善解乳藥；如來亦爾，為眾生故說諸法中眞實有我。汝等四眾應當如是修習是法。[406]

佛有時說「我」，有時說「無我」，都是觀待不同因緣為眾生開的不同藥方，眾生應該依方服藥，才能走向解脫之路。相同的內涵在《大智度論》中也有表述：

菩薩住二諦中，為眾生說法，不但說空、不但說有；為愛着眾生故說空，為取相着空眾生故說有；有、無中二處不染。[407]

佛菩薩觀待眾生的根器而為眾生說法，對愛着「有」的眾生講空，對執著「空」的眾生講有，目的都是為了幫助眾生趣向真實。

2、中觀助於理解如來藏

如來藏與外道「神我」的重要區別即是，如來藏所描述的是離言真實境界，超越妄想分別，而外道所講「神我」依舊不離我法二執的自性思維，還是處在名言、妄想的包裹之中。因此，為準確理解如來藏，般若中觀學是關鍵。因如來藏超越名言分別，而般若中觀的作用之一即是幫助眾生反思名言、放下名言。沒有中觀知見的配合，很容易將如來藏與神我思想混淆。

《大般若經》中佛陀也特別強調了「真如」空的一面：

如來常說眞如空，法界、法性、不虛妄性、不變異性、平等性、離生性、法定、法住、實際、虛空界、不思議界亦空。[408]

此處對「真如空」的敘述意在強調，即使是「真如」，也不能依名執實，這進一步突出對名言分別的破斥。因此，中觀對於準確理解如來藏、真如是非常必要的。

龍樹菩薩在《大智度論》中還提到佛陀說法的四種方式，稱為四悉

406《大般涅槃經》卷2，《大正藏》12冊，第618頁中欄。
407《大智度論》卷91，《大正藏》25冊，第703頁中欄。
408《大般若波羅蜜多經》卷329，《大正藏》6冊，第687頁中欄。

檀──世界悉檀、各各為人悉檀、對治悉檀和第一義悉檀，也可以為這一問題帶來啟發。

龍樹菩薩介紹：「佛欲說第一義悉檀相故，說是《般若波羅蜜經》……過一切語言道，心行處滅，遍無所依，不示諸法。諸法實相，無初、無中、無後，不盡、不壞，是名第一義悉檀。」[409] 諸法實相即是第一義悉檀，第一義悉檀無法用語言去描述，超越思維分別，而「無常」、「苦」、「無我」等教法在大乘佛法的四悉檀中則被安立為「對治悉檀」：

> 對治悉檀者，有法，對治則有，實性則無。譬如重、熱、膩、酢、鹹藥草飲食等，於風病中名為藥，於餘病非藥；若輕、冷、甘、苦、澀藥草飲食等，於熱病名為藥，於餘病非藥；若輕、辛、苦、澀、熱藥草飲食等，於冷病中名為藥，於餘病非藥。佛法中治心病亦如是：不淨觀思惟，於貪慾病中，名為善對治法；於瞋恚病中，不名為善，非對治法……一切有為法無常、苦、無我等亦如是。如是等相，名為對治悉檀。」[410]

對治悉檀的教法是對應眾生的煩惱執著而安立，如對多貪眾生講不淨觀，對多瞋眾生講慈心觀。般若中觀思想則是通過「空」的對治悉檀治療眾生的「實有」病，最終證悟非空非有的真如實相。而《大般涅槃經》中以乳藥喻說明，佛陀先說無我後說有我，先說空後說佛性，目的即是為了漸次治病。[411] 因此，為正確理解如來藏的內涵，般若中觀有重要作用。

3、中觀助於開顯如來藏

如來藏既然為一切眾生所本具，那麼凡夫眾生應如何開顯，方能轉凡成聖，顯發本來面目的清淨功德呢？對該問題的探討應先了解「從真起妄」的過程。《大乘起信論》對此有一些介紹：

> 不覺義者，謂從無始來不如實知真法一故，不覺心起而有妄念。然彼妄念自無實相，不離本覺，猶如迷人依方故迷，迷無自相不離於方；眾生亦爾，依於覺故，而有不覺妄念迷生，然彼不覺自無實相，不離本覺。[412]

由於一念不覺，於是眾生入迷，但眾生並未離開如來藏，「不覺」也

409《大智度論》卷 1，《大正藏》25 冊，第 59 頁中欄。
410《大智度論》卷 1，《大正藏》25 冊，第 60 頁上欄。
411《大般涅槃經》卷 2，《大正藏》12 冊，第 378 頁上欄。
412《大乘起信論》卷 1，《大正藏》32 冊，第 585 頁中欄。

並不真實;就像迷路之人,忽然不認識道路和方位了,但道路和方位並沒有錯,只因眾生糊塗故而迷路。論中繼續介紹:

> 復次依於覺故而有不覺,生三種相不相捨離:一、無明業相,以依不覺心動為業,覺則不動,動則有苦,果不離因故;二、能見相,以依心動能見境界,不動則無見;三、境界相,以依能見妄境相現,離見則無境,以有虛妄境界緣故。[413]

一念不覺之後便產生三種相:無明業相、能見相、境界相,分別指稱無明、認知主體和認知客體,如此身心世界便呈現出來。因此,身心世界和主客對立等皆是立足於無明不覺而展開,如論中説:「一切世間境界之相,皆依眾生無明妄念而得建立,如鏡中像無體可得,唯從虛妄分別心轉。」[414]

寧瑪派祖師曾將「一念無明不覺」的過程進一步開演為「三無明」:同體無明、俱生無明、遍計無明。三無明可以理解為「一念無明」的三個面向。同體無明指與清淨本性相同本質,卻對清淨本性不如實知;俱生無明即由於同體無明的緣故,面對自性所生之法,不能了知其為自性所現和空性的特點;遍計無明即進一步以我法二執、能所對立的觀念觀待萬法。[415]

了解了「從真起妄」的過程,便不難理解「反妄歸真」的原理。覺悟如來藏的關鍵即在於放下我法二執的束縛,超越二元對立,體認如來藏的本自具足。如論中所載:

> 復次為令眾生從心生滅門入真如門故,令觀色等相皆不成就……如是十方一切諸法應知悉然,猶如迷人謂東為西,方實不轉;眾生亦爾,無明迷故,謂心為動,而實不動。若知動心即不生滅,即得入於真如之門。[416]

眾生如果能夠體認「一念不覺」的虛妄,不以為真,便能夠現量親見真如。然而,凡夫眾生在試圖探尋「如來藏」的過程中,其名言分別一直在起作用,它一方面障礙「如來藏」的顯現,另一方面容易導致錯認,如

413《大乘起信論》卷 1,《大正藏》32 冊,第 585 頁下欄。
414《大乘起信論》卷 1,《大正藏》32 冊,第 586 頁上欄。
415 隆欽燃絳巴尊者造,劉立千譯,王小軍校:《句義寶藏論廣講》,北京:民族出版社,2009 年,第 39 頁。
416《大乘起信論》卷 1,《大正藏》32 冊,第 588 頁上欄。

以手指月，卻認手為月。般若中觀思想對這兩點均能起到很好的對治作用，這也是中觀有助於開顯如來藏的體現。

中觀思想着力強調對名言認知的分析，龍樹菩薩在《中論》中用歸謬法，分析了名言的自相矛盾性，證成依名言認知方式無法體認真實。行者若能在觀修之中，反思自身的自性概念，在意識到其局限之後，放下相關觀念，便能逐步免除名言認知的干擾，有望現見真實。

對如來藏的錯認，也是修行中需要謹慎注意的問題。錯認的表現之一就是用自性思維理解如來藏。如來藏的功德在凡夫眾生中並非沒有絲毫體現，如《楞嚴經》中佛陀為波斯匿王指示「見性」，即凡夫的覺知，實則不生不滅，超越生死輪迴。[417] 覺知即是如來藏功德在凡夫位的一種展現，但凡夫的覺知卻被種種煩惱、執著、邪見所染污，因此不能展現出如佛菩薩般的圓滿功德。如同在陰天感知到的光，雖然來自於太陽，但因為受到烏雲、霧霾的染污，不能認為陰天的光就等於太陽發出的光。又如六祖慧能大師對弟子神會的教誡：

一日，師告眾曰：「吾有一物，無頭無尾，無名無字，無背無面。諸人還識否？」神會出曰：「是諸佛之本源，神會之佛性。」師曰：「向汝道：『無名無字』，汝便喚作本源佛性。汝向去有把茆蓋頭，也只成個知解宗徒。」[418]

慧能大師意在強調，僅僅停留在「名字」分別的階段還不能證悟佛性。因此，運用般若中觀剔除自性思維，是減少錯認如來藏的重要方法。

事實上，在佛經當中也有很多佛菩薩為眾生示現真如的例子，如《維摩詰經》中的「入不二法門品」，此處引用其中文殊菩薩和維摩詰居士的例子作為參考：

如是諸菩薩各各說已，問文殊師利：「何等是菩薩入不二法門？」文殊師利曰：「如我意者，於一切法無言無說，無示無識，離諸問答，是為入不二法門。」於是文殊師利問維摩詰：「我等各自說已，仁者當說何等是

417《大佛頂如來密因修證了義諸菩薩萬行首楞嚴經》卷 2，《大正藏》19 冊，第 110 頁中欄。
418《六祖大師法寶壇經》卷 1，《大正藏》48 冊，第 359 頁中欄。

菩薩入不二法門？」時維摩詰默然無言。文殊師利歎曰：「善哉！善哉！乃至無有文字、語言，是眞入不二法門。」[419]

文殊菩薩描繪了不二境界「無言無說，無示無識，離諸問答」的離言特點，維摩詰居士以「默然無言」的境界來直陳「不二」，都是做出了很好的示現。

通過以上的分析和研究可以發現，般若中觀學對理解和開顯如來藏有很大助益，漢藏兩地佛教的諸多宗派也都是受到相關觀念的影響，在義理闡釋和實修實踐方面做出了很多很好的探索。

然而正如前文所論述，般若中觀學是通過「空」的對治悉檀導向離言的第一義悉檀，是佛陀因眾生的「實有」病而予般若藥，但般若中觀並非唯一能治病的藥。如果認為唯有般若中觀是絕對真理，或者認為其是通向真理的唯一路徑，那就容易排斥其他法門，否定其對修證的有效性，而這正是般若中觀要對治的法執。

尚有諸多修行法門可以幫助證悟如來藏，本文僅以頗具代表性的禪宗法門和密宗大圓滿法門為例。如禪宗參話頭，即是去體認能所認知之前的本來面目，又如師父通過「當頭棒喝」希望幫助弟子截斷意識流，體證「言語道斷、心行處滅」的境界，如密宗「大圓滿法」，「於自性大圓滿，直接契入明智，解開能所二執之纏縛。其後體認光圈與光相，明智力將會圓滿顯現為普賢王如來」，[420] 也是希望令如來藏突顯出來。

禪宗修行和大圓滿修行有較多相近之處，以下兩個公案分別為一位禪宗修行者和一位大圓滿修行者的開悟歷程的片段截取：

昔大珠和尚初參馬祖。祖問：「從何處來？」曰：「越州大雲寺來。」祖曰：「來此擬須何事？」曰：「來求佛法。」祖曰：「自家寶藏不顧，拋家散走作甚麼。我這裏一物也無，求甚麼佛法。」珠遂作禮問：「那個是慧海自家寶藏？」祖曰：「即今問我者，是汝寶藏，一切具足更無欠少，使用自在何假外求。」珠於言下識自本心不由知覺。[421]

一天晚上，華智如往常一樣躺在那裏修法時，他問隆多：「隆吉（對

419《維摩詰所說經》卷 2，《大正藏》14 冊，第 551 頁下欄。
420 珠古東珠著，土登華丹譯：《大圓滿龍欽寧提傳承祖師傳》，如是文化聯合體，第 228 頁。
421《大慧普覺禪師語錄》卷 23，《大正藏》47 冊，第 910 頁中欄。

隆多的暱稱），你說過你尚未認識心的本性嗎？」隆多答：「是的，上師。我不認識。」華智說：「哦，沒什麼不能認識的。來，到我這裏來。」於是隆多依言到華智身邊。華智說：「像我一樣躺下，凝視虛空。」隆多照做了。接下來的對話是這樣的：「看到了天上的星星嗎？」「看到了。」「你聽到了遠處佐欽寺的狗吠聲嗎？」「聽到了。」「噢，那就好，所謂的心性就是這個。」就在那一瞬間，隆多恍然大悟，疑慮盡消，一切是與非的分別枷鎖此時都已完全脫落，覺空赤裸之智慧（本覺）終被徹底認識。[422]

　　可以發現，兩個公案較為相似，都是因緣和合之下，師父幫助弟子指出心性，弟子認出本自具足的如來藏。公案中的師徒對話如同佛經中佛菩薩的智慧對答，在不斷的追問中打破分別，使陽光穿破烏雲，顯現本具的佛性。

（四）中觀對基礎佛法問題的釐清

　　前文提到，龍樹菩薩開創性的以邏輯思辨的方式論證般若空性，但佛法並非僅止於哲學思辨，而是可以切實地應用於修行和生活。以大乘正見指導身心實踐，遠離虛妄不實的顛倒妄想，還生命以超越一切束縛的自主與自由，即是佛陀出現於世間的本真意義。

　　但不可否認，在修行與生活的實際操作中，部分佛弟子會無可避免地遇到困惑與迷茫，有時甚至出現愈是精進用功修行、修行的時間愈長，反而愈陷入令人無所適從的矛盾中，導致信心退失。究其本質，乃在於正見未立、目標未明。

　　此處僅以幾個最為基礎和常見的佛法概念，加以般若中觀思想的解讀，略作探討和梳理。

1、業果

　　業果即「業力因果」，不唯是佛教，在古印度很多宗教都有重視「業」與「因果」的傳統，佛陀是用當時大眾都熟知的語言概念作為基礎，加以

422《大圓滿龍欽寧提傳承祖師傳》，第 256 頁。

佛法「緣起性空」的核心教義進行引伸和再詮釋，最終形成佛教的「業果」思想。

學佛人開始接觸佛教一般都是從業果概念入手，善惡業得苦樂果等佛教理念，使人們摒棄此前諸多毫無責任感與慚愧心的行為，提醒世人要對自己的行為負責。這具有很強的教育作用，進而改變了很多人的生命方向。但對業果僅停留在「自性思執」層面的簡單解讀，以及在此基礎上向自身單向無限地歸責、歸因，這種錯誤認識則背離了「緣起法」的本義，在極端情況下甚至會成為束縛修行人的又一「道德鎖鏈」。

龍樹菩薩在《中論》裏指出：「業不從緣生，不從非緣生；是故則無有，能起於業者。無業無作者，何有業生果；若其無有果，何有受果者。」[423] 作為成立業果要素的能作人與所作法、能受人與所受果皆空無自性，「如幻如夢、如焰如響」。龍樹菩薩經過嚴密的邏輯推導，得出結論：「諸業本不生，以無定性故；諸業亦不滅，以其不生故。」[424]

需要注意的是，龍樹菩薩並沒有否定世俗諦的因果，但是認為「因」、「果」實有自性的觀念則是違背中道思想的，也是為龍樹菩薩所破斥。這種「自性因」感「自性果」的觀念，在學佛人中並不少見。如造作了一個並不算嚴重的惡業，但卻恐懼「地獄大苦」的來臨。一方面，惡業確實是苦果的根本因，另一方面，《中論》也告訴人們，「因」和「果」是相待成立的。從這個角度來講，在「地獄果」呈現之前，所做的行為還不能被稱為絕對的「地獄因」，這就給「改變」提供了空間，但如果內心為某個行為貼上了絕對的「地獄因」的標籤，那麼這種名言安立幾乎定然引發內心的恐懼、焦慮和消沉，也為改變它帶來了很大難度。事實上，一個行為在造作之後，並非一定會感果，所以應當注意修正「自性因感自性果」的觀念。

另外，對於行菩薩道的大乘行者，只有透徹了雖緣起宛然幻有而自性纖毫無所得，雖空無自性而緣起如是宛然幻有，才可能義無反顧地在這如幻的紅塵中無我利他，雖實無眾生可度又永無厭足地誓度一切眾生。龍樹

---

423 《中論》卷3，《大正藏》30 冊，第 23 頁中欄。
424 《中論》卷3，《大正藏》30 冊，第 22 頁下欄。

菩薩在《菩提資糧論》裏的偈頌「極厭於流轉，而亦向流轉；信樂於涅槃，而亦背涅槃」[425]，正是這種菩提人生的真實寫照。

2、懺悔

以般若中觀思想體悟業自性本空、如幻不實，對於修行者來說具有很強的現實指導意義。特別對於大乘行者而言，在菩薩道的開始階段，「懺悔業障、積聚資糧」是修行的必要內容。佛陀以無與倫比的智慧和慈悲，令世人覺悟到懺悔可以「消障滅罪」，引導眾生善用懺悔法門，清除菩薩道行進途中的身心障礙。

然而，很多修行人懺罪反為罪縛，妄加莫須有的罪障於己身，本應解黏去縛的懺悔法門卻造成深深地悔責、恐懼而無法自拔。這種情況並非是如理的懺悔，而是陷入了五蓋中的掉悔蓋。如不及時改善這種心理狀態，不僅影響自信心與行動力，嚴重者則會誘發抑鬱症等心理疾病。大乘行者本該具有無我利他的勇悍擔當，被消極避罪的錯誤認知所遮蔽，造成身心的困頓，障礙菩薩道的開展。

佛陀在諸多大乘經典中多次宣講大乘「實相懺悔」的佛法內涵。如《佛說觀普賢菩薩行法經》中說：「一切業障海，皆從妄想生，若欲懺悔者，端坐念實相。」[426]《華嚴經》云：「一切諸業亦復如是，雖能出生諸業果報，無來去處。諸天子！譬如幻師幻惑人眼，當知諸業亦復如是。若如是知，是真實懺悔，一切罪惡悉得清淨。」[427]

在《大般涅槃經》中，有一段佛陀開導阿闍世王破罪的記載，佛陀一步步引導阿闍世王使其從根源上明理，因而破除了弒父重罪，這是一段非常精彩的開示，充滿了智慧與慈悲。故事的開端源於一場王位之爭，阿闍世王因聽信提婆達多的教唆，為篡奪王位將其父頻婆娑羅王在七重室內幽閉致死。成為新王後，他卻受到良心的譴責，心生悔悟，但為時已晚，全身長滿惡瘡，臭穢難當。阿闍世王日夜悔恨懊惱，無法自拔，遍尋外道、

425《菩提資糧論》卷 4，《大正藏》32 冊，第 533 頁上欄。
426《佛說觀普賢菩薩行法經》卷 1，《大正藏》9 冊，第 393 頁中欄。
427《大方廣佛華嚴經》卷 48，《大正藏》10 冊，第 256 頁下欄。

名醫都無計可施，這時身為佛教徒的耆婆前來探病，並引導命將不久的阿闍世王拜見佛陀。

「佛告大王：『一切諸法，性相無常、無有決定，王云何言必定當墮阿鼻地獄？』阿闍世王白佛言：『世尊！若一切法無定相者，我之殺罪亦應不定。若殺定者，一切諸法則非不定。』」[428] 在阿闍世王認同殺業不定之後，「必下地獄」的觀念有所動搖，之後佛陀從多個角度為他講解罪業不實之理。本文將其中的部分段落引用如下。

王若得罪，諸佛世尊亦應得罪。何以故？汝父先王頻婆娑羅曾於諸佛種諸善根，是故今日得居王位。諸佛若不受其供養，則不為王；若不為王，汝則不得為國生害。若汝殺父當有罪者，我等諸佛亦應有罪。若諸佛世尊無得罪者，汝獨云何而得罪耶？

大王！頻婆娑羅往有惡心，於毗富羅山遊行獵鹿，周遍曠野悉無所得，唯見一仙五通具足。見已，即生瞋恚惡心：「我今遊獵所以不得，正坐此人。」驅逐令去，即敕左右而令殺之。其人臨終生瞋惡心，退失神通而作誓言：「我實無辜，汝以心、口橫加戮害。我於來世亦當如是，還以心、口而害於汝。」時王聞已，即生悔心，供養死屍。是王如是尚得輕受，不墮地獄。況王不爾而當地獄受果報耶？先王自作還自受之，云何令王而得殺罪？[429]

這裏佛陀介紹了阿闍世王的父親頻婆娑羅王的一些經歷，他曾供養諸佛，積累了很大福報，使其這一生成為國王，但在打獵時殺害一位仙人，造下殺業，則又感得被殺之果。這裏佛陀意在強調，構成頻婆娑羅王死去這一事件的因緣是眾多的，並不存在某一個孤立的自性因，阿闍世王的關鍵問題就在於「自性見」。這種「自性」觀念使人們在做任何事情時帶有一種強烈的「自我感」。正是這種「自我感」，在順境時令人沾沾自喜乃至得意忘形，在做錯事時令人負擔重重、痛苦不堪。阿闍世王便在這種錯誤認知下，將父親死去的原因局限地歸於自己，如此則陷入「自我實存——我造惡業——我下地獄」的恐懼心理中。

428《大般涅槃經》卷18，《大正藏》12冊，第726頁中欄。
429《大般涅槃經》卷18，《大正藏》12冊，第726頁下欄。

　　佛陀通過開顯因緣法告知阿闍世王，萬法皆是眾緣所生，不存在某個「自性因」生某個「自性果」之事。在這種觀念下，凡夫認知中的「自我存在」、「自我造業」、「自我感果」等觀念將得到衝擊，而這些「我執」、「我見」恰恰是痛苦的根源，當這些煩惱執著有所減輕，惡業種子的力量則得到了削弱，其成熟感果也減少了外緣。

　　大王！眾生狂惑凡有四種：一者、貪狂，二者、藥狂，三者、咒狂，四者、本業緣狂。大王！我弟子中有是四狂，雖多作惡，我終不記是人犯戒。是人所作不至三惡，若還得心亦不言犯。王本貪國，逆害父王。貪狂心作，云何得罪？大王！如人酒醉，逆害其母。既醒寤已，心生悔恨。當知是業亦不得報。王今貪醉，非本心作。若非本心，云何得罪？大王！譬如幻師，四衢道頭幻作種種男、女、象、馬、瓔珞、衣服。愚癡之人謂為真實，有智之人知非有真。殺亦如是，凡夫謂實，諸佛世尊知其非真。[430]

　　與前一段側重罪業是眾緣而生從而消解自我感的角度不同，這一段佛陀強調造作殺業的是阿闍世王的貪狂心，並非他的本心，就像醉酒之人在暫時喝醉的狀態下造作惡業一樣。人們在煩惱的驅使下造作惡行，並不是他的本心所為，便不能說他本人有罪。而造罪的主體——煩惱，則無常生滅，找不到一個實體。

　　佛陀通過這樣的開演，指出一切的罪業都如夢如幻並不真實，不僅幫助眾生解脫負罪感，還暗含了眾生本性清淨之理。既然本性清淨，那麼眾生的過失就在於錯認妄心為真心，所需要做的也就是放棄這種錯認而已。當認識到罪業、煩惱、苦果都不真實時，它們對個體的束縛就大大減輕了。

　　另外，四力懺悔中「對治現行力」的部分，也提到誦讀般若經典、理解思維空性對懺悔業障的重要作用：

　　第二力中分六：依止甚深經者，謂受持讀誦《般若波羅蜜多》等契經文句。勝解空性者，謂趣入無我光明法性，深極忍可本來清淨。[431]

　　由於煩惱是惡業感果的主要外緣，而讀誦《般若經》等經典可以熏習空性知見，對「無明」引發的煩惱起到對治作用，從而減少惡業感果的條

430《大般涅槃經》卷18，《大正藏》12冊，第727頁上欄。
431《菩提道次第廣論》卷5，《大藏經補編》10冊，第663頁上欄。

件。同時，熏習空性知見，串習「作與作者」皆不可得的觀念，也可減損惡業種子的力量。從這些角度可以去理解讀誦般若經典懺悔業障的原理。

需要注意的是，不能以「罪業不真」為由放縱煩惱和惡行，這樣就乖離了佛陀本意。不妨這樣思維：既然煩惱和罪業都不真實，那為何還要隨順它們呢？如此便容易認清以「罪業不真」為藉口的放縱煩惱。況且，放縱惡行本身就是由自性執引發的煩惱所驅動，並進一步強化自性執，用空性作為放縱的理由，無異於掩耳盜鈴。

阿闍世王經過佛陀循循善誘地開導而幡然覺悟，他不僅了知諸法實相，而且生起勇猛的菩提心：「世尊！若我審能破壞眾生諸惡心者，使我常在阿鼻地獄，無量劫中為諸眾生受大苦惱，不以為苦。」[432] 可見，他沉淪黑暗的內心定是重獲了自由與光明。據傳記記載，龍樹菩薩在出家前也曾造下惡業，雖然傳記並未記載其如何懺悔，但想必龍樹菩薩一定是對「罪性本空」有所領悟。

3、苦

世人皆知「物之大患，莫過於苦」[433]，趨樂避苦是人之天性。古往今來不乏有對「苦」的反思者，但凡夫外道僅僅「皆競求離，不達其因」[434]，雖然想離苦，卻不知苦因；聲聞乘則「雖識苦因，未窮其本，封執定性，則苦果不息，更造苦因」[435]，對苦因的認識還不夠徹底，反而加重了某方面的分別。龍樹菩薩作《中論》觀苦品，「欲示其因緣之苦無有定性，令苦果得息，不起苦因」[436]，揭示出「苦」無自性的道理。由此得見凡夫世人及大小乘修行人對「苦」的認知存在本質差別。

人天乘理解的苦，側重在於「苦受」，即痛苦的感受。一念不覺依如來藏而展開為身心世界之後，根塵識相接觸便產生感受，如果這種感受與認知主體相違逆，便是苦受。對於這種苦受，凡夫眾生本能地產生排斥。與之相對的樂受，則為凡夫眾生所追求。有的眾生還能認識到「壞苦」，即事物無法久住，引發快樂的事物發生變化時，便會帶來苦受，因此在得

432《大般涅槃經》卷 18，《大正藏》12 冊，第 728 頁上欄。
433《中觀論疏》卷 7，《大正藏》42 冊，第 103 頁中欄。
434《中觀論疏》卷 7，《大正藏》42 冊，第 103 頁中欄。
435《中觀論疏》卷 7，《大正藏》42 冊，第 103 頁中欄。
436《中觀論疏》卷 7，《大正藏》42 冊，第 103 頁中欄。

意之時會存有危機意識。在通常意義上來講，這些便是人天乘所理解的苦。

聲聞乘行者則進一步去理解「行苦」，它是「苦苦」和「壞苦」的本質，即有為法遷流變化的不穩定性。因為無明遮蔽了真實，「我」只能被寄託在變化着的生滅現象裏，同時「我」又需要追求「常」以獲得一種類似麻醉的安全感，但現象界、五蘊身心又在無盡地變化着，毫無掌控的可能。這種輪迴生命深層次的錯位和矛盾，無可避免地會招致痛苦。「諸行無常，是生滅法，生滅滅已，寂滅為樂」[437]，一切有為法都不可作為價值所依，只有滅掉生滅之法，進入寂滅涅槃，才是真正的快樂。聲聞乘認識到「無常」的苦，故而發心出離有為世間。

大乘的無常觀則和聲聞乘很不一樣，這是對於佛法深廣不同的理解所致。大乘認為的無常是「常無自性」之意，即「常法」不可得，那麼與之相待的「無常法」也不可得。於是，需要修正的則是認為「苦有自性」的錯誤認知。龍樹菩薩在《中論》中也對這一點進行了論證，如「觀苦品」：「自作及他作，共作無因作，如是說諸苦，於果則不然。」[438]

龍樹菩薩依然是採用歸謬法，先假定「苦」真實存在，那麼「苦」的來源不出四種——自作、他作、共作、無因作，他進一步分析這四種情況都不可能產生苦果，於是「苦」這一概念的真實性便被瓦解。佛菩薩在理解「苦不真實」的基礎之上，不但解脫了自身的苦惱束縛，而且對於凡夫眾生的痛苦無奈更加理解，同時也不會被眾生的苦難壓倒，就像對待沉迷於劇情中的演員，不論劇情如何危險，演員並不會受到真實傷害，只需要提醒他在演出而已。佛菩薩因此便能「智不住三有，悲不住涅槃」，廣行利他之事。

（五）六度與菩薩道

眾生之所以輪迴生死，一方面因為被煩惱和業所繫縛而不得自在，另一方面也因為不能認識諸法實相。修習菩薩道的行者必須圓滿福德、智慧

437《別譯雜阿含經》卷 16，《大正藏》2 冊，第 489 頁中欄。
438《中論》卷 2，《大正藏》30 冊，第 16 頁中欄。

二資糧才能最終圓證佛果。因此，在發菩提心之後就需要通過修習六度來圓滿兩種資糧：其中布施、持戒、忍辱是屬於福德資糧，般若則是屬於智慧資糧，般若的生起則需要精進和禪定。龍樹菩薩在《大智度論》中討論了六度與兩種資糧的關係：

> 欲成佛道，凡有二門：一者、福德，二者、智慧。行施、戒、忍是為福德門；知一切諸法實相，摩訶般若波羅蜜是為智慧門。菩薩入福德門除一切罪，所願皆得，若不得願者，以罪垢遮故。入智慧門則不厭生死、不樂涅槃，二事一故。今欲出生摩訶般若波羅蜜，般若波羅蜜要因禪定門，禪定門必須大精進力。何以故？散亂心不能得見諸法實相。[439]

在修行六度的過程中，將自己的財物、知識、技能等布施給眾生，通過持戒來避免傷害眾生，通過忍辱來忍受他人的非理對待。從表面看似乎是在犧牲自己成就他人，而事實上修行六度是藉由眾生的因緣來拔除煩惱，圓滿福慧，開顯本具功德的過程：

> 財施因緣故得大富，法施因緣故得大智慧；能以此二施，引導貧窮眾生，令入三乘道。以持戒因緣故，生人天尊貴，自脫三惡道，亦令眾生免三惡道。以忍辱因緣故，障瞋恚毒，得身色端政，威德第一，見者歡喜，敬信心伏，況復說法。以精進因緣故，能破今世後世福德、道法懈怠，得金剛身、不動心；以是身、心，破凡夫憍慢，令得涅槃。以禪定因緣故，破散亂心，離五欲罪樂，能為眾生說離欲法。禪是般若波羅蜜依止處，依是禪，般若波羅蜜自然而生。[440]

由此可見，六度的修行並非是只有證悟空性的聖者才可以做的廣大利生事業，而恰恰是每一位初發心的大乘修行者都需要去努力實踐的功課。在這個過程中，眾生與菩薩，自利和利他都是相待而生、不一不異的關係：修行人通過六度破除慳貪、瞋恚、懈怠、憍慢、散亂、愚癡等煩惱的束縛，同時積累廣大的福德和智慧資糧；眾生因為六度免除三惡道的痛苦，增強對佛法的信心，同時漸次趣入到三乘教法之中。正如普賢菩薩在《普賢行願品》中所述：

---

439 《大智度論》卷 15，《大正藏》25 冊，第 172 頁中欄。
440 《大智度論》卷 18，《大正藏》25 冊，第 196 頁上欄。

206

一切眾生而為樹根，諸佛菩薩而為華果，以大悲水饒益眾生，則能成
就諸佛菩薩智慧華果。何以故？若諸菩薩以大悲水饒益眾生，則能成就阿
耨多羅三藐三菩提故。是故菩提屬於眾生，若無眾生，一切菩薩終不能成
無上正覺……以於眾生心平等故，則能成就圓滿大悲，以大悲心隨眾生故，
則能成就供養如來。[441]

此外，在六度之中，雖然每一個波羅蜜都能含攝其他五個波羅蜜，但
是般若波羅蜜的作用至關重要，如果沒有般若波羅蜜則其他波羅蜜不能稱
為「波羅蜜」，並且也不能得到增長，猶如「群盲無導，不能有所至」[442]，
又如「人無命根」[443]：

復次，為般若波羅蜜故說五波羅蜜；若人能直行諸法實相，則不為說
布施等入般若初門。以人鈍根、罪重故，種種因緣說：以布施破慳；持戒
折薄諸煩惱；忍辱開福德門，能行難事；精進如風吹火，熾然不息；禪定
攝心一定，觀諸法實相故。是五波羅蜜皆趣向般若波羅蜜，如諸小王朝宗
轉輪聖王，如一切眾流皆入大海；布施等諸善法亦如是，為般若波羅蜜所
守護故，得至薩婆若。[444]

前五波羅蜜的施設無非是為了引導眾生趣入諸法實相。因而，如果在
修行過程中忽略了對般若智慧的培養和本具功德的開顯，一味的注重布施
等外在種種利生事業的開展，很容易變成對世間善法的追求；或者把原本
的修行方便變成追求外在事業的成功和壯大，乃至超過個人的承擔能力，
成為負擔和壓力；甚至在名利的誘惑下增長貪染，陷入自是非他的鬥爭之
中，最終背離菩薩道的正確方向。由此菩提心轉變為善法心、事業心或名
利心等，不能稱之為波羅蜜。

又復菩薩雖行五波羅蜜，不得般若波羅蜜，不得名波羅蜜，以不破著
心故。

菩薩雖行種種諸餘深法，不得般若，不名為行波羅蜜，但名為行善法，
有量有盡故……不能除障礙、行菩薩道故。[445]

達摩大師在《大乘入道四行觀》中講述了修行六度的方法：

441《大方廣佛華嚴經》卷 40，《大正藏》10 冊，第 846 頁上欄。
442《大智度論》卷 29，《大正藏》25 冊，第 272 頁下欄。
443《大智度論》卷 29，《大正藏》25 冊，第 272 頁下欄。
444《大智度論》卷 82，《大正藏》25 冊，第 636 頁中欄。
445《大智度論》卷 82，《大正藏》25 冊，第 636 頁上欄。

夫入道多途，要而言之，不出二種：一是理入，二是行入。理入者，謂藉教悟宗，深信含生同一真性，但為客塵妄想所覆，不能顯了。若也捨妄歸真，凝住壁觀，無自無他，凡聖等一，堅住不移，更不隨文教，此即與理冥符，無有分別，寂然無為，名之理入。行入，謂四行，其餘諸行悉入此中。何等四耶？一、報冤行，二、隨緣行，三、無所求行，四、稱法行。[446]

通過理入來趣入菩薩道的修行，就是要借助教理的學習來樹立正確的見地，認識到眾生本具如來的智慧功德，只是因為客塵煩惱的遮蔽才不能開顯，進而通過聞思修捨棄掉有分別、有得失的妄心，回歸寂然無為、無有分別的真心。通過行入來趣入菩薩道的修行，就是通過在日常生活中歷緣對境的實踐，不斷的矯正自己的發心，去除自己的妄想、煩惱，回歸真心。不論是理入還是行入，都是六波羅蜜在不同因緣下的實踐途徑，最終都能證悟到離言絕相的諸法實相。

所以，六波羅蜜的修行正是大乘行者修行菩薩道走向證悟的必經之路，是圓滿自身福慧和開顯本具功德的階梯。在實踐布施等利生事業的過程中，要認識到這只是菩薩道的實踐手段而非最終目標，在此過程中體悟自己與眾生相待而生的關係，同時注重對個人妄想煩惱的調伏和般若智慧的培養。

（六）義理與實修的關係

現有的龍樹菩薩傳記中，大多記載龍樹菩薩著論弘法，並進行六度的實踐，乃至密法的實踐。《八十四大成就者傳》還記載龍樹菩薩出家後，勇猛求學佛法，在成為大師後不久對講法產生厭倦，轉向修習密法和禪定。龍樹菩薩的示現告訴我們，義理學習與修行實踐必須結合，兩者缺一不可。

義理學習如同出行前研究地圖，它為實修提供了路線指導。通過研究

446《菩提達摩大師略辨大乘入道四行觀》，《卍續藏》63 冊，第 1 頁上欄。

義理、深入三藏，使得修行的路線、結果乃至陷阱等重要信息朗然於心中，才能更好地在修行之路上定位自己、看清未來，找到下手處、避開危險處。另一方面，通過實修的探索與體會，也可以對所學義理有更深入和更切己的理解，在向他人開演義理時能夠更加生動、契機。因此，義理和實修二者應該相互促進，不可割裂對立。

忽視義理與實修的平衡，很容易隨順習氣去理解佛法修行，造成偏頗狹隘，其具體表現則是只進行個人好樂的修行方式，排斥修行的其他方面。表現在義理與實修的關係上，如果好樂義理者放棄實修的探索，僅停留在義理文字和意識思維的層面，則很難跳出我法二執的束縛去體驗真實，個人的身心也難有質的改變；而如果好樂實修者放棄義理的學習，就如同航海不帶指南針，容易造成盲修瞎練與南轅北轍。不同的修行人根器不同、因緣不同，位處不同的修行階段，對學和修加以側重的區分是正常的，但是如果在觀念上認為二者是割裂的，則有失偏頗，修行人應當對此謹慎對待並經常反思。

佛陀所證悟的真相是離言絕句的，而義理是為證悟服務，「修多羅教如標月指」[447]，義理本身如同標月之指，並非是月。如果忽視這一點，便會執著文字相即是真理，忘記了義理對自身的調伏指導作用而停留於文字本身。如此不僅障礙了進步的機會，而且在出現分歧時容易形成黨派，嚴重時甚至引發鬥爭。

解決這種問題，還是要回歸佛陀本懷、佛法本意和修行者對覺悟的追求上，不論出家、在家，學佛修行的目的應是為了開發本具的慈悲智慧、令自他究竟離苦得樂，而不是為了維護某種觀點或效忠某個組織、個人。乃至在煩惱的作用下進行宗派鬥爭，更是與修行內涵背道而馳。思考修行的本意，理解義理對實修的輔助作用，就可以在一定程度上避免執著文字相所帶來的種種紛擾。

此外，理解義理與實修的關係，也可以為當代眾生如何學習義理提供更多參考。釋迦牟尼佛示現成道以來已二千多年，佛法從印度流傳到漢

447《大方廣圓覺修多羅了義經》卷 1，《大正藏》17 冊，第 917 頁上欄。

地、藏地、東南亞、歐美非等各地，廣義的佛法義理不僅包括佛菩薩、聲聞聖者等宣講的經律論，也包括歷代傳承祖師的著作與開演。因此，佛法義理的範圍相當龐大。依前文所述「四悉檀」的道理，有些義理屬於世界悉檀範疇，即隨順世間法而說，有些義理屬於對治悉檀範疇，即為對治某類問題而說。隨着時代的不斷發展，世間共許的知見發生變化，眾生無明的表現點也發生了變化，哪些義理更契合當代眾生的根器，更能解決當代眾生的問題，則是需要考量的。例如，佛教歷史上曾為對治外道邪見所開演的義理，當代學佛者是否一定都學？印度佛教的種種觀念、法相概念和論著等是否一定是學習佛法核心義理的基礎？如漢傳佛教中被認為本土化程度最高的禪宗，就完全擺脫了印度佛教的色彩，而祖師的善巧方便一樣可以讓人開悟。現代眾生如何可以更好的趣入佛法核心？這些問題值得深思。

一方面，「法門無量誓願學」，從菩薩道的長遠發心來看，可以有遍學一切的目標；另一方面，就凡夫此生的修行進展而言，則務必要抱持義理學習為實修服務的宗旨。了解佛教歷史中各宗派的種種思想對修行是有所幫助，但如果不回應當代眾生的思想問題，不深刻反思直面自身執著，糾結耗時於某些陳舊的概念，則會制約修行的效率。暇滿人身難得，修行時間寶貴，只有立足當代緣起，結合自身問題，探求究竟義理，才能幫助我們更好地安排義理的學習，從而實現提高修行的目標。

（七）義理研究與其他學科

對於其他學科，大乘佛教也應具有包容態度。龍樹菩薩在這一點做出了很好的示現。他早在出家前就遍學一切學問，出家後，小、大、顯、密無不鑽研並精通。不僅是佛教內部的各個學派，龍樹菩薩對於外道學說、科學、醫學、咒術等也是廣泛涉獵，吸取精華，不斷用先進的思想和知識來充實自己，這樣的胸懷格局為後人樹立了榜樣。

有觀點認為學術、科學等都是邪見，因而與之批評對立、拒絕交流。

然而，早在佛世時期，佛陀在宣揚佛法、制定戒律時便曾參考過當時外道的一些名言體系和對世界的認識。如以「地水火風空」的分類角度認知物質的方式，最初即來源於古印度《吠陀》典籍，佛陀也承許這種分類，並在其基礎上講解無常、苦、空之理。又如「因果、輪迴、涅槃」等法相也先由婆羅門教提出，佛陀取用了這些名言，但對其進行了隨順佛法的詮釋。在制定戒律方面，五戒的內容作為基本的人倫生活保障，也是佛陀從當時的婆羅門教所借鑑，但因之開演了戒定慧的內涵。對於古印度當時認為大地草木皆有生命的觀點，佛陀雖不認同，但也為避免譏嫌和違緣，而為比丘制定了相關戒律。[448] 對於一些錯誤的修行觀念，佛陀有時也未直接破斥，而是借其因緣闡發佛法究竟之理，如有婆羅門認為在孫陀利河洗浴便可消除罪業：「孫陀利河是濟度之數，是吉祥之數，是清淨之數，若有於中洗浴者，悉能除人一切諸惡。」[449] 佛陀則借之開演：「不殺亦不盜，不淫不妄語，信施除慳垢，於斯而洗浴。於一切眾生，常起慈悲心，井水以洗浴，用伽耶等為？」[450] 告知對方，應當用持戒、布施、慈悲等善法來洗滌內心的塵垢，這位婆羅門聽後則非常歡喜。

可見，佛陀在處理世間知識、外道觀念時是非常靈活的，對於隨順佛法、符合世法的部分，佛陀也借鑑過來並在其之上演說佛法。對於世間的錯誤知見，佛陀也會觀待因緣，有時直接破斥，有時則借其名言而開顯真義，以令對方更容易接受理解。這也昭示着，學習義理與借鑑世間學科並不對立，關鍵在於探索佛法的內涵。

「因緣所生法」的原則是依佛法觀察世界的重要角度，前文已述，「因緣觀」即是本次研究的主要方法之一。事實上，隨着世間學科的不斷發展，愈來愈多的學科也在從不同的角度闡發緣起規律，踐行「因緣所生法」這一原則。如自然科學主要是考察物質之間相互作用的原理，社會科學是研究人類社會的活動規律，醫學則是研究身體健康的運作規律。又如文獻學研究則指出了文本傳承中的無常性，這可以幫助人們理解經律論著以文本方式流傳可能帶來的變化，而文獻對比校勘等方法也為減弱無常帶來的

448《摩訶僧祇律》卷 19，《大正藏》22 冊，第 384 頁下欄。
449《雜阿含經》卷 44，《大正藏》2 冊，第 321 頁上欄。
450《雜阿含經》卷 44，《大正藏》2 冊，第 321 頁中欄。

偏差提供了渠道。這些研究方法和成果也都隨順緣起法的內涵，因此，它們不僅為人們了解自身與世界提供了更多方式，也可為義理研究提供更多方法和角度。

然而，在部分佛教徒當中卻存在着忽視因緣、孤取單因的現象。如對於「佛菩薩的加持」，有人認為一切善法的成辦都來自佛菩薩的加持，於是忽略了個人的努力和對因緣的觀察。龍樹菩薩在《大智度論》中曾開演道：「眾生有二因緣故得度：一者、內有正見，二者、外有善說法者。諸佛雖善說法，眾生內正見不具故，不能盡度。如寶物雖為眾生出，而有貧窮眾生；諸佛亦如是，雖為眾生出，而眾生內正見少故，亦不得度。」[451] 可知，眾生得度既需要佛菩薩的加持、說法，也需要個人發廣大心、樹立正見、調伏煩惱，眾緣和合方能得度。如果孤取「佛菩薩的加持」這一面，不僅違背了緣起法的內涵，而且在遇到不如意時可能會抱怨佛菩薩不加持自己，退失對三寶的信心。

又如，面對逆境違緣時，只聯想到了業障這一面，而漠視了對外緣的觀察，也是某種程度的自性執的體現。任何果相的呈現都是因緣和合的產物，逆境違緣的根本因固然是惡業，需要懺悔，但苦果的呈現也需要外緣的配合。孤取因緣當中「惡業」的部分而忽視對外緣的觀察與調整，改善結果可能並不迅速，其背後也許還存在着一定的偷懶心態，長此以往，也容易造成自卑感的加重，影響菩薩道的開展。以這樣的心態面對他人的逆境，則較難設身處地的理解對方，倘若僅是輕率地為之貼上「業障重」的標籤，慈悲心也不易生起。因此，面對逆境違緣時，一方面要懺悔煩惱、惡業，另一方面也應努力觀察外緣，盡能力所及積極改善外在事緣。

前述提到了修行當中可能出現的部分偏頗現象，其本質則是對「因緣所生法」內涵的忽視。而現代學科中的部分研究方法，則可以作為對緣起法內涵的補充學習，這也是其借鑑意義的體現。

佛法真理互古不變，但理解佛法的方式卻受到人們知識背景、思維習慣、名言體系的制約。當代人受現代教育制度影響極大，無法迴避這些教

---

451 《大智度論》卷 99，《大正藏》25 冊，第 747 頁下欄。

育對思維習慣的影響，因此也不能屏蔽世間學科、研究方法對義理研究的借鑑意義。其中哲學、文獻學、社會學、歷史學、語言學、心理學、人類學，乃至物理學等諸多學科都可以對深入佛法起到輔助作用，它們雖非指向終極真理，但若善用，也能帶來很多啟發。例如，已有一些前沿科學實驗結果在一定程度上佐證了佛法義理，如「波粒二象性」實驗中，量子因觀察者的有無而分別呈現粒子態和波動態，即是對主客不二的一種暗示。因此，不論是個人理解佛法還是為他人宣揚佛法，每個人內心深處都已被打上了時代的烙印，善用這個時代提供的知識資源與研究方法，是一種隨順緣起的回應。觀世音菩薩「應以何身得度者，即現何身而為說法」，即是這種精神的體現。

　　佛家向來重視五明，其中聲明、工巧明、醫方明、因明都是共世間學科，它們可以輔助個人修行和作為利他方便。閉門造車只能導致思想狹隘偏執、言行保守僵化，一方面可能與先進的研究方法失之交臂，另一方面也封閉了和當代眾生對話的多元窗口。因此，在保證佛教本位的前提下，對於當代自然科學、社會科學等其他學科，應當保持開放的心胸格局，借鑑其中優秀的研究思路來對佛法義理進行闡發和弘揚。

二、實修

　　龍樹菩薩對般若中道的詮釋，闡述了諸法相待而生之理。在進行佛法的實際修持中，也應以中道思想來面對修行中的問題。否則很容易出現偏執現象，如執著某一戒條的表面持守卻忽視制戒意趣，又如孤立看待心識，忽視外在因緣對心識的影響等。這些偏執現象，對修行將產生阻礙。因此，以中道思想去看待實修中的各種問題非常必要。龍樹菩薩生平當中的經歷與選擇，也可以為此提供參考。本節擬從以下幾個方面進行分析。

（一）戒律觀

中道思想為眾人揭示了「諸法相待不二」的道理，戒律也是如此，在把握戒律精神的基礎之上，因應不同的因緣條件，持戒的方式也宜進行適當的調整。戒律並非佛教所獨有，而佛陀為弟子制定戒律，其意趣可以歸為三大類──僧團和合、個人修行、防護譏嫌。理解佛陀的制戒意趣非常必要，因為時代因緣在變化，很多戒條在當今時代不太有機會觸犯，而如今容易帶來譏嫌的因緣在佛世時並未出現，也未有相關戒條。

面對戒律，有兩種極端觀念需要避免：一個是執著戒律文本，另一個是輕視戒律文本。「執著戒條文本」可表現為兩種狀態，一是只在行為上符合戒條文本，對制戒內涵不夠重視，只保證行為上的「不犯」，不去調伏煩惱、防護譏嫌；另一表現則是不知變通，如《四分律》記載「與未受大戒人共宿」戒緣起中，比丘因持此戒而將幼年的羅睺羅驅出房間，迫使後者在廁所中過夜。如能回歸戒律精神，則這兩種情況容易避免。

「輕視戒律文本」則可表現為另外兩種狀態：一是隨自意樂的持部分戒條乃至不持戒，二是過於嚴苛的解釋戒條。儘管時代因緣有所不同，但是對戒律依然應保持謹慎態度，遵循戒律精神認真持戒，以「因緣變化」為藉口輕視戒律文本，不學習不思考，這樣的行為不論對自身修行還是對佛法住世都有很大負面影響。而過於嚴苛的解釋戒條，則是戒禁取的煩惱表現，容易增加很多心理負擔與自卑情緒。佛教修行講求中道，並非一味的在行為上做出要求，修行的關鍵還是在於智慧的獲得，用智慧去突破執著、煩惱。

因此，理解戒律精神，學習中道知見，方能為新時代的如理持戒提供出路。

（二）心物不二

「心」在不同的語境下有不同的意義，包括心性、真心、妄心、心識、心情等等。此處所述的「心」，則側重於與「物」相對的唯有情眾生所獨

具的心識。心識存在與否是區分有情、無情的唯一標誌。在佛教修行中，對心識的觀照、轉化也是十分重視。

　　一般人容易把心法與色法對立起來，而根據般若中觀思想，「心」和「物」二者的對立劃分，也是凡夫的名言妄執所安立。佛菩薩證入勝義諦真如境界之後，現見心物不二。對凡夫眾生而言，一方面不應混淆心法和色法的認識，另一方面也應重視二者的相待關係。表現在修行中則涉及身心關係、心物關係等。

　　首先，身心關係。身體狀態對一個凡夫眾生的影響是很大的。律中記載，常有比丘因病苦而無法修行，乃至自盡。經論中多有強調，身體狀態與禪定、修心緊密相關。因此，修行人不能忽視身體的規律。龍樹菩薩撰寫了一些醫學方面的著作，他通達醫方明的示現，也啟示我們重視身心關係。

　　其次，心物關係。從萬法相待而生的角度，不難理解環境、物質對人的影響。例如，祖師建造禪堂通常都會考究當地的環境，注重禪堂的氣氛，其目的即是通過營造合適的環境幫助眾生更容易提升修行境界。智者大師在《童蒙止觀》中也強調坐禪須選擇環境：「有三處可修禪定：一者、深山絕人之處；二者、頭陀蘭若之處，離於聚落極近三四里，此則放牧聲絕，無諸憒鬧；三者、遠白衣住處，清淨伽藍中。」[452] 又漢地祖師也很重視寺院風水對修行的影響，如憨山大師曾修改祖庭的風水和道路，虛雲老和尚也曾為南華寺、雲門寺等寺院調整風水。合適的環境對於修行具有促進作用，這一點值得關注。

　　修行人在觀念上容易輕視身體和外在事物而一味關注內心，但是心識也是因緣所生之法，孤立的看待心，忽視其他輔助方便，可能會導致事倍功半的結果。

（三）自力與他力

　　自力與他力的話題，在佛教修行中也比較常見。有觀點認為，淨土宗

452《修習止觀坐禪法要》卷 1，《大正藏》46 冊，第 463 頁中欄。

的修行完全是他力,禪宗的修行則完全是自力。事實上,根據般若中道思想可知,不存在絕對的自力或他力。求生淨土雖然仰賴阿彌陀佛的慈悲大願和接引,但淨業行人自身必須要有求生淨土的心願,這種心願的發起和堅固本身就需要自己的努力。另外,《觀無量壽經》還講到淨業三福等等。可知,從這個意義來講,淨土法門並非完全他力。完全的自力也是不存在的,因佛菩薩與眾生之間非一非異,又怎能有完全獨立的修行呢?

當然,不同法門之間在自力和他力的側重上確實不同,但不能產生絕對自力或絕對他力的觀念。因為這種觀念將帶來很多不良後果。如絕對他力觀念,很可能引發類似外道依賴救世主的心態,如此則與解脫背道而馳。又絕對自力觀念,則可能會排斥一些有助修行的善緣,導致修行緩慢或者易出偏差。因此,兩種極端的觀念都是不可取的。

他力的來源不僅是佛菩薩,也可以是善知識。然而,末法時代,具量善知識確實難遇。面對這樣的情況,也宜避免極端態度,既應保持開闊心胸,不因噎廢食,祈願自己具足條件感得具量善知識的攝受,也應謹慎選擇和考察善知識,避免盲目崇拜和依賴心理。

(四)對內外道的態度

皈依三寶是修行的重要基礎,佛陀所闡釋的佛法最為究竟,這些觀念對佛教徒來說不容置疑。但對外道的修行方式和弘教方式是否要秉持一貫排斥的態度,則有必要進行討論。

皈依和借鑑並不相同。《五分律》記載:「有諸比丘誦咒時,不噉鹽、不眠牀上,稱言:『南無婆伽婆。』生疑:『我將無隨異見,受餘師法耶?』以是白佛。佛言:『神咒法爾,但莫隨其見。』」[453] 比丘誦持咒語,有一句「南無婆伽婆」,「婆伽婆」即 bhagavat,有「有德」、「巧分別」等多意,[454] 此處則是用於尊稱某外道教主。比丘擔心自己皈依了外道,於是向佛陀請教。佛陀回應說,這句話是咒語本來存在的,並未判定他皈依了外道,但也提醒他不要隨順外道的知見。本段記載並未給出更多因緣,

---

453 《彌沙塞部和醯五分律》卷 26,《大正藏》22 冊,第 174 頁下欄。
454 《大智度論》卷 2,《大正藏》25 冊,第 70 頁中欄。

但根據佛陀的回應可以確定的是，這些比丘並非以皈依之心誦咒，也不認同外道的知見，他們可能只是為了解決某個實際的生活問題而持咒。因此，在借鑑外道的過程中，把握心態尤為重要，在不以皈依之心、不隨順外道知見的基礎上，則是可以進行一定的借鑑。

實際上，五明當中除內明之外，其他四明均是共世間、共外道的學問，乃至內明中的禪定、戒律也有很多共外道的要素。菩薩通過五明的學習和踐行，能夠為自身修持和利益眾生提供更多的方法和渠道。因此，在秉持正知見、皈依三寶的基礎上，對外道方法應保持開放態度，其目的則是為了更好的修持佛法、開展菩薩行。

三、哲學

現代西方哲學在休謨以前，一直處於理性主義發展的熱潮之中。人們普遍認為理性可以認識世界，只要極端發展理性，就可以掌握這個世界的真理。然而，這一堅固的信念卻被休謨等經驗主義者所撼動。經驗主義者認為並不存在一套嚴密的邏輯語言可以真正認識這個世界的真理。休謨認為，因果關係不過是人類因為習慣性的心理作用而建立的認識世界的簡單模型。[455] 例如太陽曬石頭，石頭熱了，這本來只是一個知覺判斷，並沒有包含必然性，儘管曾經多次地知覺過這個現象，但如果說太陽曬熱了石頭，這就在知覺上加入了因果性這一觀念。[456] 在休謨看來，真正確定的只有感覺印象或知覺，而在知覺之上形成的觀念包括因果概念等都是不確定的。[457] 休謨因此揭示出概念內在的深刻悖論，這跟龍樹菩薩的思路有一定程度的相似。如《中論》所揭示的，過去每次看到的豆芽都是從黃豆中產生，人們就習慣性的認定黃豆是產生豆芽的因。但從邏輯上說，這兩者的因果關係並不具有必然性，並不能保證下次看到的豆芽，就一定是從黃豆中產生的。黃豆與豆芽的因果關係其實是依名言構建而生。

休謨對理性主義的懷疑直接影響了康德。康德在休謨的基礎上，提出

---

455 休謨著，關文運譯：《人性論》，北京：商務印書館，1996 年，第 122 頁。
456 康德著，龐景仁譯：《未來形而上學導論》，北京：商務印書館，1978 年，第 72 頁。
457 《人性論》，第 109 頁。

二律背反問題，即對同一個對象所形成的兩種命題雖各自成立，但卻相互矛盾。康德認為，這是理性試圖超出經驗的界限去把握現象的本體時，不可避免會出現的情況。例如對宇宙在時間上是否有起始點，在空間上是否有邊界的問題，一種結論是有始有邊，一種結論是無始無邊，兩種命題論證都各有其合理的依據，但這兩個命題本身卻是相互矛盾的。[458] 這種論證的思路，與《中論》也有一定程度的類似。

只是康德做出的最終選擇，是用「先驗邏輯」這一學說來規避掉這種矛盾，而黑格爾恰恰從康德哲學中引伸出矛盾作為本體論的可能，進而提煉出辯證法。

辯證法跟中觀的思路也有些近似，只是黑格爾認為概念和邏輯本身沒有錯，問題在於是以形式邏輯還是辯證邏輯來認識世界。在他看來，辯證邏輯能更好的揭示這個世界的真理，而傳統的形式邏輯則一定會導致概念的不精確或二律背反問題。[459] 黑格爾認為，可以用這種後天建構的矛盾的概念體系，來揭示這個世界的真相，乃至最終影響到馬克思構建辯證唯物主義，並提出偶然性和必然性、整體和部分、個性和共性、相對和絕對等諸多範疇。

《中論》比辯證法更進一步，揭示出正因為概念本身是矛盾的，所以概念永遠無法真正認識客觀世界，永遠無法認識真如。只有打破了概念的束縛，才能體驗到真如，在證悟真如的基礎上，才能真正發現世界的因果規律。

因此，從龍樹菩薩闡釋的中觀思想與西方哲學的對比中，可以得出如下一些啟示：

首先，龍樹菩薩在《中論》裏的很多思維方式，如果僅通過古文的翻譯來理解，容易造成很多誤解，但通過西方哲學的語言來表達，和通過對西方哲學史的思維發展來進入，則可以幫助現代人更好的理解龍樹菩薩的思想。

---

458 康德著，鄧曉芒譯，楊祖陶校：《純粹理性批判》，北京：人民出版社，2004 年，第 357 頁。
459 鄧曉芒：《黑格爾辯證法為形式邏輯的奠基》，雲南大學學報：社會科學版，2010(2)。

　　其次，相比於辯證法，龍樹菩薩的《中論》通過反思概念的局限而指向離言的真如，契入真如之後，對如幻世間便能有更清晰準確的認知。這一點是《中論》與西方哲學辯證法的最不共處之一。

　　另外，黑格爾和馬克思的辯證法雖然只是對後天概念進行修補，但仍可以揭示出社會發展的內在矛盾性，並與現在的自然科學，包括量子力學、相對論等產生相互影響。中國《易經》等傳統哲學，也通過辯證法的思維方式，深刻揭示出物極必反、盛極必衰、否極泰來等道理。因此，相對於形式邏輯而言，辯證邏輯可以更加深刻的揭示出自然科學、社會科學的規律。因此，即便對於未能契入真如的凡夫而言，通過中觀的思辨方法，也可以達到對真實世界的一種更近似的認知，以接近真實的因果規律。

　　最後，相比於黑格爾、馬克思的辯證法側重於理解客觀世界和社會發展規律，龍樹菩薩的《中論》還在揭示主客關係、身心關係上具有獨特的優勢，這是龍樹菩薩中觀思想的又一不共價值。

　　總之，通過西方哲學的概念可以更好的理解中觀，通過中觀也能更好的指導哲學、科學的路徑。西方哲學經歷過輝煌，其超前的思維啟發了現代科學。但現在已經開始偏向實證主義、物理主義等，這其實是哲學科學主義化的傾向。同時也說明哲學與科學都已進入到發展的瓶頸。如果哲學不能有更好的發展，科學也會受到阻礙。借鑑龍樹菩薩思想，不失為二者繼續發展、突破瓶頸的重要方向。

四、科學

　　龍樹中道思想蘊含了辯證邏輯的思維方式，並將主客、身心關係作為重點考察對象，為了知真如指明了道路。而現代科學以形式邏輯和實驗為基石，研究對象主要限定於客觀範疇，導致遭遇發展的瓶頸。因此中道思想對科學發展具有重要的參考價值。

　　縱觀龍樹菩薩的一生，也能看出其對各種科技的深刻洞察，甚至超越

現代科學。如漢藏文獻中明確記載的點金術，是龍樹菩薩以神妙藥滴諸石上，而轉石成金。從某種程度上說，即所謂的「黑科技」，遠超現今人類知識範疇的科技。

龍樹菩薩對科學的兼容並蓄，也啟示我們應積極借鑑現代科技來輔助學修。例如研究佛學必不可缺的 CBETA，即是利用現代科技整理佛學文獻的典範，包括各種電子佛學辭典，都為深入義理提供了方便。因此，借鑑科技整理經典文獻，挖掘傳統智慧，輔助修行實踐，應該得以重視。如構建戒律數據庫、咒語數據庫等，或採用現代動畫、AR（Augmented Reality 增強現實）、VR（Virtual Reality 虛擬現實）等技術來輔助觀修，模擬場景等，都是未來可進一步研究的項目。

五、醫學

醫學，即五明中的醫方明，雖然無法解決究竟解脫的問題，但如果重視醫學規律，至少能夠在修行中保證身體健康。如果身體過於痛苦，一般人很難提起念佛、打坐的功夫。而經絡、氣脈不通則會導致身體不適，難於入定、修心，甚至導致意志消沉。這時，作為修行人，連利益自己尚且困難，更難以利益眾生。所以，需要重視醫學對於修行的輔助作用。

事實上，在唐朝，佛教界對於醫方明是非常重視的。著名的鑑真大師就通曉醫學，精通本草，他把我國中藥鑑別、炮製、配方、收藏、應用等技術帶到了日本，並傳授醫學，熱忱為患者治病，在日本醫藥界都享有極高的威望。[460] 而藏傳佛教也是把醫方明作為僧眾學習考核的重要內容。乃至在格魯派的格西學位制度中，還有專門一類以精通醫學而取得學位的「曼然巴格西」。[461]

沒有醫學知識作為基礎，對於修行中的氣脈運行、呼吸調養等就沒有基本的常識，而這些內容對於修行又非常重要。智者大師在《童蒙止觀》中專門探討如何通過調身、調息、調心、調睡眠和飲食以幫助入定。過去的禪門都非常講究飲食、湯藥對於打坐入定的作用，乃至在禪門中還有專

---

460 劉曉文，張覽真：《中醫西傳視域下看鑑真東渡對日本醫學界的貢獻》，中醫研究，2018(4)。
461 桑吉扎西：《聞思修 講辯著（續）——藏傳佛教格魯派的學經辯經和學位制度》，法音，2004(11)。

門以掌管湯藥為主的執事。只是在後來佛教的發展中，這一傳統被慢慢淡化了。

　　對於大乘行者來說，身體是修道的重要依憑，需要借假修真。如果對肉身的維護違背了健康的規律，便會造成很多障礙修行的問題。龍樹菩薩對醫術的重視，以及他專門撰寫的醫學著作等，都為避免這些問題帶來了很大的啟發。

六、咒語

　　不同來源的龍樹菩薩傳記都證實了龍樹菩薩精通咒語。根據《龍樹菩薩傳》記載，龍樹菩薩曾經用咒術打敗一位擅長咒術的婆羅門，不空三藏的《金剛頂瑜伽三十七尊出生義》以及藏地的諸多傳記中均記載龍樹菩薩是密乘傳承中的重要祖師。可見密咒的修持與實踐是龍樹菩薩一生佛法修持及弘法利生中的重要內容。

　　在經典中與「咒語」相對應的翻譯有以下幾種：真言（mantra）、陀羅尼（dhāraṇī）、明咒（vidyā）、咒或者神咒，不空三藏認為不同的翻譯所指的都是同一個對象。[462] 為了盡量保持咒語的原貌，一般在翻譯的過程中使用相同發音的漢字來代替，而不翻譯其含義，屬於「五不翻」之一。

　　咒語的作用，是經由對單個或者多個咒音的反覆持誦，達到溝通佛菩薩、諸天、龍、神，總持佛法教義，以及祈福、息災，甚至直趣修證等功能。咒語的持誦在佛門中是一種非常重要的修行方法。

　　佛教在印度的發展經歷了原始佛教時期、部派興盛時期、大乘興盛時期和密乘興盛這幾個時期，咒語的使用在不同時期有着不同的側重，反映在其代表性經論中。

　　在聲聞乘論典中，咒語的使用比較生活化，且具有非常現實的功用，比如防身、治病等。《根本說一切有部尼陀那目得迦》中，就有佛說療痔病咒用以治療各種痔病的記載：

　　　爾時世尊告諸苾芻曰：此《痔病經》，我於餘處已曾宣說，今為汝等

462《總釋陀羅尼義讚》：如上陀羅尼、真言、密言、明義依梵文，復於顯教修多羅中稱說，或於真言密教中說如是四稱，或有一字真言乃至二字三字乃至百字千字萬字，復過此數乃至無量無邊，皆名陀羅尼、真言、密言、明。（《大正藏》18冊，第898頁中欄）

更復說之，若誦持者必得除差。若有誦者，乃至盡形終無痔病苦相逼惱，亦得宿命智，能憶過去世時七生之事。即說咒曰：「怛姪他　阿魯泥（去）末魯泥鼻泥　俱麗婆鞞世沙婆鞞　三婆鞞　莎訶。」[463]

在大乘經典中，咒語更加豐富和系統化，更多地運用於修行之中。在《大佛頂首楞嚴經》、《法華經》、《藥師琉璃光如來本願功德經》、《大乘本生心地觀經》等大乘經典中都有述說誦持密咒的內容。如《大乘本生心地觀經》中記載：

爾時，如來於諸眾生起大悲心，猶如父母愛念一子，為滅世間大力邪見，利益安樂一切有情，宣說觀心陀羅尼曰：「唵（一）　室佗（二）　波羅（二合）底（丁以反）（三）　吠憚（四）　迦盧弈（五）。」爾時，如來說真言已，告文殊師利菩薩摩訶薩：「如是神咒具大威力，若有善男子、善女人，持此咒時，舉清淨手，左右十指更互相叉，以右押左，更相堅握，如縛着形，名金剛縛印。成此印已習前真言，盈滿一遍，勝於讀習十二部經，所獲功德無有限量，乃至菩提不復退轉。」[464]

另外，根據義淨三藏《大唐西域求法高僧傳》的記載，梵本的咒語多達十萬頌，並有專門的「持明咒藏」，龍樹菩薩和其弟子難陀都精通咒語：

夫明咒者，梵云毗睇陀羅必馱家，「毗睇」譯為明咒，「陀羅」是持，「必馱家」是藏，應云持明咒藏。然《相承》云此咒藏梵本有十萬頌，唐譯可成三百卷，現今求覓多失少全。而大聖沒後，阿離野那伽曷樹那，即龍樹菩薩，特精斯要。時彼弟子厥號難陀，聰明博識讀意斯典。在西印度經十二年，專心持咒遂便感應，每至食時食從空下。[465]

在密乘經典中，身口意三密相應是修法的基礎，其中念誦咒語成為口密相應的重要橋樑，行者通過咒語的持誦，以期達到快速清淨口業與本尊相應乃至直接感通佛菩薩功德等目的，此時咒語成為了修行證悟的最主要手段之一。如《大毗盧遮那成佛神變加持經》中記載：

真言三昧門，圓滿一切願，所謂諸如來，不可思議果。具足眾勝願，真言決定義，超越於三世，無垢同虛空。住不思議心，起作諸事業，到修

463《根本說一切有部尼陀那目得迦》卷 2，《大正藏》24 冊，第 420 頁中欄。
464《大乘本生心地觀經》卷 8，《大正藏》3 冊，第 328 頁上欄。
465《大唐西域求法高僧傳》卷 2，《大正藏》51 冊，第 6 頁下欄。

行地者，授不思議果。是第一真實，諸佛所開示，若知此法教，當得諸悉地。最勝真實聲，真言真言相，行者諦思惟，當得不壞句。[466]

有觀點認為，密乘的興盛預示着大乘的墮落。其實不然，密咒與大乘密不可分，含咒的大乘經典廣泛分佈在般若部、涅槃部、法華部、華嚴部等各部中，咒語是大乘法門的重要部分。顯宗和密宗同屬於大乘佛法，二者的見地相同，且終極追求都是為了成就圓滿的佛果，其主要區別是在修行的具體形式上。

當然，需要注意的是，在印度的其他宗教如婆羅門教、印度教等都擅長咒語，乃至佛教也與其相互影響，相互借鑑。但佛教使用咒語的目的是為了解脫成佛、自利利他，因此在咒語的研究過程中應注意揀擇，把握發心，使用咒語不是為了滿足五欲，而是為了更好地實踐修行和利益眾生。

不論是在以密乘修學為主的藏地還是以顯宗修學為主的漢地，密咒的修持都是重要的修行手段。漢傳佛教歷史上，最初來華弘法、譯經的高僧往往都精通咒語：如魏晉南北朝時期的高僧佛圖澄、帛尸梨密多羅、曇無讖等。其中佛圖澄大師「善誦神咒，能役使鬼物」[467]，深受當時的石勒、石虎政權的崇信。曇無讖大師「明解咒術所向皆驗」[468]，曾受到北涼王的禮遇。帛尸梨密多羅大師不僅深受當時的達官貴人如王導等的仰慕，還譯有《大灌頂經》、《大孔雀王神咒》、《孔雀王雜神咒》等密咒典籍。又如以譯經著稱的鳩摩羅什大師、佛陀耶舍大師、求那跋跎羅大師等都有修持密咒的記載。

唐代時，佛法興盛，八宗並行，其中密宗的發展，由善無畏、金剛智、不空，史稱「開元三大士」，傳譯密法，翻譯了大量的密咒典籍，其中僅不空大師及其弟子就譯出一百多部經典。趙宋以後，中國佛教由盛轉衰，不過尚有密教經咒譯出，元世祖忽必烈即位後，迎請西藏高僧八思巴進京為國師，並統管全國佛教，漢地原有各宗派也受到密教的影響，「於是秘密之法日麗乎中天，波漸於四海」。[469]

佛教寺院的集體課誦最早見於三國時期，但當時課誦的方式主要為

466《大毗盧遮那成佛神變加持經》卷 2，《大正藏》18 冊，第 10 頁中欄。
467《高僧傳》卷 9，《大正藏》50 冊，第 383 頁中欄。
468《高僧傳》卷 2，《大正藏》50 冊，第 336 頁上欄。
469《佛祖歷代通載》卷 22，《大正藏》49 冊，第 732 頁上欄。

「課讀佛經」[470]。帶有大量密咒成分的早晚課誦內容在明代逐步完善，在明末高僧蓮池大師所著的《諸經日誦集要》中就包含有楞嚴咒、大悲咒、十小咒及蒙山施食等有關密咒的內容。[471] 同時在《雲棲共住規約》中將早晚課誦作為僧眾的必修課，並規定「晨昏課誦，不得失時、偷懶，違者，依例罰錢十文」[472]。很快成為叢林早晚課的範式，從明末一直延續到清朝，即使在當代也是僧尼每天修行功課的基本內容。

　　由此可見，咒語的傳譯和發展對漢地僧俗的修行起到過巨大作用，密咒的修持本就是大乘佛法的重要法門，在大乘經典中密咒也佔據着很大的篇幅，漢地祖師中不乏兼修密咒的高僧。然而時至今日，漢傳佛教中對密咒的修持普遍停留於簡單的持誦和儀軌，對於咒語的種類功用、規律原理、修行竅訣等核心內容尚缺乏較為系統全面的了解。

　　與此同時，藏傳佛教在咒語的研究與修持等方面有着悠久的傳統和較為完整的體系。因而有必要通過加強漢藏佛教的互相交流，了解探究佛門咒語的深刻內涵和修行價值。在這個過程中，也應當注意區分藏傳佛教中的文化性部分，及其所受當地其他宗教的影響，應以探求佛法的核心內涵為原則而進行交流與互動。

---

470 《(古今圖書集成)神異典釋教部紀事》卷 1，《卍續藏》88 冊，第 187 頁上欄。
471 《雲棲法彙（選錄）(第 1 卷 - 第 11 卷)》卷 1，《嘉興藏》32 冊，第 565 頁上欄。
472 《雲棲法彙（選錄）(第 12 卷 - 第 25 卷)》卷 22，《嘉興藏》33 冊，第 160 頁上欄。

附錄一

校勘説明

一、版本簡介

1. 底本：高麗再雕本，簡稱「麗再本」，《龍樹菩薩傳》、《付法藏因緣傳》、《大唐西域記》，分別收入《高麗再雕大藏經》「畫」、「飛」、「疑」字函。

2. 大正藏本，簡稱「大正本」，《龍樹菩薩傳》、《付法藏因緣傳》均收入《大正新修大藏經》第 50 冊，《大唐西域記》收入《大正新修大藏經》第 51 冊。

3. 毗盧藏本，簡稱「毗盧本」，《龍樹菩薩傳》、《付法藏因緣傳》、《大唐西域記》，分別收入《毗盧藏》「畫」、「飛」、「疑」字函。

4. 磧砂大藏經，簡稱「磧砂本」，《龍樹菩薩傳》、《付法藏因緣傳》、《大唐西域記》，分別收入《磧砂大藏經》「畫」、「飛」、「疑」字函。

5. 永樂北藏本，簡稱「永北本」，《龍樹菩薩傳》、《付法藏因緣傳》、《大唐西域記》，分別收入《永樂北藏》「漆」、「集」、「孰」字函。

6. 敦煌本，《龍樹菩薩傳》收入《敦煌遺書》，殘片，編號：北敦 10498。

二、文獻選擇

本書校勘了三部與龍樹菩薩生平相關的漢文文獻，分別是《龍樹菩薩傳》的全本，以及《付法藏因緣傳》、《大唐西域記》的節選。

選擇《龍樹菩薩傳》、《付法藏因緣傳》、《大唐西域記》，主要原因是這三部著作對於龍樹菩薩一生的經歷有着完整翔實的記載，且成書時間較早，因而其中記載的內容可靠性較高。其他漢傳的傳記在記載龍樹菩薩的生平時往往不夠完整全面，成書時間也比較晚，其內容多是對前面這三部傳記的借鑑，因而缺乏校勘價值。

此外，《大唐西域記》中有關龍樹菩薩的部分，是玄奘大師在印度根據當地傳聞而寫，且其中有關於龍樹菩薩弘法寺院位置的詳細描寫，這種實地考察的材料，對於我們了解龍樹菩薩是非常重要的。

最後，這三部傳記對於龍樹菩薩的一生有許多細節描寫，有助於讀者了解龍樹菩薩的心路歷程和大乘利他精神。

三、校勘原則

1. 本書採用定本式整理，以麗再本為底本，將所有修改底本訛誤處各校本依據都完整錄入校勘記。除了修改的內容外，本書還會將各版本之間的內容差異在校勘記中一一列出。

2. 校勘記各版本按照刊刻年代先後排列。

3. 校勘記以「1、2、3」等數字作為編號，以腳註的形式插入待出內容的右上方，校勘記位於當頁的腳註欄。

四、正字和標點

1. 底本之中的異體字替換為正字，參考《異體字字典》、《漢語大字典》、《高麗大藏經異體字字典》、《敦煌俗字典》等現代漢語權威字典。

2. 底本中的通假字、古今字一般不改換，如果有版本依據則據之改換。

3. 本書標點以 GB/T 15834-2011《標點符號用法》中的使用規範為依據而添加。

五、簡稱

以下藏經在校勘記中使用簡稱。

大正本（《大正新修大藏經》）、麗再本（《高麗再雕大藏經》）、磧砂本（《磧砂大藏經》）、毗盧本（《毗盧藏》）、永北本（《永樂北藏》）、敦煌本（《敦煌遺書》）。

附錄二
校勘正文

龍樹菩薩傳

姚秦三藏[473]鳩摩羅什譯

　　龍[474]樹菩薩者，出南天竺梵志種也。天[475]聰奇悟，事不再告。在乳哺之[476]中，聞諸梵志誦四圍[477]陀典各四萬偈，偈有三[478]十二字，皆諷[479]其文[480]而領[481]其義[482]。弱冠馳名，獨步諸國[483]，天文地理，圖緯秘讖，及諸道術，無不悉綜[484]。

　　契友三人，亦是一時之傑，相與議曰：「天下理義[485]可以開神明悟幽旨者，吾等盡之矣。復欲何以自娛？騁情極欲[486]，最是一生之樂。然諸[487]梵志道士，勢非王公，何由得之？唯有隱身之術，斯[488]樂可辦。」四人相視[489]，莫逆於心，俱至術家求隱身法。術師念曰：「此四梵志，擅[490]名一世，草芥群生，今以術故屈辱就我。此諸梵志[491]，才明絕世，所不知者唯此賤法。我若授之，得必棄我[492]，不可復[493]屈。且與其藥，使[494]用而不知，藥[495]盡必[496]來永當師我[497]。」各與青藥一丸，告之曰：「汝在[498]靜處以[499]水磨之，用[500]塗眼瞼。汝形當隱，無人見[501]者。」龍樹磨

473「藏」後，毗盧本、磧砂本、永北本有「法師」。
474「龍」，毗盧本作「又大師名龍」，磧砂本、永北本作「大師名龍」。
475「天」，磧砂本作「夫」。
476「哺之」，底本作「餔之」，磧砂本作「之哺」，據毗盧本、永北本改。
477「圍」，毗盧本、磧砂本、永北本作「韋」。
478「三」，毗盧本、磧砂本、永北本作「四」。
479「皆諷」，毗盧本作「皆領」，磧砂本、永北本作「背誦」。
480「文」，毗盧本作「義」。
481「而領」，毗盧本作「背誦」。
482「義」，毗盧本作「文」。
483「國」後，毗盧本、磧砂本、永北本有「世學藝能」。
484「綜」，毗盧本、磧砂本、永北本作「練」。
485「理義」，毗盧本、磧砂本、永北本作「義理」。
486「情極欲」，毗盧本作「欲極情」。
487「諸」，毗盧本缺。
488「隱身之術斯」，毗盧本作「術法隱身藏形其」。
489「視」，永北本作「覩」。
490「擅」，毗盧本作「誕」。
491「此諸梵志」，毗盧本、磧砂本、永北本作「我若咒法授之此人」。
492「我若授之得必棄我」，毗盧本、磧砂本、永北本作「若得之便去」。
493「可復」，毗盧本、磧砂本、永北本作「復可」。
494「使」後，毗盧本、磧砂本、永北本有「日」。
495「藥」，毗盧本缺。
496「必」，毗盧本作「則」。
497「永當師我」，毗盧本、永北本作「求可以術屈為我弟子」。
498「在」，毗盧本、磧砂本、永北本作「於」。
499「以」，毗盧本、磧砂本、永北本作「用」。
500「用」，毗盧本、磧砂本、永北本作「以」。
501「汝形當隱無人見」，毗盧本、磧砂本、永北本作「則無有人能見汝形」。

此藥時聞其氣，即皆識之 [502]，分數多少 [503] 錙銖無失 [504]。還告 [505] 術 [506] 師，向所得 [507] 藥有七十種，分數多少，皆如其方 [508]。藥師問曰：「汝何由知之 [509]？」答曰：「藥自有氣，何以不知？」師即歎伏 [510]：「若斯人者，聞之猶難，而況相遇 [511]。我之賤術何足惜耶 [512]？」即具授之。[513]

　　四人得術縱意自在 [514]，常入王宮 [515]。宮中美人皆被侵凌 [516]。百餘日後，宮中人有 [517] 懷妊者，憷以白王庶免罪咎 [518]。王大不悅：「此何不祥？為 [519] 怪乃爾。召諸智臣，以謀此事。有舊老者言：「凡如此事應 [520] 有二種，或是鬼魅 [521]，或是方術 [522]。可以細土置諸門中，令有司守之斷諸行 [523] 者。若是術人，其跡 [524] 自現，可以兵除；若是鬼魅，入而無跡，可以術滅 [525]。」即敕門者 [526] 備法 [527] 試之。見四人跡，驟以聞王。王將力士數百人入宮 [528]，悉 [529]

---

502 「磨此藥時聞其氣即皆識之」，毗盧本、磧砂本、永北本作「菩薩磨藥聞氣便盡知藥名」。
503 「少」後，毗盧本有「隨其氣勢龍樹識之」。
504 「錙銖無失」，毗盧本缺。
505 「告」，毗盧本、磧砂本、永北本作「語」。
506 「術」，大正本作「藥」。
507 「向所得」，毗盧本、磧砂本、永北本作「此」。
508 「皆如其方」，毗盧本作「盡而說之」，磧砂本、永北本作「盡如其方」。
509 「之」，毗盧本、磧砂本、永北本缺。
510 「即歎伏」，毗盧本作「服其神明鏡徹領識拔奇」。
511 「若斯人者聞之猶難而況相遇」，毗盧本作「此人難遇」，磧砂本作「願斯人者聞之猶難而況相學」，永北本作「顧斯人者聞之猶難而況相學」。
512 「我之賤術何足惜耶」，毗盧本作「況今願學我此術法何足秘悋」。
513 「具授之」，毗盧本作「俱授其術」，磧砂本、永北本作「具授其」。
514 「得術縱意自在」，毗盧本作「隱身」，磧砂本、永北本作「得術隱身自在」。
515 「常入王宮」，毗盧本、磧砂本、永北本作「入王宮中」。
516 「凌」，毗盧本、永北本作「陵」。
517 「中人有」，毗盧本缺。
518 「憷以白王庶免罪咎」，毗盧本、磧砂本、永北本作「以事白王」。
519 「為」，毗盧本作「有」。
520 「凡如此事應」，毗盧本作「此」。
521 「或是鬼魅」，毗盧本、磧砂本、永北本作「或鬼」。
522 「或是方術」，毗盧本、磧砂本、永北本作「或術」。
523 「行」，毗盧本、磧砂本、永北本作「術」。
524 「其」，毗盧本、磧砂本、永北本作「足」。
525 「可以兵除若是鬼魅入而無跡可以術滅」，毗盧本作「若其是鬼則無跡也鬼可咒除人可刀殺」，磧砂本、永北本作「可以兵除若其是鬼則無跡也鬼可咒除人可刀殺」。
526 「即敕門者」，毗盧本、磧砂本、永北本缺。
527 「備法」，毗盧本缺。
528 「四人跡驟以聞王王將力士數百人入宮」，毗盧本作「跡」，磧砂本、永北本作「四人跡」。
529 「悉」，毗盧本、磧砂本、永北本作「即」。

閉諸 530 門，令諸力士揮 531 刀空斬 532。三人即死 533。唯有 534 龍樹斂身屏氣 535，依 536 王頭側 537，王 538 頭側 539 七尺，刀所不至。是時始悟欲為苦本，眾禍之根，敗德危身皆由此起。即自誓曰 540：「我若 541 得脫，當詣沙門受 542 出家法。」

　　既 543 出入山，詣一 544 佛塔，出家受戒。九十日中誦三藏盡 545，更求異 546 經都無得處。遂入 547 雪山，山中有 548 塔，塔中有一老比丘，以摩訶衍經典 549 與之。誦受愛樂 550，雖知 551 實義 552，未得通 553 利。周遊諸國更求餘 554 經，於閻浮提中遍求不得。外道論 555 師，沙門義 556 宗，咸皆摧伏。

　　外道弟子白之言：「師為一切智人，今為佛弟子。弟子之道，諮承不足，將未足耶。未足一事，非一切智也。」辭窮情屈，即起邪慢 557 心，自念

530「諸」，毗盧本、磧砂本、永北本作「數百」。
531「揮」，毗盧本作「拔」。
532「空斬」，毗盧本作「閞斫」，磧砂本、永北本作「空斫」。
533「三人即死」，毗盧本、磧砂本、永北本作「斫殺三人」。
534「唯有」，毗盧本缺。
535「斂身屏氣」，毗盧本作「以身依王」。
536「依」，毗盧本作「坐」。
537「側」，毗盧本作「邊」。
538「王」，毗盧本缺。
539「側」，毗盧本作「邊」。
540「眾禍之根敗德危身皆由此起即自誓曰」，毗盧本、磧砂本、永北本作「厭欲心生發出家願」。
541「我若」，毗盧本、磧砂本、永北本作「若我」。
542「受」，毗盧本、磧砂本、永北本作「求」。
543「既」後，毗盧本、磧砂本、永北本有「而得」。
544「一」，毗盧本作、磧砂本、永北本缺。
545「盡」，毗盧本作「通諸深義」，磧砂本、永北本作「盡通諸深義」。
546「異」，毗盧本、磧砂本、永北本作「諸」。
547「遂入」，毗盧本、磧砂本、永北本缺。
548「山中有」，毗盧本、磧砂本、永北本作「中深遠處有佛」。
549「衍經典」，毗盧本作「乘經」，永北本作「衍經」。
550「誦受愛樂」，毗盧本缺。
551「知」，毗盧本作「得」。
552「義」，毗盧本缺。
553「通」，毗盧本作「道」。
554「餘」，毗盧本作「深」。
555「論」，毗盧本作「諸」。
556「義」，毗盧本作「豪」。
557「外道弟子白之言師為一切智人今為佛弟子弟子之道諮承不足將未足耶未足一事非一切智也辭窮情屈即起邪慢」，毗盧本作「憍慢即起」，磧砂本、永北本作「即起憍慢」。

言：世界法中津塗甚多，佛經雖妙，以理推之，故有[558]未盡。未盡之中，可推而演[559]之以悟後學，於理不違於事無失，斯有何咎？思此事已即欲行之，立師教戒[560]更造衣服，令[561]附佛法而有小[562]異。欲以除眾人情，示不受學[563]。擇日選時，當與諸[564]弟子受新戒著新衣[565]。

　　獨在靜處水精[566]房中[567]。大龍菩薩見其如是[568]，惜而愍之，即接之[569]入海。於[570]宮殿中開[571]七寶藏，發七寶華[572]函，以諸方等深奧經典無量[573]妙法授之[574]。龍樹受讀，九十日中[575]通解[576]甚多，其心深入體得實[577]利。龍知其心而問之曰：「看經遍未？」答言：「汝諸函中經[578]多無量，不可盡也。我所[579]讀者已十倍閻浮提。」龍言：「如我宮中所有經典[580]，諸處此比復不可數[581]。」龍樹既[582]得諸經一相[583]，深入無生，二[584]忍具

558「有」，毗盧本、磧砂本、永北本缺。
559「演」，毗盧本、磧砂本、永北本作「說」。
560「戒」，毗盧本、磧砂本、永北本作「誡」。
561「令」，毗盧本作「合」，磧砂本、永北本作「今」。
562「而有小」，毗盧本、磧砂本、永北本作「所別為」。
563「欲以除眾人情示不受學」，毗盧本、磧砂本、永北本作「方欲以無所推屈表一切智相」。
564「諸」，大正本作「謂」。
565「當與諸弟子受新戒著新衣」，毗盧本作「便欲行之」，磧砂本、永北本作「當與諸弟子受新戒著新衣便欲行之」，大正本作「當與謂弟子受新戒著新衣」。
566「處水精」，毗盧本、磧砂本、永北本作「室水精地」。
567「中」，毗盧本、磧砂本、永北本缺。
568「是」，毗盧本、磧砂本、永北本作「此」。
569「之」，毗盧本、磧砂本、永北本缺。
570「於」後，敦煌本有「龍」。
571「開」，敦煌本作「發」。
572「華」，毗盧本、磧砂本、永北本缺。
573「量」，毗盧本、磧砂本、永北本作「上」。
574「之」，毗盧本缺，磧砂本、永北本作「之龍樹」。
575「中」，敦煌本缺。
576「解」，毗盧本、磧砂本、永北本作「練」。
577「實」，大正本作「寶」。
578「經」後，毗盧本、磧砂本、永北本有「甚」。
579「所」，底本作「可」，據毗盧本、磧砂本、永北本改。
580「典」後，敦煌本有「言」。
581「數」，毗盧本、磧砂本、永北本作「知」。
582「既」，毗盧本、磧砂本、永北本作「即」。
583「相」，毗盧本、磧砂本、永北本作「箱」。
584「二」，毗盧本、永北本作「三」。

足，龍還送出。於南天竺大弘佛法[585]，摧伏外道，廣明摩訶衍[586]。作優波提舍十萬偈，又作莊嚴佛道論[587]五千偈，大慈方便論[588]五千[589]偈，中論五百偈[590]，令[591]摩訶衍[592]教大行於天竺。又造無畏論十萬偈，中論出其中。[593]

時有婆羅門善知咒術，欲以所能與龍樹諍勝。告天竺國王：「我能伏此比丘，王當驗之。」王言：「汝大愚癡[594]。此菩薩者，明與日月爭光，智與聖心[595]並照[596]。汝何不遜，敢不宗[597]敬？」婆羅門言：「王為智人，何不以[598]理驗之，而見抑挫[599]？」王見其[600]言至，為請龍樹，清旦共坐政聽[601]殿上。婆羅門後至，便於殿前咒作大池，廣長清淨，中有千葉蓮華。自坐其上而誇[602]龍樹：「汝在地坐與[603]畜生無異，而欲與我清淨華上大德智人抗[604]言論議。」爾時龍樹亦用[605]咒術化作[606]六牙白象，行池水上趣

585 「法」，敦煌本、毗盧本、磧砂本、永北本作「教」。
586 「衍」，毗盧本作「乘」。
587 「論」，毗盧本缺。
588 「論」，毗盧本缺。
589 「千」，永北本作「十」。
590 「中論五百偈」，毗盧本、磧砂本、永北本缺。
591 「令」，毗盧本作「今」。
592 「衍」，毗盧本作「乘」。
593 「中論出其中」，磧砂本、永北本、毗盧本作「於無畏中出中論也」。
594 「癡」，毗盧本、磧砂本、永北本作「人」。
595 「心」，毗盧本作「人」。
596 「照」，毗盧本作「能」。
597 「宗」，毗盧本、磧砂本、永北本作「推」。
598 「以」，毗盧本缺。
599 「見抑挫」，毗盧本、磧砂本、永北本作「抑斷一切」。
600 「其」，毗盧本、磧砂本、永北本缺。
601 「聽」，毗盧本、磧砂本、永北本作「德」。
602 「誇」，毗盧本、磧砂本、永北本作「詞」。
603 「與」，毗盧本、磧砂本、永北本作「如」。
604 「華上大德智人抗」，毗盧本作「大智杭」，磧砂本作「花上大德智人抗」。
605 「用」，毗盧本、磧砂本、永北本作「以」。
606 「作」後，毗盧本、磧砂本、永北本有「一」。

其華座 [607]，以鼻絞 [608] 拔高舉擲地。婆羅門傷腰，委頓歸命龍樹：「我不自量，毀辱 [609] 大師。願哀受我，啟其愚蒙 [610]。」

又 [611] 南天竺王總御諸國，信用邪道，沙門釋子一不得見，國人遠近皆化其道 [612]。龍樹念曰：樹不伐本則條不傾，人主不化則道不行。其國政法，王家出錢，雇人宿衛。龍樹乃應募為其將，荷戟前驅，整行伍，勒部曲，威不嚴而令行，法不彰而物隨。王甚嘉之，問是何人。侍者答言：「此人應募，既不食廩，又不取錢，而在事恭謹，閑習如此。不知其意何求何欲 [613]？」王召問之：「汝 [614] 是何人 [615]？」答言 [616]：「我是一切智人。」王 [617] 大驚愕而問 [618] 言：「一切智人，曠代一 [619] 有，汝自言是，何以驗之？」答言：「欲知智在說，王當見問。」王即自念：我為智主，大論議師，問之能屈，猶不足 [620] 名；一旦不如，此非小事；若其不問，便是一屈。遲疑良

607「座」，毗盧本、磧砂本、永北本作「坐」。
608「絞」，毗盧本、磧砂本、永北本作「繳」。
609「辱」，毗盧本缺。
610「於南天竺」至「啟其愚蒙」，這一段在磧砂本和永北本中，位置處於「受成就戒」和「有一小乘法師」之間。
611「又」，磧砂本、永北本作「時」，毗盧本缺。
612「總禦諸國信用邪道沙門釋子一不得見國人遠近皆化其道」，毗盧本缺，磧砂本、永北本作「甚邪見承事外道毀謗正法」。
613「念曰樹」至「何求何欲」，毗盧本缺，磧砂本、永北本作「菩薩為化彼故躬持赤幡在王前行經歷七年」。
614「召問之汝」，毗盧本缺，磧砂本、永北本作「始怪問此」。
615「是何人」後，磧砂本、永北本有「在吾前行」。
616「言」，毗盧本缺，磧砂本、永北本作「曰」。
617「王」後，磧砂本、永北本有「聞是已甚」。
618「問」後，磧砂本、永北本有「之」。
619「一」，毗盧本缺，磧砂本、永北本作「不」。
620「足」，大正本作「是」，毗盧本缺。

久，不得已而問之：「天今何為耶？」龍樹言：「天今與阿修羅戰。」王聞此
言，譬如人噎，既不得吐，又不得咽。欲非其言，復無以證之；欲是其事，
無事可明。未言之間，龍樹復言：「此非虛論求勝之談，王小待之，須臾
有驗。」言訖，空中便有干戈兵器相係而落。王言：「干戈矛戟雖是戰器，
汝何必知是天與阿修羅戰？」龍樹言：「構之虛言，不如校以實事。」言已，
阿修羅手足指及其耳鼻，從空而下。又令王及臣民婆羅門眾見空中清除，
兩陣相對。王乃稽首伏其法化。殿上有萬婆羅門皆棄束髮受成就戒。[621]

　　是時[622]有一小乘法師[623]，常懷忿疾[624]。龍樹將去此世，而[625]問之
曰[626]：「汝樂我久住此[627]世不？」答言：「實所[628]不願也。」退入閒室，
經日不出。弟子破戶看之，遂蟬蛻而去。去此[629]世已來至今[630]，始過[631]
百歲。南天竺諸國為其立廟，敬奉如佛。其母樹下生之，因字阿周陀[632]
那。阿周陀[633]那，樹名也。以龍成其道，故以龍配[634]字，號曰龍樹[635]
也。(依《付法藏傳》，即第十三祖師也。假餌仙藥，現住長壽二百餘年，
住持佛法。其所度人不可稱數，如《法藏》說。[636])

---

621 「又南天竺王」至「受成就戒」，毗盧本缺。
622 「是時」，毗盧本、磧砂本、永北本缺。
623 「法師」，毗盧本作「道人先為法主」。
624 「常懷忿疾」，毗盧本缺，磧砂本、永北本作「常懷忿嫉」。
625 「將去此世而」，毗盧本、磧砂本、永北本缺。
626 「之曰」，毗盧本作「言」，磧砂本、永北本作「之言」。
627 「此」，毗盧本、磧砂本、永北本缺。
628 「所」，毗盧本、磧砂本、永北本缺。
629 「此」，毗盧本、磧砂本、永北本缺。
630 「至今」，毗盧本、磧砂本、永北本缺。
631 「過」，毗盧本缺。
632 「陀」，毗盧本缺。
633 「陀」，毗盧本缺。
634 「配」，毗盧本缺。
635 「樹」，毗盧本缺。
636 「依《付法藏傳》」至「如《法藏》說」，毗盧本缺，磧砂本作「依《付法藏經》即第十三祖三百餘年住持佛法其所」，永北本作「依《付法藏經》即第十三祖三百餘年任持佛法」。

《付法藏因緣傳》卷 5（節選）

　　臨當滅時，便以法藏付一大士，名曰龍樹，然後捨命。龍樹於後，廣為眾生流布勝眼，以妙功德用自莊嚴，天聰奇悟事不再問，建立法幢降伏異道。如是功德不可稱說，今當隨順顯其因緣。

　　託生初在南天竺國，出梵志種大豪貴家。始生之時在於樹下，由龍成道因號龍樹。少小聰哲才學超世，本童子時處在襁抱，聞諸梵志誦四韋陀，其典淵博有四萬偈，偈各滿足三十二字，皆即照了達其句味。弱冠馳名擅步諸國，天文地理，星緯圖讖，及餘道術，無不綜練。

　　有友三人，天姿奇秀，相與議曰：「天下理義，開悟神明，開發幽旨，增長智慧，若斯之事，吾等悉達，更以何方而自娛樂？」復作是言：「世間唯有追求好色，縱情極欲，最是一生上妙快樂。然梵志道勢非自在，不為奇策 [637] 斯樂難辦。宜可共求隱身之藥，事若得果此願必就。」咸曰：「善哉，斯言為快。」即至術家求隱身法。術師念曰：此四梵志才智高遠，生大憍慢草芥群生，今以術故屈辱就我。然此人輩研窮博達，所不知者唯此賤法，若授其方則永見棄。且與彼藥使不知之，藥盡必來師諮可久。即便各授青藥一丸，而告之曰：「汝持此藥，以水磨之，用塗眼瞼 [638]，形當自隱。」尋受師教各磨此藥。龍樹聞香即便識之，分數多少錙銖無失，還向其師具陳斯事，此藥滿足有七十種，名字兩數皆如其方。師聞驚愕，問其所由。龍樹答言：「大師當知，一切諸藥自有氣分，因此知之何足為怪 [639]？」師聞其言，歎未曾有，即作是念：「若此人者聞之猶難，況我親遇而惜斯術。」即以其法具授四人，四人依方和合此藥，自翳 [640] 其身，遊行自在。

　　即共相將入王後宮，宮中美人皆被侵掠，百餘日後懷妊者眾，尋往白王庶免罪咎。王聞是已心甚不悅：「此何不祥為怪 [641] 乃爾？」召諸智臣共

637 「策」，毗盧本作「榮」。
638 「瞼」，毗盧本作「瞼」。
639 「怪」，大正本作「快」。
640 「翳」，毗盧本作「醫」。
641 「怪」，大正本作「快」。

謀斯事。時有一臣即白王言：「凡此之事應有二種：一是鬼魅，一[642]是方術。可以細土置諸門中，令人守衛斷往來者。若是方術其跡自現，設是鬼魅入必無跡。人可兵除，鬼當咒滅。」王用其計，備[643]法為之。見四人跡從門而入，時防衛者驟以聞王。王將勇士凡數百人，揮刀空中，斬三人首。近王七尺刀所不至，龍樹斂身依王而立。於是始悟欲為苦本，敗德危身污辱梵行，即自誓曰：「我若得脫免斯厄難，當詣沙門受出家法。」既出入[644]山，至一佛塔，捨離欲愛出家為道。於九十日誦閻浮提所有經論，皆悉通達，更求異典都無得處。

遂向雪山見一比丘，以摩訶衍而授與之。讀誦愛樂恭敬供養，雖達實義未獲道證。辯才無盡善能言論，外道異學沙門義士，咸皆摧伏請為師範。即便自謂一切智人，心生憍慢甚大貢高，便欲往從瞿曇門入。爾時門神告龍樹曰：「今汝智慧猶如蚊虻，比於如來非言能辯，無異螢火齊輝日月，以須彌山等葶藶子[645]。我觀仁者非一切智，云何欲從此門而入。」聞是語已赧然有愧。

時有弟子白龍樹言：「師恆自謂一切智人，今來屈辱為佛弟子。弟子之法諮承於師，諮承不足非一切智。」於時龍樹辭窮情屈，心自念言：世界法中津塗[646]無量，佛經雖妙句義未盡。我今宜可更敷演之，開悟後學饒益眾生。作是念已，便欲為之。立師教戒[647]更造衣服，令附佛法而少不同，欲除眾情示不受學。選擇良日便欲成建[648]。

獨處靜室水精房中。大龍菩薩愍其若此，即以神力接入大海。至其宮殿開七寶函，以諸方等深奧經典，無量妙法授與龍樹。九十日中通解甚多，其心深入體得實利。龍知心念而問之言[649]：「汝今看經為遍未耶？」龍樹答言：「汝經無量不可得盡，我所讀者足滿十倍過閻浮提。」龍王語言：「忉利天上釋提桓因所有經典，倍過此宮百千萬倍，諸處此比不可稱數。」

---

642 「一」，毗盧本、磧砂本、永北本、大正本作「二」。
643 「備」，毗盧本作「修」。
644 「出入」，毗盧本作「入深」。
645 「葶藶」，毗盧本作「亭歷」。
646 「塗」，毗盧本、磧砂本、永北本作「途」。
647 「戒」，底本作「誡」，據毗盧本、磧砂本、永北本改。
648 「建」，毗盧本作「達」，永北本、磧砂本作「之」。
649 「曰」，毗盧本、磧砂本、永北本、大正本作「言」。

爾時龍樹既得諸經，豁然通達，善解一相，深入無生，二[650]忍具足。龍知悟道，還送出宮。

時南天竺王甚邪見，承事外道毀謗正法。龍樹菩薩為化彼故，躬持赤幡在王前行。經歷七年，王始怪問：「汝是何人？在吾前行。」答曰：「我是一切智人。」王聞是已，甚大驚愕而問之言：「一切智人甚為希有，汝自言是何以取驗？」龍樹答曰：「王欲知者宜當見問，既說之後乃可證知。」王聞是語便作是念：我為智主大論議師，問之能屈未足為奇，脫[651]不如彼所損甚多，默然無言亦復非理。如是思惟良久[652]不決，事既窮迫俛仰問之：「諸天今者為何所作？」答言：「大王，天今正與阿修羅戰。」王既聞已，譬如人噎，既不得吐又不得咽[653]，設非其言無以為證，欲納彼說事又難明。龍樹復言：「此非虛論，王且待之須臾當驗。」語訖，空中刀劍飛下，長戟短兵相繼而落。王復語言：「干戈矛槊雖為戰器，何必是天、阿修羅也？」龍樹答曰：「雖若虛言當驗以實。」作是語已，修羅耳鼻從空而下。王始驚悟稽首為禮，恭敬尊重受其道化。爾時殿上萬婆羅門，見其神德歎未曾有，剃除鬚髮而就出家。

時諸外道聞是事已，悉來雲集，含怒懷嫉求競言辯。於是龍樹以大智慧方便言辭[654]，與諸外道廣共論議[655]。其愚短者一言便屈，小有聰慧極至二日，辭[656]理俱盡，皆悉摧[657]伏剃除鬚髮就其出家，如是所度無量邪道[658]。王家常送十車衣鉢，終竟一月[659]皆悉都盡，如是展轉乃至無數。廣開分別摩訶衍義，造優波提舍十有萬偈，莊嚴佛道、大慈方便如是等論，各五千偈，令摩訶衍光宣於世。造無畏論滿十萬偈，中論出於無畏部中，凡五百偈。其所敷演義味[660]深邃[661]，摧伏一切外道勝幢。

時天竺國有婆羅門，邪見熾盛善知咒術，欲以己能競名龍樹。白彼王言：「唯願大王垂哀聽我，與此沙門諍[662]挩[663]道力。若彼勝我我當屬之，

---

650 「二」，毗盧本、磧砂本、永北本作「法」。
651 「脫」，毗盧本、磧砂本、永北本作「既」。
652 「久」，底本作「夂」，據毗盧本、磧砂本、永北本改。
653 「咽」，底本作「出」，據毗盧本、磧砂本、永北本、大正本改。
654 「辭」，毗盧本、磧砂本作「詞」。
655 「議」，大正本作「義」。
656 「辭」，毗盧本、磧砂本作「詞」。
657 「摧」，毗盧本、磧砂本、永北本作「降」。
658 「道」，磧砂本、永北本作「見」。
659 「月」，據毗盧本、磧砂本、永北本、大正本改。
660 「味」，毗盧本作「吐」。
661 「邃」，毗盧本、磧砂本、永北本作「遠」。
662 「諍」，永北本作「爭」。
663 「挩」，毗盧本作「捅」。

我若勝彼當見屬我。」王言：「大德，汝甚愚癡。此菩薩者，明同日月智齊眾聖，汝今庸劣豈可為比？欲以藕絲懸須彌山，牛跡之水等量大海，我今觀仁亦復如是，幸自思惟無虧高德。」婆羅門言：「王為智人，一切瞻仰，猶如日月莫不觀察。吾言虛實宜以理驗，大王云何逆見陵蔑[664]？」爾時彼王見其至意，嚴駕往請龍樹菩薩。清旦俱集正德殿上。時婆羅門即以咒力化作大池，廣長清淨，池中出生千葉蓮華。自坐其上語龍樹曰：「汝處於地類同畜生，我居花上智慧清淨，寧敢與吾抗言議論？」爾時龍樹復以咒力化為白象。象有六牙金銀交絡[665]，徐行詣池趣其花座，以鼻絞拔[666]高舉擲地。時婆羅門傷背委困，即便摧伏歸命龍樹：「我甚頑嚚犯逆大師，唯願愍哀聽吾悔過。」龍樹慈矜，度令出家。

是時有一小乘法師，見其高明常懷忿嫉。龍樹菩薩所作已辦將去此土，問法師言：「汝今樂我久住世不？」答曰：「仁者，實不願也。」即入閒室，經日不現。弟子咸怪[667]，破戶看之，遂見其師蟬蛻而去。天竺諸國並為立廟，種種供養敬事如佛。

---

664 「陵蔑」，毗盧本、磧砂本、永北本作「凌懱」。
665 「交絡」，底本作「校絡」，毗盧本作「交珞」，據磧砂本、永北本改。
666 「拔」，毗盧本作「校」。
667 「怪」，大正本作「快」。

《大唐西域記》卷 8（節選）

　　初，此城內伽藍百數，僧徒肅穆，學業清高，外道學人，銷[668]聲緘口。其後僧徒，相次徂落；而諸後進，莫繼前修。

　　外道師資，傳訓成藝。於是命儔召侶，千計萬數，來集僧坊，揚言唱曰：「夫[669]擊揵稚，招集學人[670]！」群愚同止，謬有扣擊。遂白王，請挍優劣。外道諸師，高才達學；僧徒雖眾，辭論膚[671]淺。外道曰：「我論勝。自今已後，諸僧伽藍不得擊揵稚[672]以集眾也。」王允其請，依先論制。僧徒受恥，忍訴而退，十二年間不擊揵稚。

　　時南印度那伽閼剌樹那菩薩(唐[673]言龍猛。舊譯曰龍樹，非也)，幼傳雅譽，長擅高名，捨離欲愛，出家修學，深究妙理，位登初地。有大弟子提婆者，智慧明敏，機神警悟，白其師曰：「波吒釐城諸學人等辭屈外道，不擊揵稚，日月驟移，十二年矣。敢欲摧邪[674]見山，然正法炬。」龍猛曰：「波吒釐城外道博學，爾非其儔，吾今行矣。」提婆曰：「欲摧腐草，詎必傾山？敢承指誨，黜諸異學。大師立外道義，而我隨文破析，詳其優劣，然後圖行。」龍猛乃扶立外義，提婆隨破其理。七日之後，龍猛失宗，已而歎曰：「謬辭易失，邪義難扶。爾其行矣，摧彼必[675]矣！」提婆菩薩夙擅高名，波吒釐城外道之聞[676]也，即相召集，馳白王[677]曰：「大王昔紆聽覽，制諸沙門不擊揵稚。願垂告命，令諸門候，鄰境異僧勿使入城。恐相黨援，輕改先制。」王允其言，嚴加伺候。提婆既至，不得入城。聞其制令，便易衣服[678]，疊僧加胝[679]，置草束中，褰裳疾驅，負戴而入。既至城

668「銷」，毗盧本作「鎮」。
669「夫」，毗盧本、磧砂本、永北本作「大」。
670「人」，永北本作「大」。
671「膚」，毗盧本、磧砂本、永北本作「庸」。
672「揵稚」，磧砂本作「犍稚」，永北本作「犍椎」。這一差異在文內多次出現，下不贅述。
673「唐」，永北本作「此」。
674「邪」，永北本作「耶」。
675「必」，毗盧本、磧砂本、永北本作「畢」。
676「之聞」，毗盧本、磧砂本、永北本作「聞之」。
677「王」，磧砂本作「三」。
678「衣服」後，毗盧本、磧砂本、永北本有「卷」。
679「僧加胝」，毗盧本、磧砂本、永北本作「袈裟」。

中，棄草披衣，至此伽藍，欲求止息。知人既寡，莫有相舍，遂宿揵稚臺上。於晨朝時，便大振擊。眾聞伺察，乃[680]客遊比丘[681]。諸僧伽藍傳聲響應。王聞究問，莫得其先，至此伽藍，咸推提婆。提婆曰：「夫揵稚者，擊以集眾。有而不用，懸之何為？」王人報曰：「先時僧眾論議墮負，制之不擊，已十二年。」提婆曰：「有是乎？吾於今日，重聲法鼓。」使報王曰：「有異沙門欲雪前恥。」王乃召集學人，而定制曰：「論失本宗，殺身以謝。」於是外道競陳旗鼓，誼談異義[682]，各曜辭鋒。提婆菩薩既昇論座，聽其先說，隨義析破，曾不浹辰，摧諸異道。國王大臣莫不慶悅，建此靈基，以旌至德。

---

680 「乃」後，毗盧本、磧砂本、永北本有「昨」。
681 「比丘」，毗盧本、磧砂本、永北本作「苾芻」。
682 「義」，毗盧本作「議」。

《大唐西域記》卷 10（節選）

城南不遠有故伽藍，傍有窣堵波，無憂王之所建也。昔者，如來曾於此處現大神通，摧伏外道。後龍猛菩薩止此伽藍，時此國王號娑多婆訶（唐[683]言引正）。珍敬龍猛，周衛門廬。

時提婆菩薩自執師子國來求論義[684]，謂門者曰：「幸為通謁。」時門者遂為[685]白[686]。龍猛雅知其名，盛滿鉢水，命弟子曰：「汝持是水，示彼提婆。」提婆見水，默而投針。弟子持鉢，懷疑而返。龍猛曰：「彼何辭乎？」對曰：「默無所說，但投針於水而已。」龍猛曰：「智矣哉，若人也！知幾其神，察微亞聖。盛德若此，宜速命入。」對曰：「何謂也？無言妙辯，斯之是歟？」曰：「夫水也者，隨器方圓，逐物清濁，彌漫無間，澄湛莫測。滿而示之，比我學之智周也。彼乃投針，遂窮其極。此非常人，宜速召進。」

而龍猛風範懍然肅物，言談者皆伏抑首。提婆素挹風徽，久希請益，方欲受業，先騁機神，雅懼威嚴，昇堂僻坐，談玄永日，辭義清高。龍猛曰：「後學冠世，妙辯光前。我惟衰[687]耄，遇斯俊彥，誠乃寫瓶有寄，傳燈不絕。法教弘揚，伊人是賴。幸能前席，雅談玄奧。」提婆聞命，心獨自負，將開義府，先遊辯囿[688]，提振辭端，仰視質義。忽睹威顏，忘言杜口，避坐引責，遂請受業。龍猛曰：「復坐，今將授子至真妙理，法王誠教。」提婆五體投地，一心歸命，曰：「而今而後，敢聞命矣。」

龍猛菩薩善閑藥術，餐餌養生，壽年數百，志貌不衰。引正王既得妙藥，壽亦數百。王有稚子，謂其母曰：「如我何時得嗣王位？」母曰：「以

---

683 「唐」，永北本作「此」。
684 「義」，毗盧本作「議」。
685 「為」後，磧砂本、永北本有「入」。
686 「白」後，毗盧本有「馬」。
687 「衰」，毗盧本作「襄」。
688 「囿」，毗盧本作「國」。

今觀之，未有期也。父王年壽已數百歲，子孫老終者蓋亦多矣。斯皆龍猛福力所加，藥術所致。菩薩寂滅，王必殂[689]落。夫龍猛菩薩智慧弘遠，慈悲深厚，周給群有，身命若遺。汝宜往彼，試從乞頭，若遂此志，當果所願。」

　　王子恭承母命，來至伽藍，門者敬[690]懼，故得入焉。時龍猛菩薩方讚誦經行，忽見王子，佇而謂曰：「今夕何因[691]，降跡[692]僧坊，若危若懼，疾驅而[693]至？」對曰：「我承慈母餘論，語及行捨之士，以為含生寶命，經語[694]格言，未有輕捨報身，施諸求欲。我慈母曰：『不然。十方善逝，三世如來，在昔發心，逮乎證果，勤求佛道，修習戒忍。或投身飼獸，或割肌救鴿，月光王施婆羅門頭，慈力王飲餓藥叉血，諸若此類，羌[695]難備舉。求之先覺，何代無人？』今龍猛菩薩篤斯高志，我有所求，人頭為用，招募累歲，未之有捨。欲行暴劫殺，則罪累尤多，虐害無辜，穢德彰顯。惟菩薩修習聖道，遠期佛果，慈霑有識，惠及無邊，輕生若浮，賤身如朽，不違本願，垂允所求！」龍猛曰：「俞，誠哉是言也！我求佛聖果，我學佛能捨。是身如響，是身如泡，流轉四生，去[696]來六趣，宿契弘誓，不違物欲。然王子！有一不可者，其將若何？我身既終，汝父亦喪，顧斯為意，誰能濟之？」龍猛徘徊顧視，求所絕命，以乾茅葉自刎其頸，若利劍斷割，身首異處。王子見已，驚奔而去。門者上白，具陳始末，王聞哀感，果亦命終。

　　國西南三百餘里至跋邏末羅耆釐山（唐[697]言黑蜂[698]）。岌然特起，峰巖峭險，既無崖谷，宛如全石。引正王為龍猛菩薩鑿此山中，建立伽藍。去山十數里，鑿開孔道，當其山下，仰鑿疏石。其中則長廊步簷[699]，崇臺

689「殂」，毗盧本、磧砂本、永北本作「徂」。
690「敬」，毗盧本、磧砂本、永北本作「驚」。
691「因」，毗盧本、磧砂本、永北本作「夕」。
692「跡」，毗盧本、磧砂本、永北本作「趾」。
693「而」，磧砂本、永北本作「來」。
694「語」，毗盧本、磧砂本、永北本作「誥」。
695「羌」，毗盧本、磧砂本、永北本作「尤」。
696「去」，毗盧本、磧砂本、永北本作「往」。
697「唐」，永北本作「此」。
698「蜂」，毗盧本、磧砂本、永北本作「峰」。
699「簷」，永北本作「擔」。

重閣，閣有五層，層有四院，並建精舍，各鑄金像，量等佛身，妙窮工思，自餘莊嚴，唯飾金寶。從山高峰臨注飛泉，周流重閣，交帶廊廡。疏寮外穴，明燭中宇。

　　初，引正王建此伽藍也，人力疲竭，府庫空虛，功猶未半，心甚憂慼。龍猛謂曰：「大王何故若有憂負？」王曰：「輒運大心，敢樹勝福，期之永固，待至慈氏。功績未成，財用已竭，每懷此恨，坐而待旦。」龍猛曰：「勿憂。崇福勝善，其利不窮，有興弘願，無憂不濟。今日還宮，當極歡樂。後晨出遊，歷覽山野，已而至此，平議營建。」王既受誨，奉以周旋。龍猛菩薩以神妙藥，滴諸大石，並變為金。王遊見金，心口相賀，迴駕至龍猛所曰：「今日畋遊，神鬼所惑，山林之中，時見金聚。」龍猛曰：「非鬼惑也。至誠所感，故有此金，宜時取用，濟成勝業。」遂以營建，功畢有餘。於是五層之中，各鑄四大金像，餘尚盈積，充諸帑藏。招集千僧，居中禮誦。龍猛菩薩以釋迦佛所宣教法，及諸菩薩所演述論，鳩集部別，藏在其中。故上第一層唯置佛像及諸經論，下第五層居止淨人、資產、什物，中間三層僧徒所舍。

　　聞諸先志曰：引正王[700]營建已[701]畢，計工人所食鹽價，用九拘胝（拘胝者[702]，唐[703]言億）金錢。其後僧徒忿諍，就王平議。時諸淨人更相謂曰：「僧徒諍起，言議相乖，凶人伺隙，毀壞伽藍。」於是重閣[704]反拒，以擯僧徒。自爾已來，無復僧眾。遠矚山巖，莫知門徑。時引善醫方者入中療疾，蒙面入出，不識其路。從此大林中南行九百餘里，至案達羅國（南印度境）。

---

700 「王」，毗盧本、磧砂本、永北本缺。
701 「已」，毗盧本作「己」。
702 「拘胝者」，永北本缺。
703 「唐」，永北本作「此」。
704 「閣」，毗盧本、磧砂本、永北本作「關」。